历史学研究入门丛书
陈　恒　主编

历史学研究入门丛书

考古学研究入门
（修订版）

AN INSTRUCTION
TO ARCHAEOLOGY

陈淳 著

北京大学出版社
PEKING UNIVERSITY PRESS

图书在版编目(CIP)数据

考古学研究入门/陈淳著.—修订版.—北京：北京大学出版社,2022.9
(历史学研究入门丛书)
ISBN 978-7-301-33307-5

Ⅰ.①考… Ⅱ.①陈… Ⅲ.①考古学—高等学校—教材 Ⅳ.①K85

中国版本图书馆CIP数据核字(2022)第160215号

书　　　名	考古学研究入门(修订版)
	KAOGUXUE YANJIU RUMEN(XIUDING BAN)
著作责任者	陈　淳　著
责 任 编 辑	刘书广
标 准 书 号	ISBN 978-7-301-33307-5
出 版 发 行	北京大学出版社
地　　　址	北京市海淀区成府路205号　100871
网　　　址	http://www.pup.cn　　新浪微博:@北京大学出版社
电 子 信 箱	pkuwsz@126.com
电　　　话	邮购部 010-62752015　　发行部 010-62750672
	编辑部 010-62755217
印 　刷　 者	三河市博文印刷有限公司
经 　销　 者	新华书店
	650毫米×980毫米　16开本　21.75印张　317千字
	2009年8月第1版
	2022年9月第2版　2022年9月第1次印刷
定　　　价	68.00元

未经许可，不得以任何方式复制或抄袭本书之部分或全部内容。
版权所有，侵权必究
举报电话: 010-62752024　电子信箱: fd@pup.pku.edu.cn
图书如有印装质量问题，请与出版部联系，电话: 010-62756370

"历史学研究入门丛书"弁言

一、自20世纪六七十年代以来,历史学的面貌发生了很大变化,继积极接受社会科学的影响之后,又将其触角伸向了文化生活的方方面面。其表现之一,就是相对于以政治活动为中心的史学传统,诸多新的对象、新的领域进入了历史学家的视野,举凡妇女、儿童、市民生活、民间信仰,甚至城市卫生、声音与气味,都可以作为历史书写的中心问题。随着历史学家们领地的扩展,在断代史、国别区域史、事件史等传统专门领域之外,渐次形成思想史、文化史、城市史、妇女史、文明史、书籍史等众多的新兴史学分支。历史学的这一变化,既得益于相关学科理论或方法的启迪,同时,其进展反过来也为其他学科提供了有益的借鉴。因此,将历史学各个专门领域的知识框架、研究传统、核心文献等基本内容精编为一册,随时浏览,便于入门,无论对历史学专业还是其他相关学科的读者来说,均有必要。

二、"历史学研究入门丛书"旨在为历史学学科内外的读者群提供基本的专业指南。因此,丛书着重于基本知识、历史脉络、基础理论及经典成果的缕述。一般来说,每种图书介绍某一专门领域,其内容至少包括如下几方面:(一)历史概述,让读者的历史想象有所凭借,把握基本的发展脉络;(二)原始文献介绍,史料是历史学的根基,是历史解释的基本依据,应特别重视;(三)学术史概述,通过国内外研究成果的梳理,给予读者一幅知识树生长、延展的图景;(四)经典研究的重点研讨;(五)工具书、资料库、学术期刊等必备的学术资源,给初入门的研究者提供指引;(六)关键词,亦即最基本的核心概念和术语。当然,最后还要为读者准备一份进一步扩展阅读的书目。这样的构想看似简单,实则是艰巨的写作任务。

三、丛书遵循短小精悍、简明扼要的编写原则。"入门"不是"手册",我们这套丛书面对的是学科内外的广大读者,功用在于读而非在于查。列入丛书书目中的各个历史分支都有一定的历史积累,知识含量丰富,"入门"目的是让读者了解该领域的重心和走向,不求面面俱到,亦难免挂一漏万。还需要说明的是,各个史学分支虽然同属于历史学领域,但各有自身的特点,内部知识生长的具体情形差异颇大,因此,我们一方面力图遵循一定的撰写体例,另一方面亦不拘泥于此,以在写作中尽量体现各领域的知识重点为要务,而无须削足适履,追求形式上的整齐划一。

四、根据历史学目前的学科特点,丛书大概分为专题系列、国别系列和人物系列等若干类别,其中专题和国别区域两个系列为目前编写出版的重点。为了给广大读者奉献一套国内一流的史学入门丛书,我们力求以"成熟的选题、最佳的作者"为出版方针,在力所能及的前提下,将丛书规模渐次扩充。在此,我们要恳请国内史学界的专家学者们鼎力襄助。希望本丛书的刊行,能为学术薪火的绵延传承略尽微薄之力。

陈　恒

2009 年 8 月

目　录

前　言　/ 1

第一部分　考古学概说　/ 7

导　论　/ 9
一、什么是考古学　/ 9
二、历史学还是人类学　/ 13
三、考古学的目标　/ 17
四、发展梗概　/ 19

第二部分　考古学简史　/ 23

第一章　了解人类的过去　/ 25
一、认识人类的古老性　/ 25
二、古物学与金石学　/ 30
三、三期论　/ 36
四、类型学与地层学　/ 38

第二章　发现人类的过去　/ 43
一、埃　及　/ 43
二、美索不达米亚　/ 52
三、爱琴海地区　/ 60

四、美　洲 / 65
五、中　国 / 73

第三章　学科的进步 / 81
一、进化论与进化考古学 / 82
二、历史编年与文化历史考古学 / 85
三、文化适应与新考古学 / 88
四、思想意识与后过程考古学 / 92
五、反决定论的"能动性研究" / 94
小　结 / 95

第三部分　考古技术 / 97

第四章　发现与勘探 / 99
一、发现考古遗址 / 100
二、遗址的记录 / 107
小　结 / 111

第五章　考古发掘 / 113
一、发掘的组织 / 114
二、研究设计 / 116
三、发掘的类型 / 116
四、发掘的过程 / 118
五、发掘记录 / 120
六、特殊发掘问题 / 122
小　结 / 124

第六章　断代与年代学 / 125
一、相对断代 / 126

二、绝对年代测定　/ 134
小　结　/ 141

第四部分　考古学研究　/ 143

导　言　/ 145

第七章　技术与器物　/ 147
一、石　器　/ 147
二、陶　器　/ 155
三、金　属　/ 164
四、骨　器　/ 168
五、木　器　/ 169
六、玉　器　/ 170
七、贝　壳　/ 171
小　结　/ 172

第八章　生态与经济　/ 175
一、植物考古　/ 175
二、动物考古　/ 180
三、食　谱　/ 186
四、古病理　/ 192
五、农业起源　/ 196

第九章　聚落形态与社会分析　/ 199
一、聚落考古　/ 199
二、遗址域分析　/ 203
三、居住面分析　/ 204
四、人　口　/ 205

五、分子人类学 / 208
　　六、社会结构 / 211
　　七、贸　易 / 215
　　八、宗教与信仰 / 218
　　小　结 / 220

第十章　探索与阐释 / 221
　　一、文化历史学的途径 / 222
　　二、文化过程研究 / 226
　　三、后过程研究 / 244
　　四、能动性研究 / 260
　　小　结 / 262

第十一章　公共考古学 / 263
　　一、考古学的危机 / 263
　　二、考古学的公共意识 / 267
　　三、保存理念 / 270
　　四、考古学的专业标准 / 273
　　五、考古与公众 / 276
　　小　结 / 279

附录一　学术资源 / 281
　　一、工具书及图录 / 281
　　二、目录索引 / 286
　　三、考古文物辞典 / 289
　　四、学术期刊 / 289
　　五、丛　书 / 295

附录二　关键词 ／297
　　一、术　语　／297
　　二、概　念　／301
　　三、流　派　／304

推荐阅读文献　／307

修订版后记　／335

前　言

现在,考古学仍被一些人认为是在寻找古董、挖宝、发现记载和传说中失落的古代民族和文明。确实,早期考古不是为了寻找珍宝就是为了好奇和兴趣,比如埃及的早期发掘就是为了搜寻值钱的文物,为欧洲的贵族和博物馆提供藏品,而英国早期的发掘则是出于上层贵族的闲情逸致。1844年,一次对八座古墓的发掘,就是以豪华的宴会和向来宾展示出土文物及主人的古董收藏而达到高潮。墨西哥和危地马拉的玛雅文明最早也是由一位美国旅行作家发现的,他们的调查也以游记而非考古报告的形式流传于世。

今天,重大的考古发现也常是新闻媒体的头条。北京猿人头骨、殷墟、满城汉墓、马王堆汉墓、秦始皇兵马俑、江西海昏侯墓发现的传奇一直为人津津乐道,这些重要遗址已成为世界各地来访者的必游之地。因此,考古学对我们来说并不陌生,但是对于这门学科的目标、研究方法和面临的问题却鲜为人知,考古学基本上还是少数专业人员从事的象牙塔里的学问。然而,社会发展和这门学科的前景却存在不协调之处。因为,经济的全球化趋势使得人类社会正面临自然资源和地下文物资源日趋枯竭的危机。在达到现代文明的发展阶段后,我们既会对远古人类的生活产生好奇,也会怀念以前那种简朴的生活,提倡返璞归真的理念。因此,考古学不只是了解我们遥远过去的一门学科,它也和我们目前的生活息息相关。在旅游成为国民的一种主要休闲方式的时候,造访国内外名胜古迹和博物馆已经成为人们生活的一部分。因此,考古学也应从专家的象牙塔里走出来,向民众普及考古知识,培养他们理解、欣赏和保护文化遗产的水平,提高全民的文化素质和修养。

经过近200年的发展,当代考古学已经成为一门严谨的探索性学科。它早已不是以轰动发现来体现自身价值的一门学科,它也不像在20世纪刚引入中国时那样仅仅是为历史学提供资料的工具。今天,考古学能为社会科学带来独特的视野,并成为其重要的组成部分。它可以帮助我们了解人类在遥远的过去如何在这个星球上出现,如何应付他们周围的环境,如何逐步发明各种技术和工具来提高生活质量,如何从打制第一把石刀进化到能将自己送上太空,如何从最原始的狩猎采集者变成古代文明和现代文明的创造者。对于这一漫长发展过程中的具体细节的了解,可以使我们更好地了解孕育了生命和人类的这个星球,了解它的环境和气候变迁,以便更好地认识我们所面临的问题和未来的发展。中国有一句老话"以史为鉴",地球资源和生存空间是有限的,即使我们掌握了先进技术,但是也不能为所欲为。我们可以以对古代文明兴衰的考古研究,审视工业化给现代文明带来的危机。

还有人认为,考古学就是在野外挖东西,比如准确、规范的布方和发掘,精确的记录和样本采集以及细致的类型学分析和描述。仅仅将考古学看作是一门技术,是以发掘和收集材料为基本目的的看法,显然过于狭窄,这只不过是"干考古"而已。当代考古学早已超出了以发掘为基本操作的一套技术范畴,它还包括了从采集的样本中提炼各种信息,了解遗址中人类的活动,并承担对证据所反映的各种现象进行解释的艰巨任务。

学科交叉使得考古学的研究能力大为提高,它早已从对人类遗留器物的研究转向全方位的探究。物理学家、化学家和生物学家为考古学装备了各种探测技术和手段,他们发明了各种测年方法来对考古发现断代、用各种微观技术了解工具的生产和使用、从化学元素分析人类的食谱和经济演变、从器物的成分分析追溯物品交流和贸易、从体质人类学和分子人类学证据分析人类的进化和人种的迁徙等。所以,考古遗址已经成为自然科学和人文科学了解地球晚近历史和人类历史变迁最重要的信息库。因此,对于现代考古学来说,考古遗址中留下来的所有遗存都有其独特的科学价值,能够为我们提供非常细微的各种信息。比如,最近我们从浙江跨湖桥遗址大约8000年前的沉积中发现了人畜共患的寄生虫——鞭虫的卵,使我们知道人类在将猪驯化之后,就出现了影响人类健康的疾病。因此,考古学早已不是只以搜寻古代珍宝为目的的一种探索和研究,而是一个需要由不同专家参与和多种学科合作的研究领域。因此,考古学是对人类自身来历和性质进行探索的一门学科,它以跨越时空的视野为我们了解自身做出贡献,而不仅仅是对考古发现进行编年来延长文献记载的编年史。

由此可见,考古学的发展并不是以考古发现的增加和材料的积累为标志,而是以研究方法的精进和对材料解释的深度为标志。自20世纪60年代以来,考古学在理论和方法上获得了重大的进展和突破。这种进步不但以分析手段和探索领域的扩展为特点,而且还以各种阐释理论的发展为标志。考古学家就像历史的侦探,他们发展各种精密的采样和分析技术来收集各种物品,小到孢粉和炭屑,大到区域聚落形态的整体布局,以此来重建古代先民从日常生活到社会政治和经济演变的历程。

作为介绍考古学科的入门手册,本书既无法面面俱到,也无法从较深的层次来介绍这门学科的诸多方面。本书的目的主要是对这门学科的概念、发展简史、研究目的和范围、研究的基本方法、探索的领域、这门学科面临的问题以及与公众的关系做一个约略的介绍。书的内容安排分为四部分。第一部分介绍考古学的定义和概念,其中中西考古学的学术定位和目标因历史和学术传统的差异有所不同,这也是我国学界目前存在争议和歧见的一个问题。发展梗概介绍了国际学术发展的趋势和现状,从中我们也可以了解我国这门学科目前的发展现状。第二部分介绍考古学的发展,分为三章:第一章介绍考古学的诞生和早期的发展和研究;第二章介绍世界范围内早期的考古发掘和实践,主要涉及埃及、美索不达米亚、爱琴海地区、美洲和中国,使读者对各国考古学早期探索和实践有一个初步的了解;第三章介绍学科的进步,主要是半个多世纪以来国际学术的发展趋势,并将中国考古学置于国际的视野中加以审视，使读者对中国考古学和世界考古学之间的关系和差距有一个初步的了解。第三部分介绍田野发掘的操作和技术，分为三章：第四章介绍如何寻找、发现和勘探考古遗址；第五章介绍发掘的技术和过程。这些是考古研究的准备工作，是既浪漫、又艰苦，同时也是严谨且要求甚高的体力实践；第六章介绍年代学方法和原理，这是考古研究最基本的前提。第四部分是本书的重点，共有五章，介绍目前考古学研究的一些主要领域、方法及发展现状。第七章是技术和器物，人类的物质遗存一直是考古发现的大宗和主要关注对象，目前这个领域已经从早期的类型学分析、分期和断代扩展到更高的透物见人的层次；第八章侧重人地关系，从生态环境和动植物资源的利用来了解人类的生计和经济演变；第九章介绍如何从聚落研究等方面来了解人类对环境的适应，以及人类社会复杂化和文明进程，内容涉及社会等级分化、贸易、宗教信仰以及人种的分化和迁徙等；第十章介绍研究范式的变化和进展，这方面内容与学术思维和理论发展关系密切，也是考古学进展最突出的表现；第十一章介绍国际上较受关注的公共考古学，这是考古学界如何面对文化遗产保护的严峻形势而寻求政府和公众加大介入的一种思考和努力。公共考古学在中国也有所讨论和介绍，在目前我国文化遗产保护日趋受到重视的情况下，强调考古学的公共意识应该列入这门学科发展的议事日程。最后，本书介绍学术资源，里面列举了中国和欧美的主要工具书和学术刊物。此外还列举了考古学中关键的术语，采用汉英对照的方式，并特别留意了一些新术语的介绍。这些术语主要参考了伦福儒和巴恩的《考古学——理论、方法与实践》及安西莫和夏尔的《发现我们的过去——简明考古学导论》书后的术语，其中某些术语的表述略有改动。中国考古学的许多术语往往缺乏准确的定义，所以这样的对照可以让大家了解国内外学界对这些术语的准确界定。书后也附有参考书目，主要为对某些内容感兴趣的读者提供扩大阅读的材料。

在撰写本书的时候，除了一些基本学科知识之外，在内容上，作者尽量避免和自己另一本教科书《当代考古学》产生重复。本书的内容和格式也参照了多本英美出版的考古学教材,追踪国际学术前沿,面对中国读者,针对中国国情和学科特点,取长补短进行编写。所以本书的内容适合对考古文物感兴趣的业余爱好者、大学考古和博物馆学及历史学相关专业的本科生和研究生,同时也适合于在第一线从事考古研究的专业人员阅读和参考。

第一部分　考古学概说

导　论

一、什么是考古学

在中国,考古学与许多自然科学一样,是20世纪初西学东渐的一门学科。经过90余年的发展,与欧美的考古学有了相当大的差异,这既是由于中西国情的不同,也有长期以来缺乏持续学术交流的原因。本书想从学科整体发展的角度对考古学的研究方法做一个简介,作为对了解这门学科的入门指南,也希望对进一步提高我国的考古学水准有所助益。

"考古学"一词对应英语的archaeology,其词根arche源自希腊文ρχα,意思是"开始、来源、起源",它与古希腊哲学家对万物本源的探究有着密切的关系,一如亚里士多德所言:"追求的最佳途径就是从开始追随事物,观察它们如何产生以及它们如何发展。"但是在欧洲中世纪,archaeology用得很少,而其探索的领域是在其他方面而非专指人类的历史,这是因为《圣经》为人类和世界的来历提供了经典和权威的描述和结论,所以无须人们加以深究。[①] 然而,中文"考古学"的词义却有着传统国学考证的意味。这是因为19世纪末,日本早在中国之前引入了考古学,为了替archaeology找到合适的对译,日本学者从中国宋代吕大临《考古图》的书名得到启发,将其译为"考古学"。20世纪初,当考古学引入中国时,也采纳了这一译法。所以,对于科学术语的对译往

---

① J. Malina and Z. Vašíček, *Archaeology Yesterday and Today*, Cambridge, Cambridge University Press, 1990.

往很难找到完全贴切的词汇,而各国的学术传统也会对这门学科的导向和科学价值观产生很大的影响。

今天,考古学被认为是一门立足于物质文化,诸如器物、纪念建筑和其他遗存来研究过去的学科。从一开始,考古学的方法论就有选择地借鉴其他学科,如地质学、生物学、历史学和人类学的方法和经验,并在学术概念和理论构架上深受其他姐妹学科的影响。从考古学的整体发展来看,她的步伐与科学发展的一般趋势同步,受到其他学科、包括自然科学进步的促进,因此在她发展的历程中,曾经发生过多次理论和方法论上的重构与变革。

下面我们简单介绍一下中西学者对考古学定义的描述,以及对学科定位的认识。

对于考古学的定义,新中国考古学的主要组织者和领导者夏鼐(1910—1985)是这样描述的:"考古学是根据古代人类通过各种活动遗留下来的实物以研究人类古代社会历史的一门学科。"他还定义了考古学这一术语的三种含义,一是考古研究所得的历史知识;二是借以获得这些知识的方法和技术;三是理论性的研究和解释,用以论证古代社会历史发展过程的规律。①

美国考古学家迪克逊(D. B. Dickson)将考古学定义为"一套用于系统发现、描述和研究过去人类活动的方法。传统考古学方法包括:田野调查、发掘技术、精确记录、断代过程以及详细的实验室分析。考古学是这样一种方法,她可以使我们用史前及历史时期人类活动物质遗存的具体形式来检验有关过去的理论与模式"②。这一定义反映了美国考古学强调理论和问题导向在考古学探索中的重要性,与传统考古学单纯凭借发现来了解过去有所不同。

英国考古学家伦福儒(C. Renfrew,1937—)和巴恩(P. Bahn)给

---

① 夏鼐、王仲殊:"考古学",《中国大百科全书·考古学》,中国大百科全书出版社,1986,第1—2页。

② D. B. Dickson: *Ancient Preludes*, New York, West Publishing Company, 1993, p.4.

考古学所下的定义是:"考古学部分是搜寻过去的珍宝,部分是科学工作者缜密的探究,部分是从事创造性的想象。它既是在中亚沙漠烈日下的辛苦发掘,在阿拉斯加冰天雪地与当今因纽特人共事,对佛罗里达海滨西班牙沉船的水下考察,以及对约克郡罗马时代下水道的勘探,而且它也是进行阐释的艰巨工作,以便我们能够了解这些东西对人类真相的意义。而这就是对世界文化遗产的保护——以防盗掘和草率的破坏。因此,考古学既是一种野外的体力劳动,又是书斋和实验室里的学术钻研。这正是它的巨大魅力所在。"① 这段定义形象地概括了考古学家的工作与研究,突出了现代考古学研究所涉及的范围。

为了消除一般公众认为考古是挖掘古代珍宝和寻找失落文明的误解,英国考古学家皮戈特(S. Piggott,1910—1996)将考古学定义为"一门研究垃圾的科学"。② 现代的科学考古学早已走过了早年挖宝的初级阶段,虽然考古学家也渴望类似秦始皇兵马俑和埃及法老图坦卡蒙陵墓那样的轰动发现,但是从平淡无奇的遗物和垃圾中了解和复原古代人类的生活和社会演变才是这门学科的力量所在。因此,英国考古学家戴维·克拉克(D. Clarke,1937—1976)给考古学下了一个十分经典的定义:"考古学是这样一门学科,它的理论和实践是要从残缺不全的材料中,用间接的方法去发现无法观察到的人类行为。"③

由于考古学涉及人类整个历史和社会文化发展的各个方面,所以专攻其中的不同方面便构成了这门学科的不同分支,她可以从地理和国家的范畴进行划分,比如东亚、近东、欧洲和美洲考古;也可以从时间段进行划分,比如旧石器时代和新石器时代考古;也可以从研究对象上进行划分,比如器物、环境、动物、食谱,等等;也可以从探究的课题进行划分,比如人类起源、狩猎采集社会演变、农业起源、国家和文明起源

---

① 科林·伦福儒、保罗·巴恩:《考古学——理论方法与实践》(第六版),陈淳译,上海古籍出版社,2015年,第7页。
② 见 B. M. Fagan: *Archaeology: A Brief Introduction*, Boston, Scott, Foresman and Company, 1988, p.2。
③ D. Clarke: "Archaeology: the Loss of Innocence", *Antiquity*, 1973, 47:17.

等。这种划分随着研究的深入和技术手段的改善而呈现日益细化和专业化的趋势,考古学家已不可能再是一个通才,而且在分析中往往需要其他研究领域的帮助,这种研究领域和分析方法交叉的现象是一门学科发展的必然结果。总体而言,考古学可以分为史前考古学与历史考古学两段。

史前考古学 史前史一般是指人类文字出现之前的漫长历史,它占据了人类整个历史99%以上的时间,在中国大致涵盖了旧石器时代、新石器时代和部分青铜时代。这段时间如果以人类开始制造石器工具为起点,大约已有250—300万年的历史,而如果以直立行走为起点,至少已有大约400万年之久,而在中国大概有100多万年的历史。像现在的类人猿一样,人类的早期先祖如南方古猿是由不同种类组成的人科大家庭,人类的演化过程更像是兄弟之间的竞赛,最后到晚期智人阶段由现代人类胜出,最后被淘汰出局的是欧洲尼安德特人。史前史的结束时间在世界各地各不相同,它一般以各地文字记载的出现为标准。在美索不达米亚,最早的楔形文字约出现在公元前3100年,埃及的象形文字约出现在公元前3000年,中国晚商的甲骨文约出现在公元前1400年,但因信息量不足,先秦时期基本上仍被列为史前考古的范畴。玛雅的象形文字约出现在公元前250年,西欧史前期要到被罗马帝国于公元前100年晚期征服才结束,而美洲的史前期一般以哥伦布发现新大陆的1492年为结束,而比较偏僻的北美地区一直要到19世纪才进入历史时期。① 由于没有任何文字资料可供参考,史前考古学家必须独立发明各种理论方法从古代人类遗留的物质遗存中提炼和解读文化行为与社会信息。因此考古研究更像是自然科学的探索,而不像是历史研究的考证。

历史考古学 是指有文献记载的历史阶段的考古研究,其特点表现在依靠文献线索来研究考古发现,或者用考古发现来增补文献所缺佚

---

① 虽然玛雅有文字,但其文字长期以来未被解读,只是在最近几年才有突破。所以学界并不将玛雅考古视为历史考古。美洲的历史时期是以欧洲人到达美洲开始的。

的历史记载。我国的历史考古学始于秦汉。而整个青铜时代属于"原史阶段",由于文字记载不多,这一时期的社会文化信息必须通过考古学的独立研究来探索,而文字和其他物证一样,能够为了解当时的社会文化提供非常重要的信息,且因为透露的信息比物证更为直接,文字特别为考古学家和历史学家所青睐。值得指出的是,历史时期的考古并不因为有文献的存在而降低了重要性,成为为历史学提供材料的附庸。历史文献大多记载的是皇朝更替和重大政治事件,而考古更能发现平民与贵族日常生活的物质遗存,能获得与文献记载不一样的信息。这些物质文化是当时生态环境、社会制度、技术经济、生活习俗及思想意识的产物,可以为我们了解和复原古代社会生活的具体细节提供丰富的知识,这些方面是以典籍为基础的历史研究无法企及的。

二、历史学还是人类学

由于国情和文化传统的不同,考古学的实践在不同国家也存在着相当大的差异。比如,经史在中国的传统文化中一直处于显学的地位,是古代文人学士跻身仕途的前提和参与统治的先决条件。因此,20世纪初引入考古学方法是为了用地下之材验证史籍,被当作解决上古史争端的辅助工具。所以,考古学在中国长期以来被看作广义历史学的组成部分,或历史学的一个分支。然而,尽管目标相似,但是两者研究的对象和方法却并不相同。将考古学依附于历史学,或仅仅将其看作历史学的分支,造成了很大的误区,主要表现在几个方面:(1)认为只有文献记载和历史学关注的问题,才是考古研究中有价值的问题。(2)认为伴有文字的考古发现比没有文字的材料更有价值。(3)能够和史籍记载相吻合,或能够考证和纠正历史记载的考古发现会被认为比其他发现更重要。这正是为什么直到如今仍有学者声称:考古学是和文献学连在一起的,发掘出来的东西要用文献材料来说明才有价值;并坚持认为与历史学相结合是中国考古学的鲜明特色。

我们现在认识到,文字记录和物质文化是在不同的社会和历史背景中产生的,代表着独立的证据和线索,它们不能简单合并[①]。而且,历史文献和考古材料都是历史的产物而非历史本身,必须予以理性梳理才能利用。加上历史重建本身就是一种政治过程,是我们今天构建的一种产物。今天的历史研究,不应再从王国维纸上之材和地下考古之材的"二重证据法"来思考,认为文献史学占据着史学的中心地位,而考古研究是为史学服务的。我们可以将历史文献看作是一种政治史,而地下考古之材大多是古人行为和日常生活的物质遗存,虽然它们无法像文字那样不证自明,但是能够通过学科交叉和科技手段的整合研究来提炼各种信息,重建生态环境、生计活动、经济贸易、手工艺技术、人口数量和变迁、社群规模与结构、食谱、营养与病理、种群分布与迁徙、社会结构、意识形态等方面的发展过程。考古材料与文献资料相比,较少受到人类观念和意志的选择性影响,能够提供比较客观、较少扭曲的历史真相,但缺点是残缺不全。因此,从考古材料获得的大量信息可以补充文献研究的历史,并为文献研究提供一种全新的视野[②]。

美国学者安西莫(W. Ashmore)和夏尔(R. J. Sharer)指出,文献记载的多为当时的权贵,历史学倾向于强调社会贵族或帝王将相。但是,考古学对富人和权贵并没有特别的关照。考古学与历史学的不同之处,是她涉及社会的每个阶层。由于有这些差异,历史学和考古学可以互补。在过去的方方面面中,总会有一些事情没有留下物质线索,而文献也许记录了这些活动;同样,考古学发现的平民日常生活的证据能够拓展历史学家的视野。更重要的是,文献历史局限在人类发展一段较近的历史时期——从文字系统诞生开始,但文字系统在许多地区从未

---

① 参见:P. Galloway: Material Culture and Text: Exploring the Spaces Within and Between. In Hall, M. and Silliman, S. W. eds. *Historical Archaeology*. Oxford, Blackwell Publishing, 2006, p. 43。

② W. Lipe, Value and meaning in cultural resources. In H. Clear, ed. *Approaches to the Archaeological Heritage*. Cambridge, Cambridge University Press, 1984, p. 6。

得到发展,对其进行历史学研究几乎是不可能的。①

因此,中国考古学强烈的编史学倾向和学术定位,显然是受了传统国学价值观影响的结果。其实,"中国考古学之父"李济(1896—1979)早在1930年就批评了"唯有文字才有历史价值"的偏见,指出现代考古学的一切发掘就是求一个整体的知识,不是找零零碎碎的宝贝。他认为,"一切无文字而可断定与甲骨文同时之物,均有特别的研究价值,许多文字所不能解决的问题,就土中情形便可察觉"。② 台湾学者王汎森在论及中国近代新旧史料观时,也批评了文献为导向的古史重建。他将中国学者对文字资料的"迷恋"视为清儒的治学方法,这种史料观认为只有记载在经书上的文献知识才是知识的源泉,将其他文献和实物看作经史之附庸。这种范式注重的是如何在有限的文字中考证和判断,而不是去开发文字以外的新史料。这种研究即使下了极大的功夫,积累了极深厚的功力,许多问题还是无法得其确解。③

与中国具有悠久的编年史不同,美国考古学主要是研究印第安土著的历史,因此她与人类学和民族学关系密切。美洲考古学对物质文化的解读更多依赖民族学的观察,因此,所谓的"直接历史学法",即以现代土著生活方式来推断其祖先的考古遗址与物质遗存便成为美洲考古学的一种独特的方法。在20世纪60年代之前,美国考古学与欧洲及中国的考古学方法并无多大区别,就是用考古发现来构建区域的文化历史。但是,由于受文化人类学或社会人类学的影响,美国考古学开始对古代人类的行为、社会结构以及社会的演变更为关注。还有,与国学治学方法偏重文献学的考订不同,欧美学界认为历史学不只是一门科学,更重要的是一种了解社会的途径。

因此,自20世纪60年代发展起来的欧美新考古学也被称为"人类

---

① 温迪·安西莫、罗伯特·夏尔:《发现我们的过去——简明考古学导论》,上海社会科学院出版社,2007年。
② 李济:《现代考古学与殷墟发掘》,《安阳发掘报告》,1930年2期,第405页。
③ 王汎森:《什么可以成为历史证据——近代中国新旧史料观点的冲突》,《中国近代思想与学术的系谱》,河北教育出版社,2001年。

学的考古学",考古学被视为"文化人类学的过去时态",她的主要任务与挑战就是设法从人的角度来解释物质文化,这种以人类学为导向的研究不但将物质文化视为人类适应其环境的独特手段与方式,并且是古人在技术、社会结构和信仰特征等方面的具体表现。此外,作为人类学的考古学还将对人类行为法则的一般性总结视为这门学科的崇高目标,力求为阐释人类社会的演变做出自己的贡献。在新考古学产生的初期,美国年轻的新考古学家对囿于器物描述和年代学研究的传统考古学方法不满,认为以历史学为导向的考古学研究并不科学,转而倡导以探究人类行为法则为目标的人类学导向。经过二十多年的探索与实践,美国考古学界认识到,历史发展的复杂性使得新考古学的目标并非仅凭一腔热情就能实现。于是,认为考古学应该像人类学一样来总结人类行为规律的主张逐渐被摒弃。考古学越来越表现出历史学的导向,这就是尽可能详细地了解古代社会各方面的细节,以便更深入了解古代人类的行为。在这种意义上,规律总结既是一种方法,也是历史学研究的目标。[①]

  过去 20 多年来,欧美考古学的变革也为国人所知。但是,由于中西学术交流的长期中断,以及对学科发展的来龙去脉缺乏了解,加上在封闭环境中产生的一些成见,使得我国一些学者对其产生了很大的疑虑和抵触。1994 年,张光直在回顾和评价美国新考古学的经验和成败之后,提出了"理论多元化、方法系统化和技术国际化"三项建议。他认为,美国新考古学最有贡献的是在"方法系统化"方面。中国考古学所使用的方法主要是地层学和类型学,所得的结果基本是有关年代、器物与文化关系的,但在人类生活风俗、社会结构、经济形态及宗教意识方面缺乏明确的系统方法,对考古现象的解释常凭借灵感,或是"想当然耳"。[②]

---

  ① B. G. Trigger: "Archaeology at the Crossroads: What's New?" *Annual Review of Anthropology*, 1984, 13: 274-300.
  ② 张光直:《取长补短、百家争鸣》,《中国文物报》,1994 年 5 月 8 日,3 版。

目前,我国学界对考古学的学术定位仍有不同看法。有些学者觉得应当借鉴国际上流行的研究方法,深入解读物质文化中所蕴含的人类行为信息,努力达到"透物见人"的境界。而有些学者坚持考古学的历史学定位,认为考古学的任务主要还是"重构国史"。其实考古学究竟应当定位在历史学还是人类学并不重要,问题的关键还是在于研究的思路和入手的方法。正如张光直所说,通晓人类学的考古学家在观察和分析考古遗存时可以有一个蓝图来帮助他释读其中的信息,复原社会的习俗和制度;而不懂人类学的考古学家就只能就事论事,将古代遗存从器物本身来研究。① 考古学研究的最终目的并不是器物,而是要通过它们来研究和了解过去人类的社会。从这点来看,无论是以重构国史为目的的考古学还是人类学的考古学,它们的目标并没有根本的区别。从某种意义上来说,只有从物质文化中解读出人类活动的各种信息,才谈得上真正的历史重建。否则,用原始材料堆砌的历史只不过是器物发展的历史,并不是人和社会发展的历史。②

三、考古学的目标

当代科学考古学的目标大致分为三个方面:(1)研究文化历史,(2)重建人类的生活方式,(3)阐明社会演变的规律。

文化历史学(culture history)的知识来自于对考古遗址、器物、房屋和其他相关遗存的研究。一批发掘出来的遗址及其文化遗物在予以描述之后,被以一种年代序列加以排列。而物质文化面貌相似的遗址和器物群,则被归入相同的考古学文化;某种特定的考古学文化被认为对应于说相同语言或有民族认同的独特人群。一旦考古遗址和文化遗存

---

① 张光直:《建议文物考古工作者熟读民族学》,《考古人类学随笔》,生活·读书·新知三联书店,1999年。
② 陈淳:《当代考古学》,上海社会科学院出版社,2004年。

按照时空序列加以安置，考古学家就能以此研究人类文化在长时段中的演变。从某种意义上说，文化历史考古学所建立的还是一种器物发展的历史，它并不考虑古人为何利用这些遗址和器物，也不深究物质文化产生和演变的原因。

重建人类的生活方式在文化历史的考古研究中也有表现，一般以常识性的类比，根据发现的材料对古人的活动做一些推测。20世纪50年代，欧美一些考古学者对器物的描述和罗列感到不满，开始探究文化差异和演变的原因。他们将人类的物质文化视为人类适应其环境的特殊手段，将工具看作人类特有的超肌体适应手段。因此，对人地关系或文化与环境关系进行研究，可以深入了解某种考古学文化特点形成的原因，以及物质文化演变的动因。于是，考古学家开始探索古人如何安排他们的生计、开拓周围环境中的资源。除了观察工具之外，他们还研究人类所利用的动植物遗存并了解其食物结构。考古学家还意识到，环境不仅影响食物供应和生活方式，还对人类的居住方式及聚落形态有很大的制约。重视环境研究，从文化适应来了解文化演变的研究方法，被称为"文化生态学"。因此，环境考古结合文化生态学的阐释是新考古学的一项重要特征。

阐明社会演变的规律意在了解社会文化长时段中演变的动因，并对一些重大历史事件——比如农业起源和文明起源做出理论的阐释。夏鼐也将阐明历史发展规律视为考古学的最终目标[①]，而这一目标在20世纪60年代也被美国新考古学奉为圭臬。但是，由于研究对象的特殊性，使得这一目标成为考古学最具挑战性的任务。这是因为，不像历史学、人类学、政治学和经济学等学科可以通过直接观察人类的行为和思想来总结规律，考古学研究的是过去人类的物质遗存，它们并不直接透露古人的行为和想法，需要考古学家用间接的方法去提炼。而且这些物质遗存残留的原因和几率差异很大，信息量有限，所以这种残缺

---

① 夏鼐、王仲殊："考古学"，《中国大百科全书·考古学》，中国大百科全书出版社，1986年。

不全的物质材料有可能提供扭曲和误导的行为图像。还有，人类的行为是极其复杂的，人类思想的创造性和主动性可以产生变异性极大的社会文化现象。因此，要对社会文化演变和人类行为做通则性的总结和阐释，充其量也只能是十分肤浅，而且很难具有跨文化的普遍性。考古学家后来也意识到，规律总结只有在详尽了解社会文化发展的具体细节后才能进行，其普遍意义并不如以前所期望的那么高，而且仅是有助于我们了解社会发展历史的一个方面。尽管有这样的局限，考古学仍然具有其他人文学科所没有的优势，这就是，只有考古学和历史学才能够研究人类社会长时段的演变。

尽管我们列举了考古学的上述三项主要目标，但是当今的考古学范畴极其庞杂，所以各领域的目标往往需要根据它们所想解决的问题而定。英国考古学家伦福儒和巴恩指出，虽然考古学的目标意在重建过去的物质文化和历史图景，但是我们也试图了解他们为何那样生活，为什么具有那样的行为方式，其生活方式和物质文化是如何形成的。总而言之，我们关注的是如何解释这些演变。①

四、发展梗概

介绍考古学发展的历程将主要集中在欧美的经验。正如巴恩所言，在说明这门学科的时候会有过分的西方中心论之嫌。但是，我们并不想对此加以辩解，因为考古学主要兴起于欧洲。只是到了相当晚近的时候，对考古学的兴趣才传播到其他地区。因此，对于欧洲的强调是不可避免的。② 为了便于了解这门学科发展的大致历程，美国学者小斯蒂宾(W. H. Stiebing Jr.)将欧美考古学的发展列出四个主观划分的

---

① 科林·伦福儒、保罗·巴恩：《考古学——理论方法与实践》（第六版），陈淳译，上海古籍出版社，2015年。
② 保罗·巴恩：《剑桥插图考古史》，郭小凌、王晓秦译，山东画报出版社，2000年。

阶段。① 这里借鉴这一描述,并参照中国考古学的发展勾画一条大概的脉络。

第一阶段　探索、古物学与早期发掘(1450—1860)　这是考古学漫长的孕育期,此前肯定有许多古人曾经试图揣测比自己更早的文明,而农作和土木工程也常常会挖出远古的遗物。但是,一直要到15—17世纪,对人类过去的揣测才渐渐成为对已逝文化的一种学术研究。人文学者试图了解古希腊和古罗马,《圣经》学者努力寻求圣典形成的原始背景,鉴赏家收集各种古董、绘画和艺术珍品,欧洲古物学家开始关注自己民族的过去。随着当时科学的发展,欧洲的一些学者已经意识到史前早期文明的存在。19世纪中叶,考古发掘已经在近东、美洲和欧洲的许多地方展开,人们开始收集古物并了解未知的过去。

中国也有收藏和研究古物的悠久历史,早在公元1000年前后的宋代,金石学已达鼎盛。另外,中国也有女娲补天和盘古开天地的创世神话,但是除了盗墓劫掠珍宝之外,对地下出土的古代遗物从未有过任何系统认识和学术探究。

第二阶段　考古学的肇始(1860—1925)　19世纪上半叶考古学的揣测与发掘,为下半叶普遍展开的考古活动奠定了基础。把考古学视为了解过去的信息来源,而非古董商的事业的观点逐渐在学界形成共识。19世纪末和20世纪初,以地层学为基础的发掘方法、立足于器物类型学的断代方法发展起来。在这一阶段里,考古学正式发展成为一门学科。尽管发掘的目的也在于采集文物,但是对这些古代遗物价值的认识更注重于历史信息而非器物的本身。

第三阶段　系统化阶段(1925—1960)　这一时期广泛采纳的地层学规范发掘方法使得考古学家能够更好地确定出土文物的年代,并对发现的物质文化进行解释。考古学文化概念的流行,使得学者们能够将区域中的出土资料加以整合来定义特定的考古学文化,并追溯其历时的发展。这种考古学方法所建立的历史,仅仅是对陶器或其他器

---

① W. H. Jr. Steibing: *Uncovering the Past*, Oxford, Oxford University Press, 1993.

物类型变化和分布加以描述而已。尽管如此,这种方法为后来深入了解文化演变奠定了基础。考古学变得日益系统化,少数考古学家也开始综合大量出土资料来尝试表达由理论指导的、有关人类社会演变的总结,英国考古学家柴尔德(V. G. Childe,1892—1957)就是这样一位杰出代表。考古田野方法也日趋多样,航拍、地阻仪、金属探测仪等科学仪器广泛被用于勘探,使考古学的田野勘探变得更全面,更有效。而这一时期最重要的一项进展就是 ^{14}C 测年技术的发明,它是科学断代技术的革命,也成为考古学研究方法变革的前提。

中国考古学的引入就处于这一阶段初期,一些外国学者,如瑞典人安特生首先在中国开展考古调查和发掘,他的地质学训练背景使得他对史前遗址更加重视,而中国学者,包括在西方受训的李济在内,则在史学的框架下开始田野考古实践,希望能从考古发掘找到史学界饱受争议的上古史证据。1949 年新中国成立,在研究体制上发生了巨变,但是就研究方法而言,仍是早期实践的延伸。

第四阶段 向科学化的发展(20 世纪 60 年代至今) 20 世纪 60 年代开始,一些欧美的考古学家认识到更详细了解古代文化的必要性,特别是文化生态背景的重要性。他们不满足于对古代物质文化和文化现象的描述,试图解释这些现象产生的原因。受文化人类学的影响,一批美国年轻考古学家呼吁采取更加科学、更加严谨的方法来采集和研究考古材料。他们提倡引入自然科学的演绎法,对推断的问题通过发掘的材料来加以检验。他们还采纳系统论方法,对材料进行数理分析,以求能够对主导社会文化演变的原因做出阐释。这批考古学新锐将他们的研究范式称为"新考古学"或"过程考古学"。这些新理念和新方法的实现,随着第二次世界大战后尖端科技向民用技术和其他学科的转移而成为可能。20 世纪 80 年代之后,欧美考古学对新考古学过于注重文化的生态适应观有所反思,认为文化并非只对环境起作用,它也是人类思想和意识形态的表现。于是,一批不同学派的学者在后过程考古学的旗帜下集合起来,开始研究文化的象征意义、结构主义、认知能力、性别差异。进入 21 世纪,欧美考古学又产生了新的动向,开始关注个人能动性(agency)的研究。一些学者认为,社会的个人并非是社会规范刻板的遵循者,而常常会表现出反叛的和富有创意的发明。这些对社会规则的反叛和个人创意,在某种情况下也会对文化传统和社会习俗的演变产生重大影响。环视我们周围,时尚的翻新、习俗的流变并无规律可循,这种演变不都是个人能动性的合力创造吗?

由于历史原因,中国考古学在新中国成立后一直在与国际学界隔绝的环境里独立操作,直到改革开放,中国学界对欧美考古学的发展开始略有接触。尽管由于时空的暌隔、国情的不同、语言的障碍、传统的积淀,中外考古学之间的隔膜和差距仍然巨大;但是,年青一代学者思想活跃,积极开放、剔除陈腐。展望未来,中国考古学充满了希望。

第二部分　考古学简史

第一章 了解人类的过去

一、认识人类的古老性

　　了解自身的来历是世界上所有民族所关心的问题,这种认识与探索过程一般被认为有三个阶段:第一是神学或神话解释阶段,这类解释一般采用揣测和直觉思考,以超越经验来提出一些见解。除了为经验提供解释之外,神话也为人类生命和社会的基本要素提供正当的理由,将这些要素与神话记载的原初活动基础联系起来。神话的听众并不关心证据和理由,神话的主要感染力在于情感。上帝创世和盘古开天地都属于这一阶段人类对自身起源的认识。第二,哲学解释阶段,这类解释限制和消除解释中的情感作用。哲学解释并不仅仅依赖揣测和直觉,而将推理、观察、区别、分类以及总结作为基本的方法。总之,哲学解释试图对所观察和体验到的事物的普遍性问题做出系统陈述,并对超越感知的材料的通则性问题提出假设。最后,哲学证据一般要求清晰、合乎逻辑或至少能自圆其说,并尽可能简洁。亚里士多德对古希腊城邦国家起源的解释属于这类解释的代表。第三是科学解释阶段,科学解释是对事物真相和本质的系统探究与阐述,依赖推理、观察、分类和总结。后来,科学解释还提倡对感知材料的一般性问题或通则性假设做严格的检验。总之,了解事物真相的途径既包括做出对所观察事物的尝试性解释,也包括对非直观的产生原因提出最终能够予以检验的假设。19 世纪末以来,科学考古学的探索可以被视为这一阶段的特点。①

与中国人对古代史的了解主要来自史籍和神话不同,欧洲人有关古代史的知识主要来自《圣经》和古希腊和古罗马的记载。按希伯来语《圣经》犹太教义的计算,世界起源于公元前3740年;罗马天主教的创世年代为公元前5199年,而大部分英语国家的基督教徒接受厄谢尔主教(A. J. Ussher)于17世纪提出的公元前4004年的创世纪年。在整个17与18世纪,科学家们认为《圣经》的记载与他们观察的世界并无矛盾,并认为他们的研究可以深入了解上帝创世的合理性。人类历史只有6000年的看法一直到19世纪中叶才受到挑战。

地质学的发展迫使学者们正视人类历史的古老性,地层中经常出土的打制石器和绝灭动物的化石,最终被理解为创世之前的人类遗存和生命记录。早在15世纪,达·芬奇就认为化石曾经是生活在地球上的动物,陆地上的海洋生物化石证明这片土地曾位于海底。17世纪,英国学者胡克(R. Hooke)注意到化石都与现生动物不同,应属创世之前。他还注意到不同地层中出土的化石各不相同。因此,他认为可以用这些化石来建立一个比创世纪年更久远的年代学。18世纪下半叶,一位名叫埃斯帕(J. F. Esper)的神父利用业余时间在德国巴姆博格(Bamberg)附近的洞穴中寻找大洪水的证据,他发现了人类骨骸与已绝灭的洞熊共存。1774年,他发表了这些发现,声称他发现了生活在大洪水之前的人类遗骸。

18世纪上半叶,学者们发现了地球内部很热的事实,这表明地球原来曾有过熔化的状态,而要冷却到现在的状态所需的时间肯定不止6000年。1778年,法国博物学家布封(G. L. L. Buffon,1707—1788)提出了地球历史的不同阶段,每个阶段都延续了漫长的年代。他设法将这一推测与《创世纪》加以协调,认为其中的时间长度应该比现在认知的长6倍,而且一天也不止24小时。其他博物学家也持相似的观点,一批被称为"洪水派"的学者认为,地球的形成分为几个阶段,所有地

---

① D. B. Dickson: *Ancient Preludes*, New York, West Publishing Company, 1993.

质构造最初都是在海洋里沉淀的。另一批被称为"灾变派"的学者认为,在地球发展史上有多次灾变,它们将各个时期隔开。地层中不同的化石表明,洪水在消灭了某时期的所有生物后,上帝仿照前一阶段重新创造出一批新的物种。

与此同时,一些被称为"均变派"的学者开始以均衡变迁的眼光来看待地球的演变,这一学派的创始人为苏格兰地质学家赫顿(J. Hutton,1726—1797)。在 1795 年出版的《地球理论》一书中,赫顿认为地球是一个自动平衡的系统,高处的物质会被水流搬运到低洼处,形成各种沉积,然后因水的压力或其他动力变成砂岩、页岩、灰岩或其他岩石。地心的热量使岩层膨胀,从而抬高岩层,最终使之出露海面而形成新的陆地。就这一过程而言,它没有起点,也没有终点。① 当然,赫顿的均变论受到了洪水派、灾变派和教会的猛烈攻击。1779 年,一位名叫弗里尔(J. Frere)的英国皇家学会会员在英格兰萨福克郡的霍克斯尼(Hoxne)发现了包括手斧在内的许多火石工具与武器。他写信向伦敦古物家协会汇报了这一发现,声称这些石器是"尚不知使用金属的人们所使用的武器","属于一个非常遥远的时期,甚至超出当今世界之外"。1800 年,弗里尔的信件刊登在古物家协会的《考古》杂志上,但是在社会上没有引起任何反响。

均变论、物种进化和人类历史古老性的思想在 19 世纪之所以难以被接受,与一个人的影响关系密切,他就是法国古脊椎动物学家居维叶(G. Cuvier,1769—1832)。他用地质学证据将灾变论发展到极致,使得这种理论在他生前和去世后的 10 年中一直主导着地质学和生物学的思想。他还以自己的古脊椎动物学知识来否定现生动物从绝灭动物进化而来的可能,认为某种动物的个体之间差异很小,因此不可能逐渐变成另一个物种。他还以地层中化石各不相同、缺乏重叠和过渡为由,坚持认为上帝按照他先前制定的原则,沿相似的途径重复创造了生命。

---

① G. Daniel and C. Renfrew: *The Idea of Prehistory*, New York, Columbia University Press, 1988.

而今天包括人类在内的大千世界是最近地质时代发生的事件，因此在过去的地质年代里，不可能有人类化石的存在。

然而，陆续出土的材料总是和居维叶的结论相左。其中最重要的是比利时医生施梅林（P. C. Schmerling）和罗马天主教神父麦克内里（J. MacEnery）分别在比利时和英格兰的发现。施梅林调查了列日省（Liege）附近的几个洞穴，发现了7个人类头骨及其他遗骸、火石工具，以及与人类骨骸共生的洞熊、猛犸和犀牛化石。1824—1829年，麦克内里在托尔奎（Torquay）的肯特洞穴发掘，发现了与绝灭动物共生的石器工具。施梅林将其发现写成《关于列日省洞穴中发现的骨骸化石之研究》一书出版，但是受到学界和公众的冷遇。麦克内里决定不发表他的发现结果，而将自己的发现写信告知英格兰著名地质学家、居维叶的有力支持者巴克兰教授（W. Buckland）。巴克兰回复神父说，是古代布列吞人在洞里挖灶坑，不慎将工具掉到石灰岩钙板下面和绝灭动物的化石混在一起。虽然麦克内里并没有在洞里发现这样的灶坑，但是面对牛津大学地质学教授的权威解释，这位业余探索者无言以对。

这场斗争的转折点，是地质学家赖尔（C. Lyell，1797—1875）于1833年发表的三卷本著作《地质学原理》。这本著作支持均变论，并提供了十分丰富的地质学资料来证明这一原理，使得最顽固的反对者也为之折服，这场斗争最后以均变派获得全胜而告终。赖尔的工作影响巨大，他使地质学成为时髦的学科。赖尔在《地质学原理》中提出了生物衍变的思想，并用进化的哲学思想来解释地质学证据，他的这种思想后来由达尔文发展成生物进化论的全部理论。

均变论的胜利使得否认存在人类化石的声音渐渐变弱。1837年，一名法国海关官员布歇·德·彼尔特（J. Boucher de C. de Perthes，1788—1868）在阿布维尔附近索姆河谷的砾石层中发现了与绝灭动物如猛犸、洞熊、披毛犀和野牛共生的石器工具。此时，学者们不再对该发现采取漠视的态度，并试图解释和证实人类在大冰期与绝灭动物共存的事实。1858年，英国地质学家福尔克纳（H. Falconer）在前往西西里岛的途中参观了阿布维尔，认为布歇·德·彼尔特言之有理。回到英国后,他鼓动地质学家普雷斯特维奇(J. Prestwich,1812—1896)和考古学家约翰·伊文斯(J. Evans,1823—1908)前往阿布维尔考察。两位资深学者起初对这项发现还是心存疑虑,但是在参观了阿布维尔以及其他一些化石和石器地点如亚眠和阿休尔之后改变了看法。普雷斯特维奇于1859年5月26日向英国皇家学会宣读了一篇论文,接受远古人类存在的事实。6月2日,约翰·伊文斯向古物家协会宣读了一篇论文,声称"无疑,在迄今已知最遥远的时代之前,地球这块土地上就已有人类生活了"。1859年,在英国皇家学会举行的会议上,赖尔在第三组发表主席演讲,宣布他已做好充分准备来证实由普雷斯特维奇提出的结论。[①]

几乎与此同时,石器时代早期的人类遗骸也被发现了。1857年,在德国杜塞尔多夫的尼安德特峡谷,工人们在一个洞穴中挖出了一个人类头盖骨,有突出的眉脊和低平的前额。少数支持进化论和人类古老性的学者马上认识到这一发现的重要性,解剖学家沙夫豪森(H. Schaafhausen,1816—1893)在波恩介绍了这一发现,认为尼安德特人属于野蛮和蒙昧的人种,是欧洲早期居民最古老的遗存,赫胥黎认为尼安德特人是迄今最接近猿类的人类遗骸。但是其他一些学者则发表了不同意见,比如病理学家微耳和(R. L. K. Virchow,1821—1902)宣称,这是一具变形的爱尔兰人或哥萨克人的白痴头骨。一直要到1887年,在比利时的冰期沉积中又发现了两具尼安德特人骨架之后,人们才逐渐接受尼安德特人古老性的这个事实。

1859年达尔文《物种起源》的出版,为人类古老性的确立扫除了最后的障碍。赖尔的《地质学原理》陪伴着达尔文的环球航行,赖尔在书中所提出的生物衍变或进化的思想,启发他深刻思考地球上生物多样性的原因,最后使他得出了"物竞天择、适者生存"的进化论原理。除了对现生动物因适应环境造成的差异进行观察和研究之外,他还引用

---

① D. K. Grayson: *The Establishment of Human Antiquity*, New York, Academic Press, 1983.

大量比较解剖学的研究和化石证据来支持进化理论,这使他的理论极具说服力。当然,进化论遭到了许多人、包括教会的反对,因为它直接有悖于《圣经》的教义。然而在很短的时间内,进化论观点被大部分科学家和受教育人士所接受。赫胥黎曾这样评价《物种起源》:"这部书使我们受益匪浅,从此我们永远摆脱了困境,再也不用理睬创世的臆测。"

　　英国考古学家格林·丹尼尔(G. Daniel, 1914—1986)说,认识人类遗骸和他们的遗存,是史前考古学的开始。史前考古学在显出清晰的轮廓之前只是古代史研究,索姆河畔的石器与尼安德特人的骨骼则展现出这个轮廓。考古学作为一门研究古物的学问,产生于人们对自然环境和上古史的兴趣之中,然而却由地质学证实了远古人类存在的真实性,从而确立了史前考古学的范畴,提出了史前考古学的问题。探寻这段历史、找到解释这段历史的方法,就是近百年来考古学所面临的中心任务。①

二、古物学与金石学

　　丹尼尔总结了早期古物学产生背景的四个方面,这就是:(1)对自己祖先的兴趣;(2)对地面景物和地下挖出的古代遗存的兴趣;(3)对现代未开化土著人群的兴趣;(4)对人类及其文化来历的兴趣。这四个方面也是史前学产生的基础。希腊和罗马的古典文明留下了无数古迹、历史遗物和文字记载,引起了意大利学者和许多来访者的极大兴趣。他们寻找和研究这些历史遗迹,促进了欧洲古物学的发展。中世纪末,随着文艺复兴的到来,人文主义在意大利再度出现,重新激活了人们对古典世界的兴趣。文艺复兴发现和推测的气氛也逐渐扩散到欧洲的其他地方,包括那些与希腊古典世界联系较为薄弱的国家,如德

---

① 格林·丹尼尔:《考古学一百五十年》,黄其煦译,安志敏校,文物出版社,1987年。

国、英国和斯堪的纳维亚。由于这些国家没有太多可与希腊和罗马相媲美的古物,所以人们的探究直接着眼于非古典的过去,这使得这些国家最早开始采纳史前考古学方法,而最初的考古学方法也出现在古物最不起眼的北欧。

15世纪末,罗马出现了收藏古物的风潮。罗马教皇首开古物收藏之风,令红衣主教和其他显贵纷纷效仿,将自己的宅院和别墅装点成古典艺术宝库。在上层贵族的影响下,私人的发掘也开始出现。16—18世纪,当古物学研究在意大利达到高潮时,另一种不同的古物学在英国出现,而且作为区别于艺术爱好和艺术史研究的正规历史古物学也是在16世纪的英国出现的。1572年,英国成立了保护国家古物协会,是后来伦敦古物家协会的前身。英国的古物学在17世纪达到繁盛阶段,许多古物学家们周游各地,既注意古迹又留心地理特征,既收集科学和古物方面的实物,又从事严肃的田野工作,将古物视为研究文化环境的一个方面。18世纪英国古物学的发展得到了三件事情的激励,这就是:(1)在希腊的发现。一些学者游历希腊古典国家,记录、绘图,并进行发掘。这些旅行家的工作打开了英国人的眼界,看到了地中海文明的艺术成就。(2)浪漫主义运动,即对英国本土古不列颠人和凯尔特人的古物如土冢、要塞和巨石建筑进行浪漫主义的想象和附会。(3)自然史的发展。受林奈学说和其个人的感染,乡绅、牧师和富足的企业家表现出对自然历史的兴趣和热情,对自然的研究蔚然成风,在研究自然和自然史的热潮中还涌现出一批杰出的人物。1718年,伦敦古物学家协会正式成立,《考古学》杂志第一期于1770年发行,并公开宣布其办刊的宗旨:"臆造和传播幻想的虚妄之言,本刊一概予以戳穿。"因此,丹尼尔说,英国的古物学在18世纪之前就是一株茁壮的树苗,浪漫主义运动和希腊古物的发现培育了它,而精心栽培这株小树的土壤正是18世纪末和19世纪初自然科学的进步。在地质学出现之前,在均变论未被广泛接受之时,不可能有真正的考古学。①

---

① 格林·丹尼尔:《考古学一百五十年》,黄其煦译,安志敏校,文物出版社,1987年。

欧洲古物学除了对古典艺术的爱好之外，还表现出明确的探索精神，一些杰出古物学家所从事的研究已初具现代考古学方法的雏形，可以被称为近代考古学的先驱，下面便介绍几位著名的代表人物。

英国人约翰·奥布里(J. Aubrey, 1626—1697)被丹尼尔称为17世纪古物学者中最杰出的代表，除了古物之外，他对天文学、医学和植物学都有浓厚的兴趣，采取分类和比较的方法进行研究。他利用自然和人工的现象，以及发现的古物来解释他所热爱的威尔特郡。他的一本著作《不列颠的纪念建筑》从未发表，但是手稿捐赠给牛津大学图书馆，供后来的古物学家们学习。该书的第一部分尤为著名，因为它关注韦塞克斯的史前纪念建筑，包括巨石阵、西尔伯里及艾夫伯里石柱群。奥布里是第一位根据文字记载将这些遗迹指认为属于前罗马时期凯尔特人的学者，认为这是宗教礼仪活动场所，也许是凯尔特祭司的神庙。他在国王查理一世的指导下，很可能采用了一种17世纪发明，但是没有保存下来的勘探仪器，绘制了一幅精确的艾夫伯里垄圈和内部残存石圈的平面图。虽然无法解决这些古代纪念建筑的年代问题，但是他正确地将巨石建筑的年代放在罗马人之前，而将铁器时代的山头城堡归于布列吞人、罗马人或丹麦人活动时期。奥布里的工作对18世纪最著名的古物学家斯特克里产生了巨大的影响。为此，奥布里被誉为英国第一位重要的田野考古学家。

英国人威廉·斯塔克里(W. Stukeley, 1687—1765)被丹尼尔称为英国考古学家中最具浪漫色彩的楷模，无论在实践还是理论上，他都是一位极为伟大的田野考古学家。斯特克里在剑桥大学学习医学和植物学，1718年在阅读了奥布里的《不列颠的纪念建筑》之后，他对乡间古代建筑产生了浓厚的兴趣。18世纪20年代，他在韦塞克斯进行了广泛的田野工作，对巨石阵、西尔伯里及艾夫伯里石柱群做了精确和全面的调查。他继而游历整个不列颠，调查各地的遗迹并绘制精确的略图。之后，斯特克里利用他收集的田野调查资料，尝试在凯尔特祭司和基督教之间建立某种神学联系。奥布里仅认为这些纪念建筑是凯尔特祭司的仪式场所，而斯塔克里却进而建立起凯尔特祭司的一种庞大神学体系,而且并不可信地将其与纪念建筑的各种特征联系到一起。由于自18世纪以来的损毁,斯塔克里的原始记录已成为了解这些纪念建筑原状的无价之宝。他不只记录单个的遗址,而是将一个地区的不同土墩以相互关联的形式放在一起。他是一位敏锐的观察家,能对地貌和遗址之间的关系进行逻辑分析,由于从米尔顿豪尔到巴斯的罗马大道绕过了希伯里丘(Sibury Hill)——一座凯尔特土冢,他据此认为这些土冢应该早于罗马时代。从方法论的角度来说,不列颠的田野考古学一直要到某些新因素的介入,才能超越斯塔克里所达到的层次。准确的记录仍然继续增加,但是对记录下来遗址的解释仍然鲜有进展,这是因为缺乏历史记录,古物学家很难解释前罗马时代的遗迹。[1] 虽然斯塔克里的研究具有时代的局限性,但是他的学术思想仍然值得称道。他在1724年出版的《古玩指南》中说,要满足人们对英国古物的好奇心,需要通过亲自对地点和事物进行观察,而不是依靠别人的劳动和涉足他人的研究就能办到。斯塔克里曾是伦敦古物家协会的第一任理事长。

德国人约翰·温克尔曼(J. J. Winckelmann,1717—1768)出生于一个普鲁士皮匠家庭,早年学习神学和医学,具有非凡的希腊语和拉丁语研究才华。1755年他成为红衣主教、古物收藏家阿尔巴尼(A. C. Albani)的图书管理人,精通梵蒂冈的古物。1763年他成为教皇的古玩保管。虽然没有实现到希腊和西西里游历的梦想,但是他一直关注当时在意大利进行的考古发掘,并考察了在庞贝、赫库拉尼乌姆和斯图姆的发掘。温克尔曼的代表性著作是《古代艺术史》,他首先创造出一种确定出土雕塑相对年代的方法,并采取哲学途径,从政治制度来解释造成希腊艺术繁荣的原因。他摒弃了以分辨艺术家作为艺术品分类标准的做法,采用类型学分析来对雕塑分类,并建立起古典艺术史发展序列的年代学,在做了一些修正后至今仍被认可。他的研究方法对后来考古

---

[1] K. Green: *Archaeology:An Introduction*, London, Routledge, 2002.

学的观察、展示和探究影响巨大。①

与西欧相似的探索也在美国展开。1784 年,美国第三任总统杰弗逊(T. Jefferson,1743—1826)对他位于弗吉尼亚庄园里的一座土墩进行了发掘。当时人们对密西西比河东岸的土墩墓有种种猜测,不知道它们究竟为印第安人所建,还是历史上已神秘消失的"土墩建造者"所建。杰弗逊用发掘来检验这些猜测,他从土墩上开挖出一条探沟,分辨探沟中的不同层位。他发现下层的人骨保存较差,由此推论土墩在不同时期被反复用作墓地,并推测土墩的建造者应该就是印第安人。杰弗逊用科学和严谨的发掘来证实某种未知的事实,体现了考古学探索的精髓。因此,这次发掘被称为考古学史上最早的科学发掘。②

19 世纪初英国古物学的兴趣已转向非古典文物,并尽量避免过去那种浪漫主义的简单附会。古物学家们发掘土冢,试图解答对过去的疑问。他们仔细记录土冢的特点,区分不同结构类型和埋葬形式,以及一次葬和二次葬的区别。他们还注意村落遗址和土木建筑,这标志着古物学向考古学迈出了一大步;其研究目的在于了解一个地区的考古历史,试图做到包罗万象,无一遗漏。然而,即使有古物学家在田野发掘和研究方法上的努力,并将这门学科的目标从古物本身转向具体的历史,但是由于对史前遗物缺乏系统的编年学方法,他们只能用文献上的名称如"凯尔特的""高卢的"或"不列颠的"一类的术语来描述前罗马时代的遗物。因此,即使是西欧的古物学家也无法跨越古物学和考古学之间的鸿沟。跨越这条鸿沟,一直要到三期论在丹麦确立才真正得以实现。③

中国金石学常常被视为考古学的前身,近似于欧洲的铭刻学或古物学,主要以出土和传世的金属和石刻铭文为研究对象,因此偏重于著录和文字资料,以达到正经补史的目的。我国早在汉代就有人研究当

---

① 保罗·巴恩:《剑桥插图考古史》,山东画报出版社,2000 年。
② 科林·伦福儒、保罗·巴恩:《考古学——理论、方法与实践》(第六版),陈淳译,上海古籍出版社,2015 年,第 5 页。
③ 格林·丹尼尔:《考古学一百五十年》,黄其煦译,安志敏校,文物出版社,1987 年。

时已不能识别的"古文"。晋代有人盗掘魏国古冢,出土大批竹简,经荀勖等整理编辑为十几种佚书。唐代初期,凤阳出土石鼓成为当时的学者和书法家研究的对象。北魏郦道元的《水经注》记录了各地的古代城址、陵墓、寺庙、碑碣和其他史迹。金石学到宋代达到鼎盛期,一批著名的金石学家如刘敞、吕大临等在系统收集和整理大量古器物的基础上,提出了金石学的研究方法和目的,比如"礼家明其制度,小学正其文字,谱牒次其世谥"。而它的基本功能被认为有三个方面①:一是考订。其作用为"证经典之异同,正诸史之谬误,补载籍之缺佚,考文字之变迁"。二是文章。"金石之文可以订史、补佚,为文章之祖,百世之范。"三是艺术。因为"金石书体之美,变化繁多,古雅绝伦,所以大有裨于艺术"。经过元明时期的沉默,金石学到清代又发展到一个新阶段,其研究范围也有所拓展,从青铜器和碑刻扩大到各种古器物,如钱币、玉器、兵符、镜鉴、印玺、砖瓦、封泥、墓志、造像等。因此,金石学变成了古器物学。清末民初,新发现的甲骨、简牍以及出土的明器等杂器也包括到研究之列。②

与西欧的古物学相比,中国的金石学基本是传统国学特殊的组成部分。即使到了清代和民国,古物研究仍然局限于一种收藏与爱好,人们也没有试图从这些物质遗存中了解古代社会的细节。甚至殷墟的发掘,主要还是关注甲骨。对于金石学与考古学的关系,以及金石学能否被看作中国考古学的前身,各家看法不尽相同。比如,梁启超(1873—1929)认为中国的考古学起自北宋,把金石学视为考古学的一部分。但是,他还是指出了两者的区别,这就是考古学要依赖发掘和方法的改良。③ 卫聚贤(1899—1989)认为,前人研究古物可谓是金石学和古器物学,而现代考古学,即所谓的"锄头考古学",注重发掘。④ 李济则道出了两者区别之所在,他指出,金石学与考古学的关系好比炼丹术与现

---

① 朱剑心:《金石学》(1940年初版),文物出版社,1981年再版,第4、11—12页。
② 王世民:"金石学",《中国大百科全书·考古学》,中国大百科全书出版社,1986年。
③ 梁启超:《中国考古学之过去及将来》,《重华月刊》,1931年5月1期。
④ 卫聚贤编:《中国考古小史》,商务印书馆,1933年。

代化学、采药学与现代植物学之间的关系。炼丹与采药自有其学术的价值,但是决没有人会将它们视为化学和植物学。①

三、三期论

创造出一种不求助文字记载的年代学方法,是考古学区别于古物学的主要标志之一。丹尼尔认为,19世纪史前学建立在两块基石之上:一是认识远古人类的存在,二是三期论的提出。三期论出现在一个当时没有开展工业革命的国家,成长于一个主要靠发掘与分析地面文物古迹进行收藏的国家。② 伦福儒和巴恩则指出,人类的古老性、达尔文进化论和三期论是最为重要的观念进展,它们为研究人类的过去以及提出理性的问题提供了一个框架。③

人们很早就注意到技术特点的发展在时间上有先后,可以作为相对断代的依据,这在中国与西方同样都有先例。比如,我国东汉袁康在其《越绝书》中就提到过石、玉、铜、铁的相继发展阶段。1816年,斯堪的纳维亚的古物学家西蒙森(V. Simenson)就提出,最早的工具和武器是用石头和木头制作的,然后斯堪的纳维亚人学会了用铜,最后学会了用铁。但是,这些看法并没有受到重视。一直要到丹麦哥本哈根新建的国家博物馆首任馆长汤姆森(C. J. Thomsen,1788—1865)首先根据这一原理以三个连续的时代来布置博物馆藏品,并于1836年发表了其研究成果——《北方考古指南》之后,三期论作为史前考古研究的一种年代学方法才被正式确立。他的三期论的核心定义立足于切割工具与武器,并从墓葬和窖藏这些封闭状态出土器物的共生关系来建立相对年代的早晚。比如,他发现有的墓葬只有石器,有的含石器的墓葬有少

---

① 李济:《现代考古学与殷墟发掘》,《安阳发掘报告》,第二册,1930年。
② 格林·丹尼尔:《考古学一百五十年》,黄其煦译,安志敏校,文物出版社,1987年。
③ 科林·伦福儒、保罗·巴恩:《考古学——理论、方法与实践》(第六版),陈淳译,上海古籍出版社,2015年。

量青铜器,但从不与铁器共出。在铁器出现后,青铜器仍然存在,而铁器的时代是最晚的,因为它与罗马时代和中世纪的钱币共出。一旦这一观察确认了石器与其他铜、铁金属工具之间的关系,他就能够分析与这几类器物共生的其他遗存的时代,并留意代表不同时代的葬俗和墓葬形式。因此,有效的观察与分类对于史前考古学的进步是不可或缺的。三期论,以及以此为基础的进一步时代划分,一直是世界各地史前研究的一个基本方法。

汤姆森的三期论以及以此来安排博物馆藏品的方法,引起了欧洲其他国家古物学家和博物馆馆长的注意。很快,瑞典和德国的博物馆也开始采纳这一方法。

将墓葬从用于博物馆藏品分类转向为考古研究提供年代学依据,是由汤姆森的学生沃尔塞(J. Warsaae,1821—1885)实现的。他通过田野发掘证实了三期论在了解远古遗址与墓葬之间的关系以及区域文化历史发展上的有效性。他用三期论方法分辨葬俗与古墓的类型,并首次确立了史前古墓的年代序列。在两年的发掘之后,沃尔塞于1849年出版了考古学史上最重要的著作之一——《丹麦远古古物》,为三期论提供了令人信服的考古学实物证据。

沃尔塞对考古学的最大贡献,是他认识到发掘的基本目的应当是为人类历史和文化发展提供信息,而不是为博物馆和私人收藏采集标本。因此,他注意到地层和出土遗物位置的重要性,指出"古物只有参照其发现的位置才有价值"。他强调发掘一定要仔细,记录与说明要尽可能完整仔细,所有出土遗物都必须保存,甚至微不足道的东西都具有科学价值。他认为,如果没有对古物出土位置的仔细观察和比较,许多重要的相关问题就无法解答,要么只能以一种难以令人信服的方式来说明。沃尔塞对不同墓葬与葬俗进行分析,并参考它们的地层关系,将青铜时代细分出不同阶段。沃尔塞不仅采用类型学,而且从遗物出土的位置来建立年代学,为三期论运用于考古学实践做出了开创性的贡献。

19世纪60年代,三期论在被整个欧洲所广泛接受之后,将其与进化及人类古老性的概念结合可以更清晰地了解人类从蒙昧向文明的发展。后来,根据打制石器与磨制石器技术的不同,石器时代又被英国史前学家卢伯克爵士(Sir J. Lubbock,1834—1913)在1865年出版的《史前时代》一书中进一步划分为"旧石器时代"与"新石器时代"。1866年,两个石器时代之间又被划分出一个"中石器时代"作为过渡。

丹尼尔对三期论做了高度的评价,他说,汤姆森的三阶段分期系统创立了相对年代的思想和理论基础。没有这种相对年代的思想,史前考古学就绝对跳不出古物学的窠臼,古物学就只能停留在描述古物的工作上。因此,三期论无愧为现代考古学的柱石。

四、类型学与地层学

汤姆森的三期论建立了一种器物研究的类型学方法,从技术工具的特征来追溯它们的历时变化,而这一方法又被沃尔塞应用到具体发掘中。因此,早期考古学理论方法的努力都集中于一个目的,这就是确定遗址和遗物的时代或物质文化的年代学。当然,这只是一种相对早晚的年代,并不知道它们的绝对年代,或距今究竟多远。

除了汤姆森之外,许多早期考古学家都努力采用类型学方法来解决相似的年代学问题。其中被誉为"英国考古学之父"的皮特-里弗斯(A. H. L. F. Pitt-Rivers,1827—1900)就是这样一位杰出代表。里弗斯是一位军官,他在对火器的研究中总结出一条原理,即万物都以进化的方式发展,因此可以根据类型学的序列来将其排列出先后次序。他还指出,技术的发展是不可逆的,比如飞机和汽车,从早期类型到最新的类型所显示的发展过程一目了然,甚至外行都能毫无困难地分辨出它们的先后。此外,英国考古学家约翰·伊文思也针对器物形态的变迁进行类型学的研究,试图将从凯尔特人时期到马其顿王国的英国硬币做时间上的排列。

瑞典考古学家蒙特柳斯(G. O. A. Montelius,1843—1921)是器物

类型学的奠基人之一,他将类型学的分析目标放在武器、工具、装饰品、陶器及其纹饰上,他以一个著名的例子来说明类型学的作用,就是关于火车车厢如何从马车车厢演变而来:尽管随着时间的变迁,马车变成了火车,但是火车车厢的设计仍然保留着起源于马车的各种痕迹,即使某些痕迹已经失去了其原有的功能。因此,器物类型学研究可以根据这些特征的变化来追溯车厢发展和年代学序列。他还用斧子的演变来说明类型学的作用,早期的铜斧往往保留了石斧的形态特征,但由于铜的延展性,铜斧会比石斧薄,而且可以锻制出较宽的刃缘。从皮特-里弗斯、约翰·伊文思和蒙特柳斯在创建类型学方法的思考与实践中,我们可以看到达尔文进化论思想的影响。

三期论的年代学方法起初只能局限在一个区域里,比如只能分别弄清丹麦和英国青铜时代和石器时代古墓的序列,但是无法确定丹麦和英国青铜时代的古墓是否是同一抑或不同时期的。这一问题为蒙特柳斯所解决。他的兴趣主要集中在整个欧洲与地中海地区新石器时代至铁器时代的分期与年代学上。大约1890年,蒙特柳斯将欧洲各地的相对年代框架整合到一起,成为一个完整的体系。1910年,他进而设法为欧洲的青铜时代与铁器时代建立绝对年代。这项努力首先需要对一个区域内所有的考古发现做详尽的研究,确认和罗列总是一起共出和从不共出的器物,确立几组同时期的器物,每组代表了不同的时代。接下来,蒙特柳斯着重研究剑和斧这类器物,将不同组里的这些器物进行对比,并将它们安排成一个序列,即使在序列两头的同类器物并不相似。为了确定这个序列哪端是起点,他寻找技术进步的证据或那些曾经起过作用后来退化成纯粹装饰的残留特征。一旦确立了个别器物的几组类型学序列,分辨出这些序列之间的一致性,他便能将一些较大的考古学组合编成序列,为一个区域不同文化提供一个相对年代的序列。

贸易品和交界地区不同文化器物的混合能显示出哪些器物是同时代的,这些信息使得蒙特柳斯可以将两个和多个区域之间的相对年代关系联系起来,为他建立欧洲青铜和铁器时代序列提供了基础。从1885年到1905年的20年里,考古学家在希腊和埃及发现了许多器物，见证了两大区域之间在青铜时代的贸易和交流，由此学者们能够将希腊青铜时代与埃及根据象形文字和天文观察所确立的绝对年代联系起来。这样，蒙特柳斯就能够在希腊和埃及之间年代学关系的基础上，为欧洲青铜时代和铁器时代建立一个绝对年代的框架。

相似的类型学方法也为英国埃及学家弗林德斯·皮特里爵士（Sir F. Petrie，1853—1942）应用在埃及前王朝时期的考古中。像蒙特柳斯一样，皮特里根据墓葬出土器物的共生关系来确定时代的早晚，为尼罗河流域前王朝时期的墓葬梳理出一个发展序列。他还创立了著名的"序列断代法"，即根据陶器特征从功能性向装饰性残迹的演变而建立相对时代的早晚序列。

由此可见，类型学作为考古学的基本方法主要是用来确定时代的。史前考古学研究如果没有一个年代学框架来分析某一地区的考古发现，一切文化历史的重建就无从谈起。后来，随着绝对断代技术的出现和发展，类型学虽然仍能够为确定区域文化序列提供帮助，但是它已经不再是考古学家关注的主要问题了。

地层学原理来自于地质学方法，这就是未受扰动的地层堆积，下面的地层早于上面的地层。地质学家和古生物学家就是运用这种"叠压"（superimposition）来从不同地层研究化石，确立地质年代和生物演化的年代序列。虽然地层学方法早在 19 世纪就曾被麦克内里和布歇·德·彼尔特用于比利时洞穴和法国索姆河旧石器时代遗址的发掘，但是在 20 世纪之前，除了一些地质学出身的学者采用这种方法来揭示早期人类的活动和确定年代之外，像沃尔塞、皮特-里弗斯和杰弗逊那样严格按层位发掘，并详细记录出土遗物的考古工作者还是十分稀少。历史时期的考古发掘更加注重寻找铭刻、文字记载和精美文物。这些发现往往本身就能够提供年代证据，不必顾及它们出土的地层关系和埋藏背景。

20 世纪初的考古发掘出现了三个相关要素，这就是垂直发掘以揭示早晚序列，水平观察以准确记录遗物的分布，对遗址中出土的所有遗存予以系统关注。这样发掘对于撰写完整的发掘报告是必不可少的，它可以为保存在博物馆里的实物资料提供出土的背景,从而可能为像柴尔德这样的考古学家提供复原区域文化历史的基本素材。

还有一位为考古发掘和地层学研究做出过杰出贡献的人物是英国考古学家惠勒爵士(Sir M. Wheeler,1890—1976),他在英国、法国和印度进行野外发掘,以解决各种不同的问题。从20世纪20年代起,惠勒在他的田野发掘中将垂直发掘与水平揭露结合起来,发明了著名的布方系统(box system),被称为惠勒的方格。他在遗址上布置一系列的正方形方格或探方,各探方之间以隔梁分开,以便在按每个方格向下发掘的过程中,对每个探方四个剖面的地层做详细的观察和记录。惠勒所采用的方法都是用来满足垂直和水平发掘的不同要求,而这些要求对于了解遗址的早晚序列以及遗物之间的关系都是必不可少的。

在美国,相似的方格系统也被独立发明,但是顺序和惠勒的方法正好相反。美国考古学家先确定发掘的方格,然后先在方格的四周挖出探沟以观察下面的地层状况,然后再逐层加以揭露。但是,打格分方很少被用来发掘很深的遗址,因为随着向下发掘,探方会变得既不舒服,又很危险。一种办法就是采取阶梯形发掘,随着向下发掘,一系列阶梯向下收缩。另一种办法就是在发掘区周围打板桩构筑一个沉箱。发掘方式可以根据不同的情况进行选择,比如洞穴、土墩和窑址的发掘方法需要灵活变通。后来,也有学者对惠勒的方格提出批评,认为隔梁在解释各剖面的关系上总不到位,并妨碍对大面积形态的辨认。他们建议采取大面积揭露的办法,只在地层比较复杂的地方切出垂直的剖面。这种大面积揭露对于单一时代的堆积和接近地表的遗址特别有效。①

地层学原理只能显示一个遗址利用的早晚过程,但并不告诉我们每层堆积形成的时间,以及遗址在几次的废弃之间是否有漫长的间隔。实际上,地层并非完全都是水平的堆积,它常常被自然和人为的动力所扰动。未受重大扰动的堆积被称为"原生堆积",如果堆积的地层受到

---

① 科林·伦福儒、保罗·巴恩:《考古学——理论、方法与实践》(第六版),陈淳译,上海古籍出版社,2015年,第87、91页。

水流的搬运，那么这种地层就叫"次生堆积"，并不能为我们提供其中文化遗物的年代和相互关系。因此，除了利用地层学原理之外，考古学家还必须考虑到遗址形成过程的复杂性，寻找独立的证据来为地层序列提供年代学范围，其中动物化石和分布比较集中和延续时间比较短暂的器物类型可以为地层提供年代证据。在绝对测年方法产生之后，地层中出土的各种材料可以为考古学家提供各个层位的绝对年代。

第二章 发现人类的过去

本章主要介绍埃及、美索不达米亚、爱琴海地区、美洲和中国的早期考古发掘工作,这些发掘尽管动机不一——有的完全是探险或搜寻古董,有的是为欧洲博物馆收集藏品,有的是为了满足对神话史诗的好奇——考古学的田野发掘仍然在摸索中蹒跚起步。在这些早期工作中,我们看到了许多草率和粗暴的发掘,暴露出那些劫掠者的丑恶嘴脸。但是,作为一门学科,考古学也在这样的环境中发展起来。一些有思想的学者,开始采用严谨和系统的方法进行发掘,注意各种细节,努力重建早期消失的历史。正是这些学者的努力,使得考古学的田野技术日臻完善。在一些早期发掘者的身上,我们看到许多珍贵文物在他们手中毁灭,但是良好的遗产保护措施也在他们的努力下建立起来。这也许正是这门学科在它创建和发展过程中的两重性。这种两重性在当前制度化的考古工作中仍然显现无疑,这就是:没有目的和想法的发掘,以及没有为后人留下完整资料的发掘,等于就是合法的破坏。

一、埃 及

古埃及辉煌的历史从来没有被完全遗忘,因为它被《圣经》、古希腊和古罗马的文献所记载。然而,有关埃及过去的详细知识早在 4 世纪下半叶已被人遗忘,当时埃及总督大力推行基督教。此前,古代的庙宇已被关闭或摧毁,古老的宗教仪式被禁止,传统的象形文字停止使用。一度充满活力和活动频繁的纪念性建筑被废弃,最后被流沙所掩埋或被移作他用、完全消失。

欧洲文艺复兴所带来的对古物学的兴趣，使得一些欧洲人前往埃及游历，为欧洲带回了对壮观古迹的描述和一些出土文物。当时不稳定的政局使得前往埃及南部困难而又危险，只有极少数人远抵尼罗河第一瀑布。因此，当时对于埃及的了解也只限于开罗附近吉萨的金字塔和狮身人面像。所以一直到18世纪末，欧洲对于埃及的了解仍然大体局限在古希腊文献记载的范围内。

这一状况在1798年发生了巨大的改变。当时，法国正与英国交战，拿破仑发动了对埃及的远征，试图在近东建立基地以破坏英国与印度的贸易。拿破仑除了率领35000名士兵之外，随行还带了175名由天文学家、地理学家、绘图师、建筑师、工程师、化学家、博物学家、艺术家和历史学家组成的团队。当拿破仑控制了埃及和巴勒斯坦之后，这些专家就开始进行科学研究。他们勘查古代遗迹，绘制了尼罗河及黎凡特地区最早的现代地形图，研究了埃及的自然史、矿产、灌溉及人口。1798年8月，由海军上将霍雷肖·纳尔逊(H. Nelson)率领的英国舰队抵达亚历山大港外的埃及沿海，并在尼罗河战役中摧毁了法国舰队。更糟的是，当拿破仑试图穿越巴勒斯坦去包围土耳其沿海位于埃克的据点时，英国舰队正停靠在海边，击败了法国人的袭击。1799年8月，拿破仑扔下他的士兵和科学家只身逃回法国。

1799年，为了防备英国和土耳其的进攻，法国人在亚历山大港东面大约40英里的罗塞达附近一处坍塌的阿拉伯城堡修筑工事，当时发现了一块抛光的黑色玄武岩，上面有三排不同文字镌刻的铭文。显然，这是一块古代碑刻，后来被用于修筑城堡。法国工程师皮埃尔·布夏尔(Pierre Bouchard)发现这些铭文上半部是圣书体象形文字，中部是世俗体，但是底下是希腊文。布夏尔意识到这块三语铭文的重要性，他马上将这块碑抢救出来，送给开罗的法国学者。由于为破译埃及象形文字提供了钥匙，罗塞达碑成为考古学史上最为重要的发现之一。

埃及的法国军队最后在1801年向英国投降。根据签署的条约，科学团队所有的采集品、记录和绘图都要交给英国。但是，当法国学者威胁要毁掉这些成果时，英国将军哈钦森做出了让步，允许法国学者保留他们的记录和绘图,但是全部文物包括罗塞达碑都必须移交给英国。法国人将罗塞达碑藏了起来,试图以个人物件蒙混过关。但是,哈钦森用武力夺取了罗塞达碑。结果,罗塞达碑最终入藏大英博物馆,成为该博物馆最珍贵的藏品。尽管法国对埃及的远征招致了军事上的失败,但是拿破仑携带科学团队随行的远见为埃及学的发展奠定了基础。1809—1828年,综合了拿破仑科学团队研究成果的21卷本《埃及的描述》正式出版,其中收录了艺术家和古物学家巴隆·德农(Baron de De-non)绘制的150幅精美的插图,成为考察工作不朽的成果。

虽然从一开始,人们就欢呼罗塞达碑的发现为破译埃及象形文字找到了钥匙,但是在很长时间里人们对象形文字仍一无所知。当然,学者们从希腊文很快就知道,这块碑是公元前196年由埃及马其顿统治者托勒密国王发布的公告。但是,学者们仍无法读懂另外两段铭文。在很长一段时间里,英、德、法等国家的学者努力破译罗塞达碑上的象形文字,但是进展不大。而最后的释读是由法国学者商博良(J. F. Champollion,1790—1832)完成的。1801年,11岁的商博良遇到了曾参加拿破仑远征埃及科学团队的一名成员、数学家弗里尔,从他那里见到了埃及古代废墟的图画和罗塞达碑的摹本。当商博良知道没有人能够破译古埃及的文字时,便下定决心要完成这项工作。商博良在学习希腊文和拉丁文上显示出一些语言学上的天分。在遇到弗里尔后,他马上开始学习英语、德语和意大利语。此外,他还学习研究所需的几种东方语,如希伯来语、阿拉伯语、迦勒底语、梵语、古波斯语、钵罗钵语(中古波斯语)、帕西语(中古波斯方言)、波斯语及科普特语。他在17岁时完成了这些艰巨的准备工作。

商博良从罗塞达碑上国王名字的图徽入手,将象形符号与国王名字的字母相对应。碑上的希腊铭文提到了托勒密(Ptolemy)和埃及托勒密王朝末代女王克娄巴特拉(Cleopatra)的名字。商博良注意到两个名字中分别有三个字母(P、O、T)彼此相同,如果它们确是这两位法老的名字,那么这几个象形符号也应该出现在相对应的位置。他还假设,如果第二个名字就是克娄巴特拉,它有两个A,那么代表A的象形符号也应该在相应的位置上出现两次。情况确实如此，他从1821年运抵英国的来自埃及菲莱岛的班克斯方尖碑的双语铭文上，验证了这一推断。这增强了商博良破译象形文字的信心。在克娄巴特拉名字纹饰后面还有两个半月形和椭圆形符号，它们总是出现在女神和女王名字的后面，因此它们很可能是女性名字的后缀。

受这一进展的鼓励，商博良着手破译埃及古希腊君王的其他象形符号。到1822年，他确定了大约22个象形文字的音标值，尽管有些符号的读音仍不确定。比如托勒密中的T与克娄巴特拉中的T读音并不相同。1822年，商博良得到了一些从埃及庙宇中临摹的象形文字铭文。当他看到一些法老名字的图徽时，他认出了图特摩斯和拉美西斯的名字，他们都是古代埃及的法老。因此他可以确认，埃及人的名字和词汇就像西文词汇一样是音标词。商博良后来也成为科普特语的专家，这是一种用希腊字母书写的古埃及晚期语言。基于语言学上的造诣，商博良很快就能读懂没有希腊文对译的象形文字。随着象形文字知识的扩大，商博良发现有许多临摹的铭文存在错误。1828—1829年，商博良在一批艺术家和建筑师的陪伴下前往埃及，对这些纪念物做再次研究，并对铭文做更仔细的临摹。三年后商博良去世，年仅42岁。

象形文字的释读使得人们有可能将古埃及法老和建筑物以年代学序列排列起来，赋予古埃及历史以新的价值。1842—1845年，由普鲁士国王腓特烈·威廉五世赞助、柏林大学语言学家莱普修斯（K. R. Lepsius, 1810—1884）率领的探险队前往埃及。莱普修斯研究了古埃及首都孟菲斯附近的古王国墓地，发掘了30座以前未知的金字塔和古埃及贵族陵墓。探险队还在阿玛尔纳、国王谷、底比斯、菲莱、阿布·辛拜勒和努比亚的麦罗埃进行发掘、调查和临摹铭刻。莱普修斯掠夺了大量文物，运往柏林的就有15000件。但是，他的主要关注还是集中在古埃及文明的发展上。他的著作，1849年出版的《埃及年代学》、1858年出版的《埃及法老书》和1849—1858年出版的12卷《埃及与埃塞俄比亚的纪念建筑》，成为古埃及研究的里程碑。

随着古埃及的发现，欧洲人对埃及的探险和对古物的劫掠也开始了。在诸多欧洲探险者和文物大盗中,意大利人贝尔佐尼(G. Belzoni,1778—1823)是个值得一提的人物。1816年,他成功地将法老拉美西斯二世的花岗岩巨石雕像的头和上身躯干从底比斯的庙宇运到了亚历山大港,并于次年运到了大英博物馆。贝尔佐尼的另一项惊人之举是发掘位于努比亚阿布·辛拜勒的拉美西斯二世的石窟庙宇。1812年,一位年轻的瑞士探险家造访了阿布·辛拜勒,他发现悬崖边有一具刻凿出来的巨大雕像,但被沙子一直埋到颈部。他怀疑在沙子的掩埋下,有进入庙宇的入口。1815年,他在开罗遇到了贝尔佐尼,将其想法告诉了他。1817年,贝尔佐尼来到阿布·辛拜勒,他必须搬掉覆盖在建筑物上厚达40英尺的沙子。最后,他挖到了庙宇通道的顶部,成为进入这个雄伟庙宇的第一个西方人。在返回亚历山大港的途中,他在底比斯做了停留,勘查了国王谷。在那里,他发现了一些宏伟的墓葬,包括塞提一世装饰精美的陵墓。在回到三角洲后,贝尔佐尼再次造访了吉萨的金字塔。运用逻辑推理和考察经验,他发现了第二座金字塔——哈夫拉金字塔隐蔽的入口。1819年,贝尔佐尼着手将一座高24英尺、重6吨的方尖碑从菲莱岛运到亚历山大港。这是因为一位英国绅士及业余考古学者威廉·班克斯(W. Bankes,1786—1855)在造访菲莱岛时,发现该方尖碑下部有象形文字和希腊文的双语铭刻,班克斯在获得当地高官的许可之后,便雇用贝尔佐尼来办理这桩事情。在经历了一番曲折和风险之后,这座方尖碑最后矗立在英格兰班克斯的庄园里。上已提及,这块方尖碑为商博良验证埃及两位法老的名字提供了佐证。贝尔佐尼在谈及他的盗墓生涯时公开承认,他的目的就是要盗掘墓中的纸莎草出售给欧洲的收藏家。他每打开一座墓,就在古物上踏出一条通道,每走一步就压碎一件木乃伊。在19世纪的大部分岁月中,盗墓和私人出售文物、艺术珍品的现象在埃及已经司空见惯。这对于严肃认真的考古研究来说,无疑是个巨大的危害。这样的劫掠一直要到奥古斯特·马里埃特(A. Mariette,1821—1881)出任埃及古物管理机构的长官之后才被制止。

马里埃特在1850年为卢浮宫购买科普特文稿而初到埃及,一次造访孟菲斯的塞加拉时,他注意到在沙堆中矗立的狮身人面像与开罗及亚历山大港附近许多埃及贵族墓葬很相似,因此推测沙堆下很可能埋着重要的古代遗址或墓葬。于是,他放弃了原来购买科普特文稿的使命,用该项经费雇用劳力发掘这处遗址。果然,他发现了许多古王国时期的墓葬,其中还出土了著名的"书吏坐像"。

马里埃特感到他正在接近古典文献中提到的神牛墓葬,古埃及人用一头阿匹斯公牛专门用来祭祀孟菲斯之神——普塔。这头公牛被圈养在普塔的庙宇里,它死后被制成木乃伊,安置在一个特殊的坟墓里。后来,阿匹斯与死亡之神——奥赛里斯混为一体,并产生了一个新名称:奥赛里斯-阿匹斯。希腊和罗马人也信奉其为地下之神,并称之为塞拉皮斯。1851年2月,当马里埃特快掘进到13王朝一处纪念阿匹斯的神龛时,他的经费用完了,不得不宣布自己的发现。不管卢浮宫官员最初对马里埃特挪用经费的反应如何,他们最终认识到这一发现的重要性,并立即拨款3万法郎供他继续发掘。到了9月份,当马里埃特发现通往墓室的入口时,当时埃及总督阿巴斯·帕夏下令没收马里埃特非法发掘的所有文物。法国总领事提出抗议,最后阿巴斯让步,同意让已出土的文物运往法国,但是以后发现的文物属于埃及政府所有。马里埃特向埃及官员声称,他已停止发掘,留在遗址将文物装箱以便运往法国。但是,他在墓葬的入口上造了一座门,上面埋上沙子加以掩护。白天,他将出土文物装箱,而晚上让人继续发掘。几个月后,经过法国总领事的努力,阿巴斯允许发掘继续进行。所以,马里埃特又得以公开继续他的工作。到1853年,他已经清理了墓葬的三个墓室,但无意把出土文物交给法国。

1854年,阿巴斯·帕夏被刺身亡,他的兄弟赛义德·帕夏继位。马里埃特向新的帕夏提交了一份备忘录,要求他建立一个政府机构来保护古代遗迹,并营造一座博物馆来安置出土的文物。然而,赛义德并不比阿巴斯对保护文物更感兴趣,而只关心与法国保持良好关系。当拿破仑三世准备访问埃及,赛义德便决定要送给他尊敬的客人一些古董。在苏伊士运河建造者雷赛布(F. M. V. de Lesseps)的推荐下,赛义德聘请马里埃特进行考古发掘,以便为法国皇帝收集合适的古董。后来,虽然拿破仑三世并没有成行,不过在雷赛布的推荐下,马里埃特获得了埃及总督的信任,不久便被任命为古物管理处的总管。但是,马里埃特从赛义德和他的继任者伊斯梅尔那里得到的支持不多,他必须不断说服他们提供经费,并经常要阻止他们将文物拿去送人或抵当换钱,而且他还需要与文物商人和地方官员的仇视和对抗做斗争。尽管有种种的困难,马里埃特还是组织起第一个古物管理机构,并创建了一个博物馆,并使之最终发展成为世界上最伟大的博物馆之一。1867年,埃及文物在巴黎展出。法国皇后欧仁妮向伊斯梅尔总督提出,想获得这些埃及珠宝为礼物。总督对此要求大为吃惊,只能推说这个要求必须得到马里埃特的许可。马里埃特断然拒绝了皇后的要求,使埃及文物完璧归赵。为了考古学和埃及本身的利益,马里埃特面对自己祖国的元首也不徇私情,使他失去了法国的支持。这种有悖常理的态度,反映了马里埃特正直的人品和坚毅的性格。

尽管对埃及的文物保护做出了贡献,但是马里埃特本人的发掘与研究方法仍饱受指责。他一味寻求奇珍异宝,一心想获得辉煌成绩,对生活中的习见物品不感兴趣。他发掘草率,不重视记录地层和文物的出处,发掘结果从未适当予以发表,有些重要发现只是在他死后才部分发表。皮特里批评马里埃特的工作:"任何事情都没有一定之规。工作开始了,但是又半途而废。根本不顾今后考察的需要,也没有使用任何减轻劳动强度的工具或是结构复杂的器械。使人痛心疾首的是,看到一切正在迅速地遭到破坏,一点也不顾及文物保护。"[①]皮特里对马里埃特的批评,正是埃及早期考古学家的写照。当时,考古学还没有建立起一套规范的操作程序,也没有问题指导的想法。他们的目的完全是寻觅珍宝,因此发掘的过程也是破坏的过程。

为埃及考古带来科学方法论变革的是英国埃及学家皮特里。皮特

---

① 格林·丹尼尔:《考古学一百五十年》,黄其煦译,安志敏校,文物出版社,1987年,第155页。

里的父亲像当时的许多人那样,对《圣经》中的描述如何与科学和考古学所得出的事实相协调感到着迷,他以极大的兴趣阅读了查尔斯·史密斯(C. P. Smyth, 1819—1900)所著的《我们在大金字塔中的遗赠》(1864年),该书声称大金字塔是根据神谕所造,有关地球以及未来的预言的星相学奥秘隐藏在其测量的数据里面。受史密斯的启发,1880年老皮特里派他的儿子前往埃及,用仪器对大金字塔做更为仔细的测量。

皮特里并没有受过正规的教育,但是他阅读的书非常多,而且在数学、勘探和测量上具有很强的能力。整整几个月,皮特里和他的助手全身心投入,使金字塔接受了自营造以来最精确的测量。皮特里也不顾及习俗,在最热的天气里,他只穿粉红色的内裤工作,在观光客眼里是一个极为古怪的人。他的工作证实了古埃及测量者和工程师伟大的才能和精确性,同时也否定了史密斯根据错误材料所做的推断。

埃及逮捕了皮特里,但是很快又将他释放。因为他的兴趣在于信息,而非博物馆的珍品。他按照是否能够提供有关过去的答案,而非根据是否能够出土珍宝来挑选发掘的遗址。他将精确而有条理的思想引入考古学,改进了埃及的发掘技术。像他的同时代人皮特-里弗斯一样,他坚持精心发掘,强调所有物品的重要性,特别是那些过去被忽视的东西,如碎陶片、饰珠,以及破碎或没有艺术价值的工具与武器。皮特里还意识到成组材料或共生状态在年代学和正确解释文化发展上的重要性。因此,他要比当时其他的埃及学家们更注意对发现物进行仔细和全面的记录。他认为,如果不这样做,那就不是一个真正的考古学家。他说道:"保留材料、观察所有能够收集的东西、注意微不足道但可能意义重大的细节、获取和建立一个想象的图案、将所有东西安置在各自的位置上、不要遗漏任何可能的线索,所有这一切是考古工作的灵魂,缺乏这点,发掘就只不过是沉闷的忙碌而已。"①他用自己的发掘方法训练的当地工头,为埃及许多地方的发掘工作提供了训练有素的技

---

① W. M. F. Petrie: *Methods and Aims in Archaeology*, London, Macmillan, 1904, p. 5.

工,他们后来又将知识传给下一代和其他人,并将这个传统一直延续到现代。

皮特里在没有任何人帮助的情况下,自行设计了一套发掘原则,并认为自己的工作是在开垦考古学的处女地。他的原则是:(1)照顾被发掘的古迹,为将来的考察者和发掘者提供方便;(2)谨慎小心地进行发掘,收集所有发现的东西,并做出说明;(3)一切遗址古迹和发掘过程都要绘制出准确的图纸;(4)尽快完整发表发掘报告。他认为,只有这样,考古学家才能开始撰写历史。[①] 皮特里总是在发掘完成后的一年里及时出版他的报告,这些附有陶器图版和泥砖墙体平面图的报告,因极大提高了埃及考古发掘的科学水准而超越了以前所有的相关出版物。皮特里还将类型学的序列断代引入近东考古学。在纳加达和阿拜多斯,他发现许多墓葬没有文字记录,这迫使他采用其他方法来对它们断代。他记录和观察墓葬里出土的所有物品,很快发现一些器物与另外一些器物的相伴规律。其中,最著名的例子就是根据陶罐上波浪形把柄逐渐向绘制的波形装饰线条的转变来建立年代学。他也将其他器物用这种方法来建立早晚的序列关系,然后根据这些类型系列的重叠关系建立起埃及前王朝时期的相对年代。皮特里的发掘和研究方法在20世纪初被埃及学家和近东地区的考古学家广泛采纳。

皮特里考古生涯中一个不幸的方面是由于在田野待得太久而变得刚愎自用。他没有意识到,他开创了一条道路之后,其他人跟随他,也可以进一步改善他创建的方法。但是皮特里从来不欢迎批评,甚至是建设性的意见。结果在皮特里晚年,尽管新一代考古学家对他为考古学方法带来的革命性变革表示敬意,但是对他的失误也采取非常尖锐的批评态度。

皮特里的严谨风格为他的两个学生乔治·赖斯纳(G. Reisner, 1867—1942)和霍华德·卡特(H. Carter, 1874—1939)所继承。1925年,赖斯纳发现了法老胡夫的母亲赫特普赫若斯未被盗掘的陵墓。墓

[①] 格林·丹尼尔:《考古学一百五十年》,黄其煦译,安志敏校,文物出版社,1987年。

室的地表布满了黄金、青铜器物和朽烂的木器,以及雪花石、红铜和陶制器皿。许多文物贵为稀世珍宝,但是赖斯纳拒绝草率从事。他一寸一寸地进行发掘,将每件木头残片和镶嵌的物件仔细记录和照相。他用280天清理完了墓室,做了2000页的记录,拍摄了1000多张照片。在接下来的两年多时间里,他对这些随葬品进行研究,最后用木头进行复制,完全重现了王后的轿子、床、扶手椅和首饰盒。赖斯纳的仔细发掘和详细记录,成为这些文物得以完整复原的最重要的保证。

卡特是英国一名艺术家和绘图员,他于1892年来到埃及,在包括皮特里的许多著名埃及学家手下工作。后来他为英国贵族卡那封勋爵服务,并成就了考古学史上一项伟大的发现——图坦卡蒙陵墓。在摄影师和其他专家的帮助下,卡特在将成千件纤细精致的随葬品取出之前,首先进行仔细的记录和修复。这些随葬品被层层叠压,放置在狭小的墓室里,要将它们毫发无损的取出需要极大的技巧和耐心。卡特购买了一英里的绑带,一英里的软填料,32捆白布,以及成百个箱子和柳条箱,以保障文物安全运往开罗。卡特用了两个半月清理墓葬的前室,把图坦卡蒙的棺材从墓中取出则花了3年。墓葬于1922年11月被发现,直到1928年发掘工作才完成。赖斯纳对赫特普赫若斯陵墓以及卡特对图坦卡蒙陵墓仔细而有条理的发掘,标志着埃及考古学最后走向成熟。

二、美索不达米亚

美索不达米亚考古学的开端与埃及学的诞生大致同时,但是和埃及不同,在这里并没有壮观的纪念性建筑提醒人们古代璀璨文明的存在。早在16世纪,德国和英国的学者曾经造访过这里。1765年,德国学者卡斯顿·尼布尔(K. Niebuhr,1733—1815)抄录了许多楔形文字的铭文,后来经释读,得知它们是古波斯语、苏萨语和巴比伦语。

这一地区的田野考古以克劳迪亚斯·里奇(C. J. Rich,1787—

1820)为起点，17岁那年他成为东印度公司的实习生。里奇拥有非凡的语言天赋，很早就学会了古希腊语、拉丁语、土耳其语、波斯语、希伯来语等。1808年，里奇被任命为英国驻巴格达代表。在近东的旅行激起了他对美索不达米亚古代城市的兴趣。1811年底，里奇花了几个星期考察了古巴比伦遗址，后来以《巴比伦遗址的研究报告》发表了他的观察。他设法收集所有有关古巴比伦的信息，对巴比伦遗址的描述以及对埋藏城市地形的推测非常准确，实际上已经把不经发掘所能做的推断都谈尽了。里奇于1820年死于霍乱，在他死后，大英博物馆收购了他收集的藏品，这些藏品成为所有欧洲博物馆中最早的重要美索不达米亚文物，并唤起了公众对美索不达米亚过往的兴趣。

美索不达米亚的最初考古发掘是由保罗·博塔（P. E. Botta, 1802—1870）开展的，他是法国第一任驻摩苏尔的领事，非常胜任法国政府赋予他的外交和考古双重任务。博塔是一位历史学家的儿子，而自己又是一名昆虫学家和医生。1830年他在埃及作为医生为穆罕默德·阿里服务时，对古物产生了浓厚的兴趣。到了摩苏尔之后不久，博塔骑在马上在乡村展开调查，研究许多土墩，采集古陶器、带有铭刻的泥砖以及其他文物。1842年，他决定发掘库云吉克的一座巨大土墩，该土墩和相邻的一座土墩内比尤努斯一起，被认为是古亚述帝国首都尼尼微。但是，经过几个月的发掘，博塔只发现了一些有铭刻的泥砖和刻有浮雕与雕像的碎石头。失望之余，博塔准备放弃这项研究。刚好有个路过的阿拉伯人给了他惊人的消息，这个路人告诉他，他在赫尔萨巴德的村落就建在一个土墩上，土墩里全是雕刻的石头和许多有铭文的泥砖，而他的房屋就全是用从土墩挖出来的泥砖建造的。1843年，他派人前往赫尔萨巴德进行调查。当他们挖开第一条探沟时，就发现了城墙和石头雕刻。博塔马上移往赫尔萨巴德，几天里他就挖出了成排的刻有浮雕的石板。博塔向巴黎报告："我相信我是第一个发现有理由认为属于尼尼微繁盛时期的雕塑的人。"后来学者们才了解，古代的赫尔萨巴德叫做杜尔沙鲁金（萨尔贡城），由亚述国王萨尔贡二世于公元前721—前705年所建。

博塔的发现使法国的东方学者非常激动,他们要求法国政府给予必要的资助以保证发掘的继续,并将发现的文物运回法国。法国政府立即提供3000法郎,并派遣一位艺术家弗朗丹(M. E. Flandin,1809—1876)协助记录考古发现及摹绘发现的雕塑。发掘过程麻烦不断,摩苏尔当地总督认为他在寻找埋藏的珍宝,想方设法阻止发掘的进行。此外,博塔还要面对高温、下雨和村民带来的麻烦。由于亚述王宫在古代毁于火灾,造成石灰岩浮雕极其松脆。许多出土雕塑在能够予以观察和绘图之前就已解体。由于浮雕石板易碎,博塔购买了许多大型条木将石板固定在砖墙上,以便绘图和整理搬运。美索不达米亚的木料十分珍贵,所以村民在晚上就将固定石板的木头偷走,导致许多浮雕垮塌和毁坏。除了浮雕石板之外,博塔还发现了好几具带翼人面公牛或狮子的雕像。这些雕像位于被掩埋建筑物主干道的两侧。可惜,其中一具保存最好的雕像过重,在运往摩苏尔途中因压垮车辆而暂时被放弃。等到博塔回来想取回这具雕像时,它已被当地农民烧成了石灰。尽管有重大的损失,但是,许多雕刻还是由木筏通过底格里斯河运到了巴士拉,在那里装上法国海军舰只运回法国。

美索不达米亚发掘成果的首次发表和亚述文物在卢浮宫展出同样轰动。发掘报告的出版也得到了法国政府的资助,博塔和弗朗丹的五卷本巨著《尼尼微古迹》(1849—1850)一直是研究亚述雕塑和建筑不可或缺的重要资料。

1842年,博塔在调查库云吉克土墩时遇到了一个年轻的英国人奥斯汀·莱亚德(A. H. Layard,1817—1894),虽然英法两国势不两立,但是两位年轻人却建立起长久的友谊。莱亚德也对发掘美索不达米亚土墩感兴趣,并考察了巴格达以北的几座土墩。他向博塔表示,如果法国人在库云吉克的发掘运气不佳,那么他将发掘尼姆鲁。对尼姆鲁的发掘从1845年年末开始,莱亚德雇用了6个工人从土墩的西南部出露一块石灰岩石板的地点着手。几个小时后,发掘人员就清理出一个房间,中间摆放着成排刻有楔形文字的石板。莱亚德又将几个工人移到土墩的西北侧,他们又马上发现了另一个房间,沿墙摆着许多雕刻的石镶板。不到12个小时,莱亚德发现了两个不同的宫殿。于是,他加大发掘力度,清理了更多的房间。后来人们才明白,这些房间是亚述几个国王的宫殿,他们分别是亚述巴尼拔(公元前883—前859年)、埃萨拉顿(公元前680—前669年)和萨尔玛那萨尔三世(公元前858—前824年)。

后来由于大英博物馆提供的经费难以维持发掘,莱亚德只得放弃系统发掘和研究尼姆鲁土墩的计划,改为以最少的时间和经费尽可能多获取保存完好的艺术品。他在尼姆鲁发现了带翼人面狮子和公牛狮子、狩猎和战争的浮雕、壁画残片、青铜甲胄、雕刻的象牙镶嵌物,还有一件6英尺半高的黑色大理石方尖碑,上面有几组浮雕描绘被征服的国王为亚述君王敬献贡品,后者成为莱亚德最重要的发现。

博塔曾以为赫尔萨巴德就是尼尼微,而莱亚德推测尼姆鲁是尼尼微。但是,在莱亚德再次造访尼姆鲁时,已经知道赫尔萨巴德和尼姆鲁都不是尼尼微,而正如里奇所推测的那样,尼尼微在摩苏尔对面,是包括库云吉克和内比尤努斯在内的一片大型遗址。得出这个结论的原因,是当时已经释读了泥板文书上的楔形文字,而这项工作的成就则归功于英国人亨利·罗林生(H. C. Rawlinson,1810—1895)。

罗林生在担任东印度公司实习员时来到近东,对波斯语和当地的历史产生了浓厚的兴趣。1835年,25岁的罗林生被派往伊朗的克尔曼沙充当库尔德斯坦波斯总督的军事顾问。他的住处离一处古代遗迹贝希斯顿岩壁只有22英里。大片铭文篆刻在300多英尺高的陡峭岩壁上。从1835年到1837年,罗林生在空余时间前往贝希斯顿,抄录了大部分古波斯文和埃兰文的铭刻。在前往克尔曼沙的途中,他还在埃尔芒德山抄录了一篇铭文。采用与一位破译楔形文字的先驱格罗特芬(G. F. Grotefend,1775—1853)相似的方法(但当时并不知道他破译的结果),罗林生成功破译了大流士和薛西斯的名字。他也认出了贝希斯顿铭刻上的大流士的名字。罗林生于1836年了解到格罗特芬的发现,但是当时他已经能够无须借助格罗特芬的成果而独立进行破译。此外,他的波斯语知识使他能够确定古波斯语中几乎所有字音表符号。

到 1837 年年底,他已完成了贝希斯顿崖壁上古波斯语铭刻的前半部分的破译工作。

第一次阿富汗战争(1839—1842)打断了罗林生的研究。1844 年他作为巴格达的英国公民得以重返故地,研究贝希斯顿铭刻。在后来的 3 年里,他在一个库尔德男孩的帮助下,终于拓印下岩石上的所有铭文。罗林生将古波斯语所有 400 行的铭文翻译出来,发表在 1846—1847 年的《皇家亚洲学会杂志》上。

接着,罗林生转向岩壁上另外两种铭文的解读。他很快发现,其中一种铭文类似于与希伯来语、阿拉伯语、阿拉米语等相关的一种闪米特语。而且,这些文字和语言与博塔和莱亚德自 1842 年在美索不达米亚发现的亚述泥板和铭刻相同。有了这么多的材料,亚述语,或我们今天所称的阿卡德语很快就被破译了。美索不达米亚古迹在沉默了 2000 年后,再次向人们开口说话。亚述文字的释读不仅说明了贝希斯顿铭刻为大流士大帝为记载他的世系和功绩所刻,还表明铭刻上的 3 种楔形文字语言相关。而且铭文中记载了大量《圣经》中的人物——一些以色列和犹太国王的名字,铭文的释读成为考古学上了不起的一项成就,它激发了公众对近东考古学的热情。

1855 年,克里米亚战争的爆发暂时中止了英法对美索不达米亚的发掘工作,学者们集中研究过去几十年里出土的大量泥板和铭刻。1873 年,大英博物馆亚述部的一位工作人员乔治·史密斯(G. Smith,1840—1876)在分拣尼尼微出土的泥板时发现了一块碎片,看上去好像记录了一段传说或神话,上面写着:"船靠至尼祖尔山,其后放出鸽子,鸽子未能发现停歇的地方,只好返回。"他意识到发现了迦勒底人有关大洪水记载的故事,马上继续寻找其他泥板,发现了故事的其他部分。但是,故事开头缺失了大约 17 行字的内容,无法在博物馆的泥板中找到。1872 年 12 月 3 日,史密斯向《圣经》考古学会宣布了这一发现。公众对这一发现的兴趣极大,使得伦敦《每日电讯报》马上提供 1000 英镑,让他前往近东寻找故事缺失的部分。1873 年,史密斯和他的探险队抵达库云吉克并开始发掘。他挖开先前英国人发掘留下的成堆瓦砾,找到了三百多块泥板碎片。他运气极好,在第五天傍晚,他终于发现了那个故事开头 17 行的大部分内容。美索不达米亚对洪水故事的记载与希伯来的创世故事极为相似,显然两者之间存在某种关系。相信《圣经》的人,认为美索不达米亚的故事说明大洪水确实发生过,但是许多学者认为以色列人从美索不达米亚借鉴了这个故事。对这个问题的争论激起了公众对近东考古学的兴趣,并开启了发掘和发现的一个新时期。

一项富有成果的新探险是由法国人欧内斯特·萨尔泽克(E. de Sarzec,1832—1901)完成的,他当时是法国驻伊拉克巴士拉的领事。他不像其他发掘者那样将注意力集中在北部的亚述人土墩,相反他决定发掘巴格达南部一处非常显眼的土丘——泰罗。在卢浮宫的支持下,他的发掘从 1877 年延续到 1901 年。该遗址是苏美尔人的城市拉迦什,萨泽克从这里第一次发掘出苏美尔人的雕像。而之前没几年,学者们才刚认识到美索不达米亚南部这些古老居民的存在。而现在,不仅是苏美尔人的雕像,苏美尔人的历史碑刻和成千上万的泥板文书也被发现了。这些材料使得语言学家能够迅速了解这些神秘人群的历史和语言。1901 年卢浮宫将拉迦什形容成"古巴比伦人的庞贝城"。人们感谢萨尔泽克的发掘,是泰罗遗址向人们揭示出苏美尔人的历史。

大概同时,一支美国探险队在尼法尔(古尼普尔)找到了更多的苏美尔材料。1888 年,由约翰·彼得斯(J. Peters)领导的宾夕法尼亚大学考古队开始发掘,但是彼得斯是一位牧师,并不了解当地风俗,于是这次发掘成为一场灾难。阿拉伯人包围了土墩,劫掠和焚烧了探险队的营地。美国人只能退出这一地区。次年,探险队换了领队又回到了尼法尔,但是他们的发掘乏善可陈,直到在最后一个发掘季节(1899—1900),德国亚述学家赫曼·希尔普列特(H. Hilprecht,1859—1925)主持这项工作,他在 1886 年成为宾夕法尼亚大学的教授。当时他坚持系统的发掘,并对出土文物做仔细的记录。最后,四个季节的发掘找到了五万余件泥板,其中许多文书记录了经济、法律和行政方面的内容,有两千余件文书记载了文学和神话。很明显,许多巴比伦和亚述的作品都源自苏美人,其中包括大洪水的故事。由于泰罗和尼法尔的发掘,学者们能够开始重建苏美尔文明,这是前人根本没有听说过的一个伟大文明。

20世纪初,德国东方协会对巴比伦的许多废墟进行了发掘,由罗伯特·科尔德威(R. Koldewey, 1855—1925)主持,他是一位建筑师、艺术史学家和考古学家。在此之前,他参加过爱琴海地区、南美索不达米亚、叙利亚、意大利和西西里的发掘。在巴比伦,他训练下属进行仔细和缓慢的发掘。这使得他能够区分用未烘烤泥砖砌筑的墙体,以及用比较容易分辨的烧砖和石头砌筑的建筑。早期的发掘者只是在巴比伦做简单的发掘,寻找浮雕。但是石头雕刻在巴比伦和其他南美索不达米亚的遗址非常稀少。由于他们无法将泥砖建筑与覆盖它们的瓦砾区分开来,早期的发掘者在巴比伦并没有发现什么东西。但是科尔德威却揭示出这个古代首都的雄伟气势。

科尔德威最早发现的是巨大的城墙遗迹,这座城墙是由尼布甲尼撒二世(公元前605—前562年在位)所建,内墙宽22英尺,由未烘烤的泥砖砌成,每隔160英尺有一座望塔。38英尺外为烧砖砌筑的外墙,宽25英尺,也有望塔。外墙外面有一条12英尺宽的烧砖壁垒,保护着围绕着整个城堡的沟壕内侧。科尔德威计算出城堡的周长略大于11英里,表明这是古代美索不达米亚最大的一座巴比伦城市。

科尔德威还发现了马杜克神庙所在的阶梯形金字塔,这座塔庙原来高达295英尺,很可能是《圣经》里巴别通天塔传说的来源。但是,这座塔现在在地上只剩下一点痕迹,在德国人走后,当地人将金字塔的砖石拆走,去建造房子和堤坝。金字塔前面有一条大道引向马杜克神庙,叫做"行进大道"。大道两侧曾有装饰着彩色釉砖和浮雕公牛、狮子和神兽的墙壁。在围绕内城的城墙边,行进大道穿过一个纪念性的防御城门——伊丝塔尔门,上面覆盖有蓝色的釉砖以及许多浮雕像,以纪念古代美索不达米亚的女神。这座城门的装饰保存完好,所以科尔德威将砖一块一块地拆下,运回德国,在柏林博物馆重新组装成一座完整的城门。

1902—1914年,德国考古学家沃尔特·安德烈(W. Andrae,1875—1956)系统发掘了卡拉特·舍卡特,这座土丘是亚述第一个首都亚述城。安德烈了解到,亚述城比其他大部分亚述城市要早。像巴比伦和苏美尔其他遗址一样,亚述城也是用未烘烤的泥砖作为建筑材料,所以他必须非常仔细地将城墙与覆盖其上的其他瓦砾区分开来。在伊丝塔尔神庙遗址,安德烈发现后来的庙宇建造在许多先前庙宇的基座之上。他采取逐层解剖的方法,一个一个庙宇地清理,最终抵达建在当地的最早的一座神龛。每座庙宇的废墟都被揭露出来,绘制平面图,并照相记录。这一仔细发掘的技术,为后来在美索不达米亚和近东其他地区的地层学发掘树立了一个榜样。尽管科尔德威和安德烈发掘非常仔细,但是他们没有意识到陶器作为断代工具的重要性。而皮特里发明陶器系列断代法的成功,使得美索不达米亚考古学家最终意识到建立陶器断代方法结合地层学的重要性。

第一次世界大战之后,近东已在英法两国的保护之下。新政府建立起文物管理部门并在地方上建造了许多博物馆,最终制止了西方机构的掠夺性发掘。同时,地层学发掘以及根据陶器和其他物件作为断代手段的分析方法,开始被确立为科学发掘的标准。

新的发掘方法可以以伦纳德·伍利(L. Woolley,1880—1960)在乌尔的发掘为代表,在这里他揭示了一条早期的洪积层以及乌尔的大金字塔、皇宫、私宅和著名的皇家墓地。1922—1926年,这些放满了黄金和珍宝的墓葬被发掘出来,其不同凡响的葬俗引起的社会巨大的轰动。伍利的发掘工作不仅揭开了20世纪20和30年代早期美索不达米亚再度发掘的辉煌序幕,而且激起了人们对美索不达米亚文明起源的兴趣。1900年之前,很少有人知道苏美尔人。但是到了1930年,苏美尔已跻身众所周知的伟大古代文明之列。[1]

---

[1] 格林·丹尼尔:《考古学一百五十年》,黄其煦译,安志敏校,文物出版社,1987年。

三、爱琴海地区

虽然15世纪的文艺复兴唤起了欧洲人对古希腊和罗马文明的兴趣,但是并没有能够马上终止对古代遗迹的漠视和破坏。雅典的帕特农神庙就是一个例子,这座古希腊建筑的保存状况在近代早期阶段一直持续恶化。起先,这座古希腊建筑成了基督教的教堂。后来,当土耳其人在15世纪征服希腊之后,将帕特农神庙装上尖塔,变成了穆斯林的清真寺。尽管如此,帕特农神庙仍然基本保持完整。1687年,当一支来自威尼斯的舰队进攻雅典时,土耳其人认为雅典卫城中心的帕特农神庙是放置武器弹药最安全的地方。结果威尼斯人的炮弹直接击中了庙宇。爆炸几乎完全摧毁了内墙和屋顶,炸塌了好几根柱子、雕刻的中楣以及山墙上的许多雕像。在1687年前,西侧山墙上站着20座雕刻人像,爆炸后有12座幸存下来,到1800年,只剩下了4座。

希腊于1828年摆脱了土耳其的统治,这使得广泛的考古工作可以展开。1829年,法国派遣军队支援希腊,其中有一支学者组成的分遣队。他们对伯罗奔尼撒半岛展开勘探,描述和绘制所见的遗迹,并在一些遗址从事发掘。在奥林匹亚,他们从著名的宙斯神庙中发掘出排档间饰的断块。同时希腊学者本身也积极开展工作,他们拆除了土耳其人在卫城上添加的建筑物。1837年,希腊考古学会成立,所有在希腊的考古发掘被置于政府的管理之下。希腊考古学家在发掘中开始发挥主导作用。但是,从其他国家来的考古队仍然络绎不绝。1846年,法国在雅典建立了一所考古机构,在那里从事发掘,并帮助对希腊文化遗产进行研究。20世纪70年代,德国考古学家们发掘了位于伯罗奔尼撒半岛西部的奥林匹亚,该地是希腊主神宙斯的祭祀中心。1885—1891年,德国人在雅典进行了发掘,勘探了帕特农神庙周围的地基,并从填土中发现了许多大理石雕像,这些雕像可能是波斯人在公元前480年攻陷城市时所毁。在19世纪末,德国、美国、英国、澳大利亚、意大利和瑞典都在雅典建立了考古机构。这些机构帮助提供了必要的经费支持和专家,将爱琴海地区的考古学引向成熟。

爱琴海地区的考古与一个人的名字密切相关,他就是德国人亨利·谢里曼(H. Schliemann,1822—1890)。做牧师的父亲在谢里曼 8 岁那年点燃了他对荷马史诗的热情。尽管谢里曼有语言的天赋,能说 22 种语言,并能熟练运用 11 种,但是家庭的贫困迫使他在 14 岁那年辍学到汉堡一所杂货店当学徒。他经历了各种坎坷,在商界逐渐崭露头角。1846 年,他 24 岁那年,他被公司派往圣彼得堡,作为那里的常驻代表。一年后,他成立了自己的公司。不到 10 年,他从一贫如洗的杂货店伙计,变成了一个富裕的商人。在后来的 12 年里,他到美国加州淘金。在 41 岁那年,他决定退出商界,将他的全部精力用来实现孩提时代的梦想——寻找特洛伊。他到处云游,并学习考古学。1868 年,他造访了土耳其西北部地区的特罗德,特洛伊就在那里。他勘查那里的土丘,寻找最可能是特洛伊的遗址。希沙里克土丘的主人、美国人弗兰·卡尔弗特(F. Calvert,1828—1908)令谢里曼相信,这就是荷马的特洛伊,因为他从土丘下发掘出许多有趣的东西。于是,谢里曼决定发掘希沙里克。在 1870—1873 年的四个发掘季节中,谢里曼在土丘上开挖了数道巨大的探沟,最大的一条大约宽 130 英尺,深 45 英尺。相互叠压的城墙和陶器的变化,使他意识到,在漫长的时间里,这里曾经建造过 4 座城市。但是,他觉得,荷马的特洛伊应该在堆积的最底部。到 1873 年,他相信普里阿姆的特洛伊不在最低层,而是叠压在最下层城址之上的特洛伊 II。因为最下层城址出土的器物非常原始,不符合荷马史诗中描绘的景象。在特洛伊 II 城址中,他发现了纪念性城墙、双门和巨大的建筑物,令人想起荷马描述的特洛伊城堡。最令谢里曼信服的是,他在特洛伊 II 中发现了所谓的"普里阿姆藏金"。

根据与土耳其当局签订的协议,谢里曼必须将发现的一半东西交给当局。由于担心土耳其当局会将发现的黄金首饰熔化,他选择了违约,将发现的"普里阿姆藏金"偷运出了土耳其。土耳其当局取消了谢里曼重返希沙里克发掘的许可,于是他决定继续留在希腊发掘迈锡尼。

根据荷马的描述,迈锡尼是远征特洛伊的领袖阿伽门农的城市。由于知道谢里曼与土耳其政府的过节,希腊政府起先拒绝了谢里曼对发掘许可的申请。在谈判之后,希腊政府允许他进行发掘,但是必须在三位希腊考古人员的监视之下,而且所有发掘的东西都必须留在希腊,谢里曼只有发表其发掘成果的权利。

迈锡尼的位置从未被人遗忘,它自古典时代以来一直吸引着旅游者。谢里曼意识到,他不能仅发掘城墙或建筑物,他必须发掘出阿伽门农本人的墓葬,才能证实荷马史诗是历史事实而非神话传说。谢里曼急促地向下发掘,无视其他的东西。这使得监管发掘的希腊观察员非常不满,对他的发掘方法提出抗议。但是,谢里曼无视警告,继续我行我素。在希腊当局准备改变主意、采取行动之前,他发现了一些刻有战车和武士的纪念性石柱。接着,他又发现了石板围成的一个圆墙,圆墙里还有很多石柱。谢里曼意识到,这些石柱是用来标识开凿在下面岩石里的墓葬的。最后,他挖到了基岩,发现了五座竖穴墓。墓葬埋有19具尸骸和大量随葬品,包括金银杯、红铜大锅和鼎、黄金胸铠、黄金首饰、镶嵌金银的青铜短剑和匕首。女性死者的前额装饰有黄金头箍,而男性死者的面部覆盖着黄金面罩。这些发现比谢里曼在特洛伊的发现更加珍贵。

第五座墓的发现尤其值得一提,该墓葬有3个高大的男子,其中一具保存完好,约死于35岁。在其胸部有一块黄金胸铠,身边放有一把黄金剑鞘的青铜长剑,脸部覆盖有一个黄金面具,形象是一位带有胡须的勇士。谢里曼虔诚而缓慢地拿开金面罩,亲吻了它,凝视着下方的遗体。他深信,他所注视的就是阿伽门农的脸。现在已知道,这些墓葬实际上要早于阿伽门农好几个世纪。

在希腊的成功,使得谢里曼又获得重返希沙里克的机会。但是土耳其政府仍不放心,于是指定一位专员并派遣一队士兵监视他的工作,以掌控所有发掘的东西。在三个发掘阶段里(1878—1879、1882年、1890年),谢里曼改善了他的发掘方法,修改了许多先前的结论。在后来两个发掘阶段里,一位能干的建筑师维尔赫姆·德普费尔德(W.

Dörpfeld)给了他很大的帮助,德普费尔德曾在奥林匹亚发掘,给谢里曼带来了德国古典文明考古学家的全新理论和有效的技术方法。在德普费尔德的帮助下,谢里曼现在能够在希沙里克分辨出 7 个连续栖居的层位,并认识到特洛伊 VI 层与希腊的迈锡尼文化同时。因此,VI 层一定是荷马的特洛伊城。而且,他所发现的"普里阿姆藏金"属于早于特洛伊战争 1000 年的一个阶段。这项重大发现,使得谢里曼考虑在希沙里克继续发掘工作,以便从 VI 层寻找更多的东西。但是,他没有机会再重返希沙里克。谢里曼在 1890 年 12 月 1 日去世,享年 68 岁。

谢里曼的人生传奇,使他成为一位颇具争议的人物。谢里曼没有经过任何正规技术和方法的训练,也没有一点古迹遗物的线索,就大规模发掘一处大型城址。在结识德普费尔德之前,他的发掘是非常粗糙的,被他破坏的东西要比他发现的东西多得多。他不是一个讲老实话的人,他写的书、日记、笔记和书信中存在相互矛盾的地方。虽然他做事并不得体,而且喜好争吵,但是他主动、敏锐、实干和办事麻利的风格,给爱琴海的考古以永久的推动。19 世纪伟大的语言学家、谢里曼的合作者鲁道夫·维科(R. Virchow,1821—1902)对他的成就做了恰当的评论:"对特洛伊的发掘为考古学研究开启了一个新世界,由此开始了一门全新的科学。"①丹尼尔指出,谢里曼的发掘把史前考古学提高到一个"显要的地位",并旗帜鲜明地向世界表明,用考古发掘工作和对非文字材料的研究,也可以建立起现代的古代史体系。换言之,谢里曼发现古希腊的奥秘,是用考古学方法将历史学从学者文献探索的油灯下解放出来,将其置于古希腊灿烂的阳光下。②

谢里曼死后,迈锡尼文明的研究取得了巨大的进展。德普费尔德回到希沙里克进行了两个季节的发掘,又辨认出先前没有发现的两个层位,使特洛伊城址的数量达到了 9 个,并且确认特洛伊 VI 与希腊迈

---

① W. H. Jr. Stiebing: *Uncovering the Past, A History of Archaeology*, Oxford, Oxford University Press, 1993, p.134.
② 格林·丹尼尔:《考古学一百五十年》,黄其煦译,安志敏校,文物出版社,1987 年。

锡尼时代的同时性。同时，一位希腊考古学家克里斯多托斯·岑塔斯（C. Tsuntas, 1857—1934）继续在迈锡尼发掘，在城堡的上部发现了青铜时代宫殿的遗迹。

一位对爱琴海青铜文明感兴趣的学者是亚瑟·伊文思（A. Evans, 1851—1941），他为特洛伊的发现所振奋，并曾于1883年在雅典结识了谢里曼。1893年，当他造访雅典的文物跳蚤市场的时候，发现了几个石头印章，上面刻有一些文字。这些符号不像当时所知的任何文字系统。当他知道这些印章来自克里特岛的时候，他决定前往造访。次年，他第一次来到克里特岛。在观察了位于克诺索斯古典期之前的居址之后，伊文思认为这是他想寻找印章和其他古物的合适地方。但是，希腊与土耳其的战争使他一直到1899年才能重返克里特岛。伊文思挑选邓肯·麦肯锡（D. Mackenzie, 1861—1934）为他的助手，并雇用了50到180个工人为发掘做周密的准备。1900年3月23日，他们在土丘的西部开始发掘，几乎立即就发现了一座巨大皇宫的遗迹。一些墙壁就在地面几英寸之下。除了建筑遗迹之外，伊文思还发现了一度用于装饰宫殿墙壁的壁画和泥灰浮雕。他还发现了许多陶器和无数带有未知符号的长方形泥板，这些符号与他在雅典所买的印章上的符号相同。开始，伊文思认为这些发现属于迈锡尼文明的遗存。但是，当发现了下伏地层后，他才意识到克诺索斯居民在迈锡尼之前已经创造了高度的文明。在1901—1903年的发掘季节里，伊文思清理了宫殿的全部，并着手对他的发现进行阐释。他将克里特岛前迈锡尼文明用希腊神话中克诺索斯一位早期国王的名字——米诺斯命名。伊文思还分辨出三个相继的发展阶段和两种文字系统。

十分明显的是，米诺斯文化强烈地影响着希腊大陆迈锡尼文化的发展。伊文思相信，几乎所有的迈锡尼艺术作品都是米诺斯工匠所造。他也认为，在米诺斯阶段末期、多里安希腊人入侵之前，克里特岛没有接受过来自大陆的影响和外来人口。到1903年底，伊文思和麦肯锡深信，克诺索斯最后一座宫殿毁于公元前1400年。发掘工作在1904—1905年继续进行，并在1906—1914年以及1922年做了小规模的清理和发掘,为米诺斯文明增添了许多细节,但是并没有很大的改动。

除了对克诺索斯的宫殿进行发掘之外,伊文思还对它们进行全面的复原,这成为一桩颇具争议的举措。他重建了宫墙,用钢梁取代原来的木梁,并将其漆成木头的颜色。他还在柱子消失后留下的柱洞里竖起水泥柱子,让艺术家修复残破的壁画。伊文思于1926—1936年间出版了四卷本《米诺斯的宫殿》,阐述了对米诺斯文明的看法。在克诺索斯,参观者能够比在克里特岛的其他任何地方更真切地感受到米诺斯宫殿的形象,但是这种形象大多来自伊文思自己的想象。伊文思命名了米诺斯文明,首先建立了它的年代学,将发现的克里特岛文物及它们的意义向公众宣传。在克诺索斯宫殿发掘后的50年里,学者们将伊文思的观点视为爱琴海史前史的正统解释。尽管后来的工作对此做出了许多修正,但是它们仍然对克里特岛的研究和希腊的历史学家产生着重大的影响。

四、美　洲

前面提到了美国第三任总统杰弗逊用发掘来检验对土墩建造者的猜测。另外两个北美土墩的早期调查者是鲁弗斯·普特南(R. Putnam,1738—1824)和玛纳塞·卡特勒(M. Cutler,1742—1823)。1787—1788年,他们调查了俄亥俄州玛丽埃塔的几百座土墩,在地图上标出土墩的位置,并记录它们之间的差异。1798年,他萌发了一个对土墩进行断代的念头,因为他看到在一座玛丽埃塔大土墩上长着一棵大树。他砍倒大树,计算了它的年轮,发现这座土墩至少有463年。俄亥俄河谷有许多巨大的土墩,其中位于亚当斯县的蛇墩总长达1330英尺。位于俄亥俄州迈阿密斯堡的一座78英尺高的土墩大约有31.1万立方英尺的土方。在伊利诺伊州的卡霍基亚土墩的高度超过100英尺,长1080英尺,宽710英尺;它的底面积几乎达20万平方英尺,要比埃及吉萨大金字塔的底面积还大。

尽管杰弗逊通过发掘认为土墩建造者就是土著印第安人,但是许多受过教育的人士并不认同。一种最流行的看法认为,这些土墩建造者是"以色列消失的部落":在公元前922年所罗门王死后,希伯来人分裂为两支。位于巴勒斯坦北部的以色列人拥有原来12支希伯来部落中的10支,而南方王国只有2支。当以色列王国在公元前8世纪落入亚述人之手后,这些部落被遣散,他们的历史变得湮灭无闻。于是,他们就成了"10支消失的部落"。这些以色列部落被认为或通过亚洲和白令海峡到达美洲,或坐腓尼基人的船只越过大西洋到达美洲。有些"消失部落"的早期倡导者相信,印第安人本身就是以色列人的后裔,他们觉得印第安人的一些习俗与以色列相仿,而且认为一些印第安人的词汇也来自希伯来语。

威廉·哈里森(W. H. Harrison, 1773—1841)是对土墩建造者充满浪漫想象的人,他后来成为美国第9任总统。他相信这些土墩建造者来自美国中西部,后来被野蛮的部落所取代。但是,他们又去了哪里?哈里森认为,阿兹特克人大概在7世纪中叶到达墨西哥,因此他们很可能就是逃逸的土墩建造者。

有些人同意杰弗逊的意见,否认土墩建造者是"消失的部落"。杰姆斯·麦卡罗(J. H. McCulloh)在1812年发掘了俄亥俄州的一些土墩,注意到出土的人骨与印第安人没有区别。这一结论在1839年为塞缪尔·莫顿(S. G. Morton, 1799—1851)的研究所证实。莫顿被誉为"美国体质人类学之父",他系统研究了各种人种的数百具头骨,发现单个人种的特征可以以10项头骨的测量基础来认定。他对土墩建造者与现代印第安人的头骨加以比较,发现他们之间并没有显著差异。然而,这些严谨学者的观点仍占少数,大部分公众仍着迷于"消失的部落"的神话。

为土墩研究作出重大贡献的是两位业余考古学家——报社主编伊弗雷姆·斯奎尔(E. Squier, 1821—1888)和医生埃德温·戴维斯(E. Davis, 1811—1888)。在两年多的时间里,他们走遍了俄亥俄与密西西比河谷,调查和记录土墩遗址。他们对200座以上的土墩进行试掘、采集器物、注意地层证据,并对土墩建造的动机进行推测。1846年成立的史密森研究院于1848年将斯奎尔与戴维斯的报告《密西西比河谷的古代遗迹》作为第一卷馆刊。这本报告被认为是北美考古学的经典,为解决土墩之谜奠定了基础。斯奎尔与戴维斯对不同土墩加以分类,从封土的方式来区分土墩。在土墩分类基础上,他们分辨出锥形埋葬土墩,作为庙宇地基和酋长住宅使用的平台土墩,以及建造成熊、蛇、鸟、龟等动物的肖像土墩。他们注意到,有些土墩是孤零零的;而有些土墩聚集在一起,周围围绕着土堤,土墩之间常常有走道和垫高的土路相连。斯奎尔和戴维斯相信,大部分土墩是由一批消失的非印第安人种族建造。然而,式样、内涵和用途的差异使得他们得出正确的结论,这就是至少有一些土墩是在不同时间由不同的人群所建造的。

1878年,史密森研究院成立了美国民族局,对土墩建造者进行科学调查。在考古部塞勒斯·托马斯(C. Thomas,1825—1910)的领导下,民族局展开了专业考古学探索,在19世纪80年代对土墩进行勘探和发掘。在这项工作开始之前,托马斯支持土墩建造者是"消失的部落"的见解,但是随着研究的深入,他开始改变自己的看法,相信土墩是印第安人所造,而且认为不同地区的土墩为不同的部落所建造。托马斯于1894年在第12卷《美国民族局年度报告》上发表了他的研究结论,介绍了所收集的大量证据,将土墩与印第安人联系起来,消除了土墩建造者是"消失的部落"所建的错误看法。他的报告被认为是美国考古学研究的一篇经典之作,并使专家们相信土墩建造者之谜已经解决。

美国民族局对土墩的研究得到了哈佛大学皮博迪博物馆馆长弗雷德里克·普特南(F. W. Putnam,1839—1915)的工作的补充。1874—1909年,普特南和他的助手进行了几次重大的土墩发掘,包括对俄亥俄州蛇墩的发掘,这些发掘成为科学调查、发掘和记录的典范。在19世纪的最后10年里,美国考古学已日趋专业化。像普特南那样在大学和博物馆工作的专家取代了早年的业余人士,开始从事发掘和研究。一些主要的大学、博物馆和专业学会成为考古工作的主要力量。此外,一些专业杂志出现,比如《美国文物》(American Antiquity)在1878年创刊,《美国人类学家》(American Anthropologist)在1888年创刊,有力推动了美国考古学的专业化进程。

与此同时,美国考古学显示出独特的人类学倾向,这和欧洲考古学倾向于将他们的学科视为历史学的一个分支有所不同。因为欧洲史前的青铜时代和铁器时代也和古代近东和地中海文明有着密切的联系,可以找到文字阐释的证据。但是,美洲没有可以和考古发现联系起来的文字记载,相反,现代许多印第安土著仍然多少像他们的史前祖先那样生活,西班牙人和美国白人的文化并没有从根本上改变土著人的生活情况。因此,很难想象北美的考古学会不和民族学密切相联。于是在美国的大学里,考古学和民族学,再加上语言学成为人类学下的学科分支。新大陆的考古学文化也不能按照旧大陆的编年序列,用旧石器时代、新石器时代、中石器时代等概念进行区分。学者们按照类型或地域为依据,建立起一种新的术语体系。

19世纪下半叶,美国田野考古对用地层学方法来建立年代学日趋重视,此前,北美的地层学方法自杰弗逊发掘土墩以来并没有得到太多的关注。但是在19世纪70年代,威廉·多尔(W. Dall,1845—1927)发掘了阿拉斯加的几处洞穴和土墩遗址,他仔细记录每个层位以及从这些层位中出土器物的位置及相互关系。宾夕法尼亚大学教授弗莱德里奇·尤勒(F. M. Uhle,1856—1944)在秘鲁的考古发掘中也采取了地层学的方法。后来,尤勒到加州大学任教,在20世纪初对旧金山附近的埃默里维尔贝丘的发掘中采取逐层揭露的办法,注意每层之间器物的变化,认为这是文化历时演变的证据。

尤勒和多尔的工作并没有对美国考古学立即产生影响,但是他们确实影响到一位年轻的考古学家内尔斯·纳尔逊(N. C. Nelson,1875—1964)。他参加了尤勒领导的对旧金山附近贝丘的地层学发掘。1913年,纳尔逊访问欧洲,参观了在西班牙和法国的考古发掘,注意到这些发掘所采用的严格的地层学规范。回到美国后,他开始在对西南部遗址的发掘中采用地层学方法。他采取主观分层的方法,大约12英寸为一层,收集每一层出土的陶片,并注意这些陶器形制和频率逐层的变化。1916 年他在《美国人类学家》杂志上发表了《新墨西哥塔诺废墟的年代学》一文,对他的方法及价值进行了充分的介绍。

与纳尔逊同时,另一位著名美国考古学家艾尔弗雷德·基德(A. V. Kidder, 1885—1963)也推动了地层学方法的完善。基德是哈佛大学的研究生,听过皮特里的学生、埃及学家乔治·赖斯纳关于田野发掘的课程。赖斯纳是 20 世纪初采用地层学方法的最为严谨的发掘者,对基德产生了很大的影响。当基德在美国西南部开始发掘的时候,他采取自然分层而非当时流行的主观分层方法。除了这些区别,基德在新墨西哥州帕崖里托高原和派科遗址建立的陶器序列,证实了由纳尔逊所确立的陶器年代学。纳尔逊和基德的发掘方法对当时的考古学家产生了巨大的影响,美国考古学家开始在阿拉斯加、美国东部和西南部用地层学方法来发掘遗址。到 1930 年,美国考古学界已经建立起按地层学发掘,及建立在地层学基础上的器物序列研究范式。

在北美,除了土墩之外并没有印第安人建立的城市和其他发达文明的显著标志。但是,在中美洲和南美洲,玛雅和印加文明留下了许多壮观的史前遗迹,成为美洲考古的中心。早在 18 世纪末,危地马拉的西班牙官员就曾听闻丛林中发现有奇怪的废墟。1876 年,当局派遣西班牙军队的一名军官安东尼奥·利奥(A. D. Rio)和艺术家利卡多·阿尔曼达利兹(R. Almendariz)去调查这些传说。他们在茂密的丛林里发现了一些完全被植物覆盖的石头建筑,并找到了帕伦克遗址。1808 年,奥匈帝国出生的奎勒莫·杜派克斯(G. Dupaix)和乔斯·卡斯塔内达(J. Castaneda)也找到了帕伦克遗址。在花费了 3 年时间观察墨西哥的史前遗迹之后,杜派克斯对帕伦克的一些主要遗迹进行了描述,卡斯塔内达是一位艺术家,他绘制了许多遗迹的精确图画。1827 年,他们的描述和绘画被巴拉德尔(H. Baradere)在他的《墨西哥的古物》一书中发表。

让受过教育的美国人和欧洲人了解中美洲文明的一位先驱是约翰·斯蒂芬斯(J. L. Stephens, 1805—1852),这位纽约的律师在游历了欧洲、土耳其、巴勒斯坦和埃及之后，对考古产生了浓厚的兴趣。1836年，当他的旅行快结束的时候在伦敦遇到了弗莱德里克·卡瑟伍德（F. Catherwood, 1799—1854），并成了好朋友。卡瑟伍德除了向他出示了许多埃及古迹的精美绘画之外，还介绍了利奥在中美洲帕伦克的发现。回到纽约后，一位书店的老板向他提起新出版的有关墨西哥南部和尤卡坦发现的城市废墟和雕刻的书籍。在参考了其他相关的报道之后，斯蒂芬斯决定亲自前往中美洲，看看他们所描写的奇迹。这时卡瑟伍德也从伦敦搬到了纽约，于是斯蒂芬斯说服他关闭华尔街的办公室，参与他的探险。不久，斯蒂芬斯觅到了美国驻中美洲机要特派员的职位，并在1839年10月与卡瑟伍德一起前往伯利兹。

斯蒂芬斯和卡瑟伍德决定首先前往科潘，因为许多早期探险者的报告中提到这是一处最难到达的城市。于是，他们先坐船从伯利兹到利文斯顿，然后沿杜尔兹河而下到达伊扎巴尔湖，再穿过极其难行的地带，暴雨常常使得山路根本无法通行。在经历了几次意外和被非正规军士兵逮捕之后，他们终于抵达科潘。次日，他们在丛林中开辟出几英里的通道，终于看到了废墟的面貌，但科潘河对岸的一座高墙几乎完全被树藤所覆盖。他们又穿越河流，沿石阶登上平台的顶部。由于长满植被，所以他们无法看清建筑的式样。于是，他们清除周边的植被，这才发现了石碑以及金字塔的一部分，这些遗迹比他们想象的更为壮观。

斯蒂芬斯雇用了一些民工来清理植被，而卡瑟伍德着手绘制这些遗迹的图画。开始，茂密的树叶使他无法看清浮雕的形象。而且，这些图像和纹饰前所未见，使卡瑟伍德难以精确把握图像的准确性。但是，经过一番努力，他终于画出了符合专业要求的图画。他们的活动也招来了一些麻烦，科潘村的村长怀疑这些北美来的陌生人用心不良，并对他手下的人跑去为斯蒂芬斯服务感到愤怒。废墟所在地的主人对他们也非常不满，认为考古工作侵犯了他的私人财产。卡瑟伍德准备把这块地买下来，而土地的主人也愿意把堆满石头的废墟出售，但是又怕得罪当局。于是，卡瑟伍德穿上外交官的制服，金色的镶边、勋章以及铜纽扣终于使村民相信这是一位重要的人物。结果，废墟的主人很不情愿地将遗址以50美金的价格出售给卡瑟伍德。

1840年,斯蒂芬斯和卡瑟伍德开始了另一项探险——前往墨西哥南部的帕伦克。他们一路上看到许多雕刻的石碑和废弃的金字塔,但是都比不上帕伦克保存完好的精美浮雕。此后,他们又从帕伦克前往尤卡坦造访乌克莫尔废墟。到了乌克莫尔后,卡瑟伍德因疟疾而神志昏迷,在稍微康复能够行走后,两位探险者回到了纽约。1841年斯蒂芬斯出版了由卡瑟伍德插图的《中美洲、恰帕斯和尤卡坦旅行的事件》,并很快成了畅销书。1843年出版的《尤卡坦旅行的事情》介绍了斯蒂芬斯和卡瑟伍德造访乌克莫尔、奇琴伊察和图鲁姆的情景。他们的经历使得中美洲的废墟城市成为人们闲谈的中心,并促进了玛雅考古学的发展。

对玛雅遗址的科学研究始于1883年,由一位英国学者艾尔弗雷德·莫兹利(A. P. Maudslay,1850—1931)奠定基础。1881—1894年,莫兹利在玛雅各遗址系统调查了15年,在地图上标出了许多过去一无所知的废墟,将许多雕像制成石膏模型,并仔细抄录了许多象形文字的铭刻。他也是第一位用照片记录玛雅遗迹的人,他出版的报告精确和详尽地记载了调查结果,为玛雅遗址的研究提供了第一手资料,成为以后工作得以系统进行的基础。

在南美,16世纪印加帝国被西班牙人击溃之后被人所遗忘。西班牙人对秘鲁及玻利维亚前哥伦布时期的文化毫不关心,也不允许它的殖民地与外界交流。于是,欧洲与北美的学者对印加文明所知甚微,对早期西班牙人的描述半信半疑。使世界重新发现秘鲁文明的一位学者是德国博物学家亚历山大·洪堡(A. von Humboldt,1769—1859)。1799—1804年,洪堡获得西班牙国王查尔斯五世的特许,游历西班牙的美洲殖民地。所到之处,他都仔细观察动植物、地形和其他自然景观,并注意到许多考古遗迹。他生动地描述和草绘了印加的道路和建筑,并在1810年出版的《美洲土著居民的山脉和遗迹的调查》一书中做了介绍,引起了公众对前西班牙时期秘鲁历史的关注。

洪堡的介绍引起了美国一位年轻历史学家威廉·普雷斯科特(W.

Prescott,1796—1859)的强烈兴趣,他开始研究西班牙早期征服时期的记载,写出了两本关于美洲土著帝国崩溃的精彩著作,即1843年出版的《墨西哥征服史》和1847年出版的《秘鲁征服史》。英国地理学家克莱门兹·马卡姆(C. Markham,1830—1916)对印加文明的遗迹做了补充。1852—1854年,马卡姆游历了安第斯山区,在他1856年出版的《秘鲁古代首都库斯科旅行记》一书中描述了许多前哥伦布时期的遗迹。

在秘鲁的考古发掘最初是由美国人弗雷姆·斯奎尔进行的,他曾和埃德温·戴维斯发掘过密西西比的土墩。1849年,他放弃了对北美土墩的研究,担任了美国驻中美洲的特使。他自然利用这个机会来观察斯蒂芬斯和卡瑟伍德所描述的遗迹。1862年,林肯总统派他前往利马代表美国解决与秘鲁的经济和法律争端。在完成外交使命之后,斯奎尔在秘鲁和玻利维亚游历了18个月,勘探、绘制、照相并发掘了许多前哥伦布时期的遗址。他在一个沿海遗址莫切获得了重大突破,发掘结果使他肯定,在秘鲁曾经有过几个早于印加的独特文明。1877年,他发表了他的发现《印加土地上的旅行与探索事件》,成为研究秘鲁古代文明最重要的文献之一。

在中美洲和南美洲最早进行的地层学发掘始于1896年,以莱德里奇·尤勒在利马南部的一处秘鲁沿海遗址帕恰卡马克的发掘为代表。尤勒已经从蒂亚瓦纳科发现的材料熟悉了印加的陶器和早期容器,所以当他在帕恰卡马克的墓葬里发现了第三种形制的陶器时,就意识到这是一种中间阶段的类型。仔细的发掘技术提供了该遗址存在几个不同栖居层位的证据,并确立了后来所知的莫奇卡和纳斯卡两类文化。

一般认为,秘鲁最辉煌的考古发现发生在1911年。那一年,由美国探险家和登山家海勒姆·宾汉姆(H. Binghem)率领的一支由耶鲁大学资助的探险队前往安第斯山,寻找印加帝国的最后一个据点维尔卡班巴,这个据点据说在被征服之后消失。根据征服时期记载的线索,宾汉姆和他的队友沿乌鲁班巴和维尔卡班巴河谷进行搜寻,最终在一处叫马丘比丘的山峰下找到了一处人迹罕至的遗址。宾汉姆认为,这就是印加帝国消失的城市。后来,宾汉姆回到马丘比丘进行了几次发掘,城址保存极为完整。但是,后来证明马丘比丘并不是维尔卡班巴,而是印加帝国统治者帕查库蒂(Pachakuti)为纪念他的军事和政治功绩所营建的几处皇家行宫之一。马丘比丘一直被印加人居住,直到西班牙人征服时期的晚期,但是西班牙殖民者从未到过这里。马丘比丘的再次发现激起了公众对秘鲁史前文明的强烈兴趣,它已成为秘鲁最著名的考古遗址和旅游胜地之一。

同时,墨西哥也发现了比西班牙人的发现更早的文明线索。学者们注意到一种特奥蒂化坎形制的陶器与阿兹特克陶器不同,后来在墨西哥河谷的阿兹卡博扎尔科的地表,与特奥蒂化坎及阿兹特克陶器一起发现了第三种形制的陶器。这三种陶器的年代学关系怎样?1911年,著名人类学家弗朗兹·博厄斯(F. Boas,1858—1942)的学生曼钮尔·加米奥(M. Gamio,1883—1960)采用地层学发掘来解决这个问题。他采取主观分层来进行发掘,并注意遗址的自然层位。他特别留意每个层位中出土的陶器和其他器物。他发现,阿兹特克陶器位于上层,特奥蒂化坎陶器在阿兹特克材料以下,而第三种陶器位于最底层。开始,加米奥称之为"古代期",现在它被定为"前古典期"或"形成期"。加米奥的发掘不但解决了墨西哥河谷不同文化的发展序列,而且表明特奥蒂化坎文化很可能是从较早的形成期文化逐渐发展而来。

1930年,基德的学生乔治·维兰特(G. Vaillant,1901—1945)在墨西哥进行了更为彻底的地层学发掘。他不但证实了加米奥的结论,而且为该地区前古典期文化提供了更详尽的细节,并将人类在该地区的活动推至更早的年代。美洲的考古学最终发展到了可与旧大陆考古学比肩的水准。

五、中　国

19世纪末,西方近代考古学的发展和一些西方学者的世界探险活动也开始影响到中国。这些人中虽然不乏文物大盗,但是也有许多人曾经过系统的正规训练。就像我们在埃及、美索不达米亚和中美洲早期考古发掘中所见到的那样,这些拥有灿烂早期文明的地区和国家因为缺乏主权和文物保护意识,使得西方人能够毫无顾忌地进行随意发掘,并将大量珍贵文物劫往欧洲各大博物馆。而这些国家自身由于缺乏古代文化遗产知识,也难以认识到考古学的价值和意义。

1901年,英国重组了印度考古调查所,并由约翰·马歇尔爵士(Sir J. Marshall, 1876—1958)领导。马歇尔在印度发起了一系列考古遗址的发掘和复原计划,并出版系列年度报告。在马歇尔计划的资助下,匈牙利籍的英国人奥勒尔·斯坦因(A. Stein, 1862—1943)开始了4次对中亚地区的考察和发掘远征(1900—1901, 1906—1908, 1913—1916, 1930)。他在从伊朗经印度到中国的贸易古道上找到了许多古代城镇,虽然他的发掘比较简单,但是发现了许多古代的手稿,其中有不少是先前所不知的文字和语言。在第二次远征中,斯坦因考察了米兰、楼兰和敦煌石窟,并在1907年从敦煌藏经洞掠去大量古代经卷。该洞窟开凿于晚唐,北宋真宗年间敦煌的僧人移走了里面的佛像,放入大量经卷文书,并封闭洞口,绘上壁画。1900年,藏经洞被一位姓王的道士发现。在第三次远征中,斯坦因又考察了敦煌汉代烽燧遗址、居延烽燧遗址、黑城遗址、高昌古城遗址及其墓地,并盗掘了许多文物。此外,俄国人、日本人也随着帝国主义侵略势力的扩展而进入中国。比如日本考古学家先在辽东半岛开展调查,然后扩大到东北大部分地区、蒙古草原和华北地区。考察人数之众,范围之广,出版报告之多都为任何西方国家所不及。①

对中国考古学的起步产生重大影响的西方学者首推瑞典地质学家和考古学家约翰·安特生(J. G. Andersson, 1874—1960),1914年他受中国北洋政府的邀请,作为农商部的矿政顾问来到中国,协助中国地质学家寻找铁矿和煤矿。由于当时军阀混战,找矿十分不易,于是安特生

---

① 陈星灿:《中国史前考古学史研究》,北京:生活·读书·新知三联书店,1997年。

开始在中国寻找古生物化石和史前文化遗址。在获得中方同意之后，安特生代表中国地质调查所号召各地传教机构报告化石地点。1918年，他在获知北京房山周口店出土化石之后便前往调查，找到了这个叫作鸡骨山的化石地点。1921年，安特生安排奥地利古生物学家师丹斯基（O. Zdansky，1894—1988）发掘鸡骨山，当安特生前往发掘地点视察时，一位当地的老乡帮助他们找到了世界闻名的北京猿人之家——龙骨山。

1920年秋，安特生派他的助手前往河南西部考察，于12月带回了数百件石器，出土这些史前工具的地点就是渑池仰韶村。次年春天，安特生来到仰韶村，在村南约1公里的地方发现了流水冲出陶片和石器的剖面。其中引人注目的是彩陶，他注意到这些彩陶与中亚土库曼斯坦安诺遗址出土的彩陶相似，于是他萌生了仰韶彩陶西来的想法，并想通过实地考察来检验这一设想。1923年，在地质学家袁复礼（1893—1987）等一批久经考验的中国同行协助下，安特生开始了他的西北之行。当年6月21日，安特生一行到达兰州，观察黄河两岸的地质地貌，并对当地制作的羊皮筏子产生了浓厚的兴趣。6—7月他们来到西宁，在附近的十里堡开始了正式的发掘工作。并于9月发现了坐落在西宁以西30公里处的朱家寨遗址。这是仰韶时期的一处内涵丰富的聚落遗址，墓葬里出土了大量彩陶、人骨和动物遗骸。1924年4月，安特生一行前往洮河，并于5—6月发掘了辛店遗址。整个夏季，安特生发掘了甘肃和政县的半山、边家沟和瓦罐嘴遗址，广河县境内的齐家坪遗址，临洮县的马家窑遗址和马厂遗址，后两个遗址出土了无比精美的彩陶。

为了将发掘出土的大量文物运回北京，安特生决定使用黄河上的皮筏子一直漂流到包头。他在兰州定做了两个大筏子，每个筏子由4排组成，每排使用27张牦牛皮，整个筏子所耗牦牛皮达108张之多。两个大筏子于1934年10月5日从兰州出发，除了大风靠岸和土匪的几次骚扰之外，基本一路顺风，于23日抵达包头铁路。

经过中瑞双方协商，这些文物先送瑞典做记录和初步的研究，然后将其中的一半退还给中方。1925年,安特生回到了瑞典。1926年,瑞典的中国委员会决定成立一个国立博物馆来保管这些文物。同年,瑞典国会又决定成立一个东方博物馆,任命安特生为第一任馆长和斯德哥尔摩大学东亚考古学教授。

安特生当时的发掘仍显粗糙,比如,傅斯年(1896—1950)批评他走马观花,不能进行充分的考察;粗心发掘,随便破坏;如掘不到,便随便购买。其实从购买一层来说,最不可靠。因此,虽然安特生对于考古的功劳着实不小,但甘肃一带的古物因其不细心而毁坏的,却也不少。李济在对安特生的成就做了充分肯定后,也指出他的工作似乎可以做得更精确一点。他虽然发掘了几个遗址,但是大量购买盗掘的古董。并根据有限的发掘经验,评定大量的盗掘器物,结果就陷入若干短期难以纠正的错误中。夏鼐也评判安特生在甘青地区发掘时,自己住在城里,让技工负责各处的发掘。有些遗址他自己根本没有去过,这是"老爷式"的考古。另外,安特生提出的"彩陶文化西来说",长期以来一直被中国学界当作帝国主义文化侵略的言论来评判,并给他戴上了殖民主义者和帝国主义者帮凶的帽子。

"文革"以后,中国考古学界对安特生的工作重新做了高度的评价,对过去将政治和学术混为一谈的极左思潮进行了批判。严文明先生在1985年11月召开的纪念仰韶文化发现65周年的学术讨论会上指出,安特生虽然是瑞典人,但是他当时是受聘于中国政府的外籍专家,将安特生的工作说成帝国主义分子的掠夺,显然不符合历史事实。对于安特生的"彩陶文化西来说",严文明先生也做了客观评价,认为不应该把政治问题和学术问题搅在一起。现在材料证明,甘肃的彩陶传播方向是从东向西的,安特生的说法错了,但是这毕竟是个学术问题,与政治没有关系。① 严文明先生的讲话拨乱反正,从历史的高度全面审视了安特生的伟大发现,扭转了过去三十余年泛政治化给考古学

---

① 严文明:《仰韶文化研究中几个值得重视的问题》,河南省考古学会、渑池县文物保护管理委员会编:《论仰韶文化》,《中原文物》1986年特刊。

研究带来的被动局面,实现了安特生向伟大学者的回归。①

当安特生将精力集中在彩陶的来源的同时,周口店的发掘也在继续进行。从周口店的发掘中发现了两枚人牙,1926年随瑞典皇太子访华的安特生在中国地质学会、北京自然历史学会和北京协和医院联合举办的欢迎皇太子的仪式上介绍了这一重大发现。这个消息像一线曙光照亮了东方的亚洲大陆。1927年1月,美国洛克菲勒基金会拨款2.4万美元资助发掘。周口店的系统发掘于3月正式开始,10月16日发现了一枚人牙。加拿大解剖学家步达生(D. Black,1884—1934)对这枚牙齿进行了仔细研究之后,将化石命名为"中国猿人北京种",或称为"北京中国猿人"。1928年中国考古学家裴文中(1904—1982)参加发掘,春季发现了一件女性右下颌骨,收工前又发现一件成人的右下颌。1929年12月2日,裴文中在12米深的洞穴里发现了第一个北京猿人的头骨,这一发现立即在全世界引起了轰动。1933—1934年,发掘队对位于龙骨山上面的山顶洞进行了发掘与清理,发现了4个成年人、一个少年和两个儿童的骨骼。此外,还发现了25件打制石器、一批装饰品和一枚骨针。山顶洞人属于晚期智人,生存时间大约在距今1万多年。

1935年,周口店发掘人员发生了很大变动。裴文中赴法国留学,发掘工作由考古学家贾兰坡(1908—2001)主持。德国籍的体质人类学家魏敦瑞(F. Weidenreich,1873—1948)受聘来华,接替于1934年3月因心脏病去世的步达生。1936年11月15—26日,贾兰坡发现了3个猿人的头盖骨。周口店的重要发现继裴文中发现第一个头盖骨后,又一次引起了世界的轰动。魏敦瑞对北京中国猿人的头骨进行了研究之后,认为中国猿人的发现可以解决爪哇猿人的问题,所以人类的演化过程是从中国猿人进化到尼安德特人,然后又进化到现代人。1937年,"七七事变"爆发,周口店的发掘工作中断,一直到新中国成立

---

① 马思中、陈星灿:《中国之前的中国:安特生、丁文江和中国史前史的发现》,瑞典:斯德哥尔摩东方博物馆专刊系列第十五号,2004年。

之后才恢复。

如果说仰韶文化和中国猿人代表了中国旧石器时代和新石器时代的考古发现，那么安阳殷墟的发掘则代表了文献导向的对中国古代文明的求索。早在清光绪年间，河南安阳小屯就有带有文字的骨片出土，这些骨片被当地农民当作"龙骨"卖给中药铺做药材。1899年（光绪二十五年），北京国子监祭酒王懿荣（1845—1900）染病服药，从龙骨上发现了奇怪的甲骨文。王懿荣是一位金石学家，对此极为关心，立即从中药店收购了12片甲骨，并了解到这些龙骨来自河南一带。之后，一些金石学家如刘鹗（1857—1909）、王襄、孟定生和罗振玉（1866—1940）等也开始纷纷出资收购。1903年，刘鹗出版了中国第一部研究甲骨文的著作《铁云藏龟》。1908年，罗振玉得知甲骨出自河南安阳小屯，并从甲骨上释读出10余位殷王的名谥，于是确认小屯就是典籍记载的晚商首都殷墟所在。

1928年，中央研究院历史语言研究所成立，所长傅斯年开始筹划对殷墟的考古发掘。8月，他派遣董作宾（1895—1963）前往安阳做实地调查，花了3个银元就购得甲骨100多片。在一名儿童的带领下，董作宾对甲骨的出土地点做了仔细的勘探。在确认地下甲骨尚有遗留之后，他向上级写了报告，指出由国家机关进行科学发掘刻不容缓。

在中央政府和河南省政府的支持下，董作宾于1928年10月13日正式开始了对殷墟的发掘，地点选在小屯东北洹河之滨，挖了40个坑，揭露面积280多平方米，出土了854件甲骨及其他器物。1928—1937年，史语所先后在董作宾、李济、梁思永（1904—1954）、郭宝钧（1893—1971）、石璋如（1902—2006）等专家的主持下，对殷墟进行了15次大规模发掘。1936年3月开始的第13次发掘最为激动人心，6月12日在结束本季节发掘之前，在编号为H127的探坑中发现了许多龟板。主持发掘的王湘在不到一个半小时里起出了龟板3670块。考古队再接再厉，用了4个昼夜将这些龟板堆积作为整体取出，总重量达6吨。7月4日，装入大木箱的龟板被搬上运往南京的火车。在史语所总部，胡厚宣（1911—1995）带着几个助手开始了长达半年的室内清理，剥离出甲骨 17096 片。① H127 坑是殷墟发掘中获得的最大的成就和业绩,被李济誉为"明显居于整个发掘过程的最高点之一,它好像给我们一种远远超过其他的精神满足"②。殷墟发掘也因抗日战争的爆发而中止,直到新中国成立之后才恢复。

中央研究院史语所除了在殷墟的发掘之外,在其他地区的勘查与发掘也逐渐展开。1928 年,吴金鼎(1901—1948)到山东历城龙山镇进行考古调查,发现了一些骨器和海贝等史前遗物。1929 年,他 4 次调查和试掘了龙山遗址,发现了磨光黑陶与石器共存的情况,证明这里是一处面貌相当独特的史前文化遗址。1929 年冬,吴金鼎被聘为史语所的助理研究员,次年受史语所派遣前往山东临淄做考古调查,并发现了与龙山遗址相似的黑陶。1930 年 11 月,李济率领了一个发掘队发掘龙山镇城子崖遗址,参加者有董作宾、吴金鼎、郭宝钧、李光宇和王湘,发掘持续了一个月。1930 年,从哈佛大学学成回国的梁思永加入了史语所。1931 年 10 月,梁思永率队对城子崖进行了第二次发掘。两次发掘的成果于 1934 年以专著《城子崖——山东历城龙山镇之黑陶文化遗址》出版。

龙山文化的发现在中国现代考古学史上具有重要的意义,表明中国史前阶段还存在与仰韶彩陶不同的另一类新石器时代文化,但当时学界对仰韶文化与龙山文化之间的关系还不清楚。1931 年 4 月,梁思永、吴金鼎与尹达(1906—1983)采用地层学方法发掘了安阳高楼庄后岗遗址,发现了龙山文化与小屯文化的叠压关系。同年 12 月第二次发掘又揭示了地层上为小屯文化,中间为龙山文化,下面为仰韶文化的三叠层,为认识中国史前文化发展的序列提供了关键证据。1936 年 5 月至 7 月,梁思永和尹达在山东日照两城镇发掘了瓦屋村龙山文化遗址,发掘探沟 52 处,面积 360 平方米,出土了大量的石、骨、陶器。

1936 年,根据南京和浙江出土的史前遗存线索,卫聚贤(1899—

---

① 龚良主编:《中国考古大发现》(上集),山东画报出版社,1999 年。
② 李济:《安阳》,上海人民出版社,2007 年,第 98 页。

1989)与西湖博物馆的施昕更(1911—1939)等共同发掘了西湖北高峰后老和山下的古荡遗址,出土6件石器。这是江浙地区进行的第一次史前遗址发掘。古荡遗址的发掘使施昕更认识到自己家乡杭县良渚镇也有类似遗迹存在,于是当年6月至12月,他对杭县北乡做了3次调查,于11月3日在良渚镇附近棋盘坟一个干涸的水塘底部发现了几片黑陶,并马上意识到这种陶片可能与山东城址崖的龙山黑陶相当。于是,施昕更正式向中央古物保管委员会申请发掘。1936年12月初,施昕更代表西湖博物馆第一次发掘了棋盘坟遗址,找到了红烧土及石器。第二次发掘从12月16至30日进行,以了解黑陶的分布范围,并找到了黑陶的壶、豆等器物。1937年8月,施昕更除对良渚的荀山进行试掘外,还对周围长明桥和钟家村一带展开广泛调查和试掘。他发现以良渚镇为中心,周围十余个村庄都有黑陶、玉器、石器及印纹陶发现。于是,施昕更认为这里的史前文化与城子崖的龙山文化同属一个系统,确凿无疑为新石器时代晚期遗存。从而第一次向学界展示了长江下游的史前文化,在中国史前考古学上具有划时代的意义。[①] 良渚遗址的史前文化在1959年被夏鼐先生正式命名为"良渚文化"。

---

① 陈星灿:《中国史前考古学史研究》,北京:生活·读书·新知三联书店,1997年。

第三章 学科的进步

从第二章的介绍，我们可以看到早期考古学的实践大部分是由一些业余爱好者从事的，除了古物学家之外，较多的有神父、地质学家、古生物学家，甚至包括像皮特-里弗斯、谢里曼、皮特里这些无师自通的考古学天才。因为当时并没有研究考古学的专门机构，也没有专门培养职业考古学家的学校，更没有形成考古发掘和研究的一种公认的科学方法，它只是当时了解人类历史诸多方法中的一种。而不同地区和国家的社会背景和文化传统，也对早期的考古学实践和后续的发展产生着重大影响。比如，考古学是在西欧诞生的，那里缺乏悠久文献记载的历史，使得古物学和早期考古学努力采用独立的方法来研究古物与遗迹。作为科学考古学诞生标志的三期论出现在文化历史发展较为落后的丹麦，而非古物学最为发达的意大利和英国，也凸显了社会背景和文化传统对这门学科发展的影响。考古学在欧洲的诞生也得益于自然科学，包括天文学、地质学、生物学甚至哲学逻辑思维的发展，这些对人们摆脱宗教迷信、认识自然界和人类来历都有着巨大的促进作用。地下古物和地表古迹在世界各地都有分布，也引起过人们的关注，但是对这些古物由好奇变成一门严谨的学科发生在西欧而非历史悠久、古迹丰富的埃及、两河流域和中国可能并非偶然。北美也没有历史悠久的文明，但是印第安土著的文化为他们的历史古迹提供了活生生的参考，所以美洲的考古学具有强烈的人类学导向。中国有悠久的编年史，丰富的文献资料使得金石学家和历史学家从未意识到从文字记载以外来研究古物和探究历史的必要性和可能性；而缺乏地质学、古生物学的基础，也使得中国传统学术缺乏独立于文献之外来了解历史的思想。甚至到了 21 世纪，还有学者认为中国的考古发现要用文献学来解释才有意义。中国学术传统对典籍的迷信及对考古学发展的制约,在某种程度上要比欧洲《圣经》教义对天文学、地质学、生物学和考古学发展的制约更大。

在考古学诞生后的几百年里,研究的对象没有变,但是学科的发展经历了一个持续改进和进步的过程,这在过去半个世纪里尤为明显。因此,考古学这门学科的发展并不完全是根据考古材料的积累来体现的。当然,从地下发掘出过去一无所知的遗迹和证据可以增进我们对自身历史的了解。但是,考古学新技术和新方法的采用可以开辟崭新的历史探索之路,从宏观和微观上来了解人类历史发展的过程和具体细节。因此,现代考古学的进步主要表现在这门学科提炼信息的能力的增强,而不仅仅以少数重大的考古发现为标志。本章将主要介绍考古学这门学科发展的几次重大的转折和变革,阐述这门学科日趋成熟的历程。

一、进化论与进化考古学

19世纪地质学和生物进化论的确立,对于将人类思想从《圣经》教义下解脱出来,促进利用考古学对人类自身悠久历史所进行的探索起到决定性的作用。达尔文的《物种起源》对当时的社会和科学思想产生了巨大的影响,并成为主宰19世纪学术思想的主流。所以,达尔文的学说既是生物进化的学说,又是哲学思想的证明。从地质学和考古学的证据来看,进化与发展不但是一种理论,而且是事实。它证明了,从原始的石器时代到埃及和古罗马的古代文明是一脉相承的渐变发展过程。在考古学和人类学领域,学者们都纷纷采用进化论来分析各种文化和社会现象,探讨人类社会的形成和发展。我们可以从皮特-里弗斯的考古思维中,看到用进化思想来分析器物演变的例子——他说"历史就是进化"。而三期论很快也被视为一种进化的模式,于是从简单到复杂、从低等到高等的直线发展模式被视为解释人类社会及其文化发展的理论。19世纪末,法国考古学家加布利尔·德·莫尔蒂耶（G. de Mortillet, 1821—1898）宣称,人类进步的伟大规律毋庸置疑。他提出了史前考古学研究成果的三项突破,这就是:人类进步的法则,相似发展的法则和远古人类的存在。著名美国人类学家路易斯·摩尔根（L. H. Morgan, 1818—1881）和英国人类学家爱德华·泰勒（E. B. Tylor, 1832—1917）都明确采纳进化论的思想,提出了文化的进化观。比如,摩尔根认为所有的社会都经历了蒙昧、野蛮和文明的发展阶段。英国考古学家约翰·卢伯克同样认为,人类社会的差异也是自然选择所造成,简陋的技术是智力低下的反映。用丹尼尔的话来说,一旦进化论思想确立,考古学就成为人类及其文化总体研究的一部分,而不再单纯是一种对古物的爱好了。[1]

达尔文的进化论成为考古学发展初期用于阐释文化现象和重建历史的主要理论基础,而文化的累进思维直到今天仍然影响着许多考古学家；他们没有意识到社会和文化的发展极其复杂,远不是一种直线或取代的模式能够简单解释的。

在旧石器考古领域,法国考古学家拉尔泰（E. Lartet, 1801—1871）从大量的考古发现中觉察,旧石器时代并非一成不变,而是一个发展的阶段,可以由石器和共生的动物群来加以细分。拉尔泰根据古生物学的原理,将法国南部洞穴中的人类遗存分为四个时期,由古及今分别为:洞熊期、猛犸与披毛犀期、驯鹿期、野牛期。莫尔蒂耶受其本人在地质学和古生物学方面训练的影响,尝试用特定的器物来划分阶段,这些典型器物就好像是地质学和古生物学中的"标准化石"。莫尔蒂耶也创立了用标准地点来命名考古学的阶段,以此建立起文化发展和进化的序列。他抛弃了拉尔泰用动物群为标志的分期方法,对旧石器时代做了重新划分,由早到晚分别是:莫斯特期、梭鲁特期、奥瑞纳期、马格德林期。拉尔泰和莫尔蒂耶的方法对旧石器时代考古以及史前学产生了巨大的影响与推动,这种研究方案被学术界所广泛接受,并成为19

---

[1] 格林·丹尼尔:《考古学一百五十年》,黄其煦译,安志敏校,文物出版社,1987年。

世纪末和20世纪初旧石器文化分期的基础。

受19世纪下半叶民族学研究成果的影响,莫尔蒂耶认为人类具有本质上的共性,处在相同发展水平和相同环境里的人们在面对相仿的问题时,会倾向于做出相似的决定。这种思想成为莫尔蒂耶"相似发展法则"的基础。他深信,人类的历史极为悠远,所有人类群体都经历过相似的发展阶段,而史前考古研究应当揭示这种人类进步的法则。莫尔蒂耶还认为,他对法国旧石器时代发展序列的划分可以适用于世界各地旧石器文化的发展。进化论的确立在19世纪下半叶为史前考古学提供了一种阐释的理论,这种思维方式和研究体系可以用"进化考古学"的概念来加以概括。

达尔文生物进化论在社会科学领域的延伸,产生了一个让人始料未及的结果,这就是社会达尔文主义的流行。这种思想将文化进化和生物进化视为相同的过程,社会的文化进步是由于自然选择而产生了更加优秀的智力。于是,文化进化被视为生物进化的自然延伸。将这种思想引入考古学中,就产生了世界范围的殖民主义考古学和种族主义考古学。

有关人类本性解释的达尔文主义观点被卢伯克引入到史前考古学中。卢伯克深信文化的直线进化观,认为是自然选择导致了人类种族之间的差异。他提出,现代欧洲人是文化与生物学强势进化的产物,落后的民族不仅在文化上而且在智力和生物学上都劣于进步的民族。达尔文进化理论经过卢伯克的发挥,将人种优劣论和史前考古学联系到一起,成为当时整个社会世界观的一部分。这种世界观由于当时英国在政治和经济上的霸主地位而广为传播,并在世界各地的考古学研究中影响到对考古材料的解释。

在第二章里,我们谈到北美学界对俄亥俄州和密西西比土墩建造者的推测就是这种殖民主义考古学的典型案例。当时的北美学界普遍认为印第安人是智力和文化上的劣等民族,因此不可能建造具有文明特色的土墩,它们的来历只有从外来的先进民族或人种中去寻找。与此同时,在种族主义思潮的影响下,北美的考古工作中普遍存在一种排斥从文化演变角度来观察考古现象的习惯。考古学家认为,美洲的土著文化十分原始,因此可以排除它们在历史上发生过任何变化的可能性。这使得考古学家在他们的阐释中,将考古记录中所观察到的文化差异和变化,都解释成人群迁移的结果,而非文化自身的演变。

进化考古学的表现主要有以下六个特点:(1)以进化的模式来安排考古记录。拉尔泰和莫尔蒂耶为进化考古学建立起一套研究范式,这就是用"时代"和"分期"来编排人类的史前史,用典型器物来划分时代,以典型遗址作为命名的依据;(2)将人类历史和文化视为一种累进的过程,世界各地的所有社会和文化都经历了或经历着从原始到进步,从低级到高级,从蒙昧到文明的相同轨迹。世界文化的发展是平行的,而各地所见的文化差异是由于文化发展速率不同所造成的;(3)社会差异和文化发展速率的不同是由生物学因素所造成,人类文化发展是人类体质进化的延续,土著文化的原始性被视为人种智力进化上处于原始阶段的结果。于是,一些地区文明的遗迹不可能为智力低下的原始土著人所建,必定是受外来先进民族的影响或由其亲自建造;(4)世界各地土著文化的原始性是文化发展长期停滞不前的结果,所以现代的土著文化可以被等同于史前文化;(5)对土著文化长期停滞不前的看法,又导致美洲和大洋洲许多考古学家采用一种平面观来观察考古现象,即只关注考古遗存地理上的分布与差异,并不关心这些遗存的历时演变以及它们的编年;(6)考古学开始卷入到政治斗争之中,在殖民者眼里,考古学证据是进行掠夺、种族灭绝和殖民统治的口实和依据。但在第三世界国家里,考古学证据也最终成为民族独立和解放的巨大动力。

二、历史编年与文化历史考古学

20世纪上半叶,世界考古学发生了从进化考古学向文化历史考古学的转变。造成这一转变的有以下三个原因:(1)欧洲民族主义运动的高涨,使得带有种族歧视性质的文化进化理论受到质疑和挑战。许多受列强欺凌的东欧和北欧国家,希望从自己的历史中寻找民族的身份与尊严,于是通过考古发现来追溯民族来历和特征成为普遍的做法。(2)欧洲19世纪下半叶的工业化发展,公路、运河、铁路和工厂的营建,导致了地下文物的大量出土。考古材料数量上的激增,使得考古学界认识到文化面貌的多样性和巨大差异,这种现象不是文化进化理论所能解释的。(3)人文地理学和人类学研究早就意识到地理隔绝所造成的物质文化、精神信仰和风土人情的巨大差异,对区域文化差异和文化阶段的研究对史前考古学的阐释产生了很大的影响,并逐渐取代了用地质学方法构建的人类史前史。

考古学研究转向对民族和人类群体的研究与德国考古学家古斯塔夫·科西纳(G. Kossinna,1858—1931)的工作有关。科西纳原来是一位语言学家,后来转向史前史研究。他声称,考古学是各种学科中最具有民族性的学科,研究古代德国人的起源应当是考古学最神圣的目标。他提出"文化群即民族群,文化区即民族区",因此文化的差异就反映了民族的差异。科西纳声称,在地图上标出的某一类器物的分布代表了某一民族群体的分布,而文化的延续反映了民族的延续。于是,考古学就能够根据器物确定的文化单位来追溯民族群体的分布和延续。虽然,科西纳的考古学文化概念具有明显的种族主义倾向,但是他是第一个明确提出考古学文化概念的人,而且是第一个用考古学文化来研究区域文化历史的人。作为一种研究方法,科西纳采纳考古学文化概念,标志着文化历史考古学在史前考古学中开始取代进化考古学。考古材料不再被以前那种发展阶段的模式所安排,而同时开始关注过去人类是如何生活的。

由于科西纳的思想为纳粹德国所重,所以在德国之外没有什么影响。真正将考古学文化概念普及的是英国考古学家戈登·柴尔德,他系统定义了考古学文化,提出了新石器时代革命和城市革命等文明起源和发展的理论,对欧洲考古发现进行了广泛的综合研究,对文化发展和演变的阐释也从传播迁移转向社会内部动力。他的许多精辟的思想反映在其大量的考古学通俗著作之中。他不但是一位承前启后的开拓者,而且是一位为枯燥的考古发现赋予活生生血肉的充满智慧和灵感的思想家。他的成就使他成为20世纪最伟大的考古学家。①

文化历史考古学最重要的分析概念或单位是"考古学文化",柴尔德将文化定义为"一批总是反复共生的遗存类型——陶器、工具、装饰品、葬俗和房屋式样"。② 他强调,每一种文化必须从其器物的组成来独立地表述,并认为考古学文化不但可以从年代和阶段加以划分,也可以从每种文化延续的时间加上其地理分布,结合地层、类型排列及共时性来加以界定,借此可以以一种考古学文化时空的镶嵌模式来复原各地的史前史。柴尔德所创立的方法在英国考古学界被公认为是一个新的创造而得到推广,考古学文化的研究范式也由此成为欧洲考古学研究的重要分析概念。

文化历史考古学的"考古学文化"概念,其实建立在一种文化规范的理论之上。因为人类是一种社会动物,他们的习惯和知识是习得的,因此文化的特点会通过这种社会规范的授受而代代相传。于是,从考古记录中所观察到的这种规范或一致性便可以被用来当作定义社会身份或民族认同的一种标准。在考古学文化规范的判断中,陶器常常被用来作为定义考古学文化的重要依据。考古学家将陶器生产视为文化控制行为的"指示器"。尽管制作和装饰陶器的方法多种多样,但是每个社会使用的技术和对风格的偏爱都不完全相同。这种规范是从陶工学徒时期继承而来的,并得到社会观念和经济方面的支持和制约,个人难以摆脱这样的规范而另外创立一种完全不同的规范。所以,考古学文化概念可以将出土相同物质文化的不同遗址归入同一类文化,而这一类文化就代表了民族学上的一批独特群体。相同的考古学文化又可以根据一些器物、特别是陶器的变化来确立早晚的时期,以代表这个文

---

① B. G. Trigger: *Gordon Childe: Revolution in Archaeology*, London, Thames and Hudson, 1980.
② G. V. Childe: *The Danube in Prehistory*, Oxford, Oxford University Press, 1929, p. v-vi.

化先后的发展阶段。于是,考古学文化在地理区域上的分布范围结合时间上的延续,可以建立起一个区域的史前文化发展历史。在中国,北方的仰韶文化、龙山文化、红山文化以及南方的马家浜文化、良渚文化都是根据这个原则来命名和定义的。考古学初期主要用来建立相对年代的器物类型学,现在被赋予了新的作用,就是用典型器物来分辨民族身份。

丹尼尔说,考古实践从"阶段"和"时期"转向"文化"的转变,标志着对史前物质遗存的研究从采取地质学方法转向从历史学和人类学的角度进行研究的彻底变化,也标志先前将人类作为一种动物加以研究的考古学转变成把人类当作真正的人进行研究。

文化历史考古学取代进化考古学的过程表明,考古学思想和方法的发展除了考古学研究本身的进展之外,也和时代的社会、政治、经济和科学技术的发展变化息息相关。它表明,一门学科的发展不可能独立于它生存的社会环境之外,它的进展是整个人类知识体系联动的一部分。这一思想和方法的变革主要体现在以下几个方面:(1)文化进化论的式微,认识到文化的发展并不是生物进化的延续。面对相似的问题,不同的人群和文化会做出不同的反应,由此造成文化的差异。(2)典型器物不再是用地质学"标准化石"来定义阶段,一批器物的组合成为特定人群的代表。物质文化不再是断代的依据而成为界定民族区的工具,这反映了史前学中地质学观点向历史学和人类学观点的重大转变。(3)其阐释理论主要采取流行的传播论,将新的文化因素或无法解释的现象都归于外来的因素,一般不对这种现象做深入探讨和解释。

三、文化适应与新考古学

20世纪40—60年代是新技术不断问世,新发现层出不穷的时代。正如丹尼尔所形容的,第二次世界大战之后考古学出现百废俱兴、一派兴旺的发达局面，使它成为一门举足轻重的学科。丹尼尔列举了这一时期世界考古学发生的四个重要变化：史前考古学成为世界性的学科；美洲考古学空前繁荣；科学技术方法成为考古学家的辅助手段，并且成绩不俗；原始时期和历史时期的考古学得到发展和确立，历史学和考古学受益匪浅。①

在成果林立的进展之中，对考古学革命起了决定性推动作用的，应当首推美国化学家威拉德·利比（W. Libby, 1908—1980）发明并于1949年公布的放射性碳年代测定技术（简称碳十四方法）。碳十四方法的问世，标志着考古学进入了一个新的时代。这意味着，考古学家的大部分精力可以从烦琐而又含糊的年代推测中解放出来，去关注其他更为重要的问题。自然科学家所提供的多种绝对断代方法，也使得考古学家可以更加精确地观察细微的文化差异和历时演变。

在技术手段不断创新的同时，种种新的考古学思维和实践也随之出现。美国民族学家和考古学家朱利安·斯图尔特（J. Steward, 1902—1972）提出了文化生态学的理论，在考古学研究中引入了生态环境这一重要变量，并鼓励戈登·威利（G. Willey, 1913—2002）首次尝试用聚落考古学的方法来研究社会的演变。威利对秘鲁维鲁河谷的聚落形态研究，成为自三期论以来考古学史上最重要的方法论突破，被誉为考古学进入新时代的象征。② 英国考古学家格拉厄姆·克拉克（G. Clark, 1907—1995）创造了交叉学科的综合研究，强调考古学应当尽可能了解人类的生活环境、经济形态和社会信仰。柴尔德在苏联考古学的影响下，强调器物功能分析的重要性，并呼吁从内部动力来研究社会与文化的演变。美国考古学家罗伯特·布雷德伍德（R. Braidwood, 1907—2003）自1948年开始对伊拉克北部的扎尔莫遗址进行发掘，理查德·麦克尼什（R. MacNeish, 1918—2001）自1960年起对墨西哥南

---

① 格林·丹尼尔：《考古学一百五十年》，黄其煦译，安志敏校，文物出版社，1987年。
② 戈登·威利：《聚落与历史重建——秘鲁维鲁河谷的史前聚落形态》，谢银玲、曹小燕、黄家豪等译，陈淳审校，上海古籍出版社，2018年。

部特瓦坎河谷开展调查和发掘，这两例实践都是从区域性遗址的综合研究来探索近东和中美洲农业起源问题，开创了考古学战略性研究的先河。美国哈佛大学的研究生泰勒（W. W. Taylor, 1913—1997）在他1943年完成的博士论文《考古学之研究》中，对文化历史考古学只见器物不见人的研究方法进行了尖锐的批评，提出考古学家应当像民族学家一样全面了解文化的性质和演变的原因。这些技术和理论上的发展，为20世纪60年代在欧美发生的"新考古学"变革做好了充分的准备。

新考古学采纳了斯图尔特的文化生态学思想，将文化视为人类对环境的超肌体适应手段，而非文化历史考古学所认为的一种社会规范。所以，人类文化并不会因循传统而一成不变，而会随着环境的变化而变化。同时，如果要了解人类文化的发展和差异，就必须了解这些文化所处的环境，将环境看作影响文化最重要的因素。新考古学还摒弃了文化历史考古学将典型遗址视为典型考古学文化代表的做法，在考古学中提倡聚落形态的研究：在简单的狩猎采集和早期农业社会中，聚落形态反映了人类群体直接适应于其周边环境的方式；而在复杂社会中，聚落形态反映了社会结构的等级规模和复杂程度。因此，聚落考古成为考古学社会探索的重要手段。新考古学还强调文化的系统论观点，将文化视为不同个体以不同方式进行参与的产物，社会各种机构协调地整合在一切，就如同各种器官组成一个生物体一样。因此，一个部分的发展会削弱或影响到社会整体的运转。而阐释社会演变则必须从这些社会关键机构或因素的互动来了解，而考古学最终需要揭示影响和制约社会文化发展的动力和关键因素。

新考古学还信奉新进化论的社会发展模式，深信文化之间所有重要区别都可以看作是从简单到复杂发展的不同状态。因此，在解释文化变异时，发展是一个需要解释的主要因素。它采纳了美国新进化论的社会四阶段发展模式，努力阐释人类社会从游群，经部落和酋邦，最后发展到国家的过程。在研究方法上，新考古学强调更严谨的科学方法，提倡引入自然科学中的演绎法，对所研究的问题提出各种合理假设,并用仔细的发掘和分析来加以检验。①

新考古学的产生是考古学走向科学化重要的一步,在新考古学产生之前,考古学研究没有明确的理论探讨。考古学的文化概念被视为考古学研究的基石:考古学家将各种文化视为历史舞台上的一个个演员,而不是一辆辆前进的列车,将器物视为文化思想和标准的具体表现。而考古学家对考古现象的解释只限于两个要素,一是文化的年代序列,二是文化传播和迁移。这些研究特点在新考古学来看实在是太简单和太一般化了。

新考古学的兴起,在很大程度上是由于人们意识到仅仅采集材料是远远不够的,因为考古材料本身的具体性无法告诉我们有关过去的事实,考古学必须摆脱那种经验和直观的分析和常识性的推断来研究考古材料。对传统方法的不满浓缩成一句话就是:"我们应当更加科学化和更加人类学化。"

欧美新考古学又被称为"过程考古学",是20世纪60年代开始席卷西方的一种思潮,它不是铁板一块的思想或一整套理论,而是在同一面大旗下各种不同的思想和方法。新考古学的诞生必须理解为一种对现状的不满情绪和求新运动。英国考古学家马修·约翰逊(M. Johnson)对新考古学的关键点做了系统的阐述:(1)强调文化演进的观点,从社会内部动力来观察什么是驱动社会演变的总体方向。(2)文化不是文化历史考古学所认为的那种由不同标准归类器物所混装的口袋,文化是一种系统,系统各个组成部分相互关联,相互依赖,维持着系统的正常运转。(3)文化是适应于外界环境的系统,考古学家需要对文化的生存环境和经济形态提出各种模式,探讨这些因素对文化发展的影响与制约。(4)强调科学方法,考古学应当像其他社会科学一样从事规律的总结。(5)把文化动力学研究视为学科核心,考古学家的工作是寻求解释而非简单描述,询问的问题应当是"为什么是这

---

① B. G. Trigger:"Archaeology at the Crossroad:What is New?", *Annual Review of Anthropology*, 1984, 13:275-300.

样?"(6)传统考古学的经验和直觉常常充满了偏见。作为合格的考古学家必须防止使用直觉或含糊的推测,他们应当对自己的研究目标有清楚的概念。(7)关注多样性和完整性,提倡采用数理统计方法来对材料做全面的分析。文化历史考古学常常关心最大和最好的遗址,倾心于精美的器物。但是,如果要完整了解一个文化或一种文明,就不能只是了解贵族的用品,也要了解平民的用品。只有对考古材料的理论和方法采取更为严谨的态度,考古学家才能使其研究不遗漏重要的对象,使其观察的材料涵盖了对象的各个重要方面。①

四、思想意识与后过程考古学

新考古学或过程考古学在经历了20世纪60年代的狂热并基本被科学界所接受而成为学科主流之后,各种各样的新探索、新方法层出不穷。进入20世纪70年代,越来越多的美国考古学家意识到史前文化的多样性,这些多样性不是简单地可以由一般的进化理论或简单的环境适应所解释的。于是,考古学家更倾向于历史特殊论者所强调的文化多样性。一批考古学家对新考古学所采取的方向日益不满,特别对新考古学在解读和阐释人类的认知因素和世界观方面的无能而提出批评,认为新考古学无论在理论和方法上都日趋枯竭,需要有更新的突破。于是,英国剑桥大学的一批考古学家提出,人类的文化并非都是环境所造就,人类的思想也能对文化的特点及发展产生影响,如果要了解地表上文化遗存的分布形态,就必须了解人们的态度和信仰。他们认为,人类的思想和他们生存的环境同样重要,物质现象并非是对生存环境和社会结构的被动反映,人类以各种不同方式使用工具,将其作为特殊的社会策略的一部分。

20世纪80年代,一批剑桥的学者转向从象征性和结构主义来了

---

① M. Johnson: *Archaeological Theory*, Oxford, Blackwell Publishers, 1999.

解人类的思维：或从马克思主义学习批评理论，或开始涉足女权主义分析的领域。所有这些不同的思潮形成了一个松散的学术群体，被考古学界称为"后过程考古学"。像新考古学代表了一种差异很大的思想一样，"后过程考古学"代表了一批更为复杂的观点和立场。

后过程考古学的一个重要领域是"象征考古学"，它的一个重要特点就是关注社会和个人的意识形态对社会演变过程所发挥的作用，关注物质文化现象所蕴含的"思维"和"价值"。物质文化除了适应意义之外，还具有特定的象征性。比如在考古学物质文化诸多方面，陶器的纹饰与葬俗几乎不受环境和生存适应的制约，更多反映了意识形态和信仰方面的因素。像青铜器和玉器等显赫物品，完全是权力、等级和地位的象征，对这些器物的了解完全无法从社会对环境的适应来解释，而必须从社会内部的复杂化过程及其意识形态及世界观来了解。

与象征考古学分析关系密切的另一方面的研究是所谓的结构考古学，对于结构主义而言，文化类似语言，有一套潜在的法则主宰着它们千变万化的表现形式。考古学家将人类的器物和遗迹视为文化的另一种表现形式，如果我们想了解和解释一种文化现象，首先需要发现这些文化现象内在的认知规律，正是这些非直观的规律造就了这些文化现象和形式。经典结构主义认为，任何系统中的个别单位只有从它们之间的关系上理解才具有意义，结构主义最终寻找的目标是人类各种行为与观念之间可以对应的固定结构。

对考古学思维有深远影响的一个思想学派是马克思主义考古学。我们知道，新考古学对考古记录多样性的解释是一种生态学的观点，将人类的文化视为超肌体的适应方式，因此考古记录中所见的异同被视为由社会系统自动平衡的方式所造成。造成文化演变的动力和原因被认为是来自于文化系统以外，它首先造成某个功能部分的失调，然后促使整个系统必须采取相应的协调措施。但是马克思主义考古学强调考古记录中的意识形态解释，认为人类的意识形态并不是对适应被动的反应，它也会影响和主导社会群体的生存适应，促成社会文化的演变。一种完整的马克思主义意识形态观将思想体系视为竞争阶级和利益群体表述自己的观点、体现自己的合法性并对其他群体进行控制的一种手段。马克思主义考古学以辩证的方法来看待社会历史的演变,认为社会中的矛盾与冲突促进了社会的演变和进步,这与新考古学系统论的平衡模式正好相反。

考古学一向被认为是从物质遗存来研究历史的学科,但是从新考古学之后或后过程考古学的发展来看,考古学的探索已经开始超越物质现象,而试图了解和阐释古代人类的思想。然而,这项工作对考古学来说显然是一个重大的挑战。首先,科学研究无法从物质现象的实证研究去检验思想。对于后过程考古学的诸多学派而言,面对人类行为的"化石记录"——物质遗存,我们几乎无法"科学地"观察人类的思想。尽管我们能将种种的认知变量引入器物的分析和解释之中,但是我们仍然不可能做到从古代工匠和统治阶级脑子里的意识来解释器物。就结构考古学来说,语言是由隐而不见的规则所操纵的,操纵考古现象背后的规则既看不见也无法验证,因此人类思维的探究将是一种多元和复杂的阐释体系,而非单一的结论。

五、反决定论的"能动性研究"

对于过程考古学和后过程考古学的研究取向而言,它们都试图揭示制约和影响文化特点及变迁的主要因素,努力探究社会演变的规律。过程考古学持唯物论的态度,把环境、人口、资源、技术、经济等视为影响文化差异和演变的主要原因,并认为这些因素还限制了社会结构和信仰方式的可能变异范围。所以只要了解这些因素,考古学家就能够令人信服地对社会文化发展的动力做出阐释。后过程考古学持观念论(idealism)的态度,认为人类的思想与环境等因素一样会对文化产生影响。换言之,人类的思想也能被用来改造世界!这种科学阐释的基础建立在因果律的相伴关系之上,认为有一批特定的原因导致特定结果的产生。而且这些阐释并不考虑个人的作用,因为考古学对个人的作用几乎无法进行研究。20世纪70年代,受马克思主义关于社会不平等和矛盾冲突是社会发展动力辩证思想的启发,皮埃尔·布迪厄(P. Bourdieu,1930—2002)在其理论中强调个人在抵制社会不平等原则中所发挥的主导作用。另一位能动性研究的创始人、美国学者安东尼·吉登斯(A. Giddens,1938—   )强调个人实践是有目的的,并以默默无闻的方式来表现自己,因此个人不应被视为社会规则和传统的被动实践者,而是起主导作用的创造者。能动性一般从"抵制"的角度来研究,被定义为一种不符合传统规范的行为,但是这种异动最后又如何影响和改变了传统和社会规范,并在最后成为新的时尚呢?"能动性"概念认为,有许多文化现象既非适应的产物,也非社会意识和规范的产物,而是作为社会组成部分的个人合力的产物。作为社会成员的个人往往有其自身独特的认知和想法,常常会抵制社会规范而我行我素,有反对社会不平等和摆脱社会限制的倾向,这种个性表达有时在合适的环境里也会形成和改变社会风尚和习俗,甚至影响社会的进程。① 环顾我们周围的社会,比如高跟鞋、比基尼、流行歌曲等文化时尚,在出现时都在一定程度上有悖于传统习俗和品味,甚至被视为异端。但是,随着社会对这些时尚的认可与接受而逐渐成为社会文化的新潮流。这种情况在历史上也经常发生,因此我们也必须从考古研究中去关注由个人能动性所造就的文化现象。

小 结

国际考古学发展的过程可用一种轨迹来做简单的介绍:19世纪的进化考古学关注"何时"的问题,用单线直进来解释文化演变,当时考古学的流行术语是"时期""阶段"。20世纪初的文化历史考古学关注

---

① J. L. Dornan: "Agency and Archaeology: Past, Present, and Future Direction," *Journal of Archaeological Method and Theory*, 2002, 9(4):303-329.

"谁"及"从哪里来"的问题,主要术语是"类型"和"考古学文化",方法是描述,阐释方法是"传播论",并将考古学文化等同于民族群体。20世纪60年代新考古学关注"为何"及"怎么会这样"的问题,主要术语是"动力""系统""人地关系",方法是假设和演绎,同时采用环境考古和文化适应的生态学解释。20世纪80年代的后过程考古学关注"思想意识""信仰""个人""性别",反对将文化视为系统的整合,倡导马克思主义的内部冲突理论,流派与理论多样纷呈。21世纪初的考古学反对追求普遍性的决定论解释,关注个人的"能动性",认为个人在对社会习俗和规范顺从的同时,又以独特表现方法来影响社会文化发展。每阶段考古学的发展,可以被视为对先前的补充和完善。目前,中国考古学所采用的方法基本仍处于文化历史考古学的阶段,尽管欧美新考古学的一些方法,比如聚落考古、环境考古等,国内学界也有所尝试。但是,在引入这些方法的同时,也需要引入一些新的分析概念,比如文化生态学和系统论的思维,以及文化演变因果关系的探索和阐释。在对史前期之末的早期文明进行探索时,我们也需要关注社会结构和意识形态对社会文化产生的影响。只有这样,考古学才能超越一门研究物质文化的学科范畴,成为一门研究人类自身发展和社会演变的学科。

英国著名考古学家伦福儒说:经历了大约40年,我们这些考古学者,尤其是英国和美国的考古学者,才逐渐意识到真正的考古学史不仅指考古发现的历史,也不是研究工作中新的科学技术的发展史。事实上,真正意义的考古学史是也是考古学思想的发展史。经验证明,难度最大的是观念上的进步。要解答新的问题,与其说是依靠新的发现或发掘,不如说是来自分析上的进步和理性、观念上的发展。①

---

① 科林·伦福儒:《外国考古学史》"序",杨建华著,吉林大学出版社,1999年。

第三部分　考古技术

第四章　发现与勘探

现代考古学研究最初的步骤是遗址的调查和发掘,但是早期阶段及后来的许多重要考古发现却并非都是有目的和系统调查的结果。有人推算,在所有考古遗址中,大约有四分之一是由自然动力和人类其他的活动所发现的,是偶然发现的结果。由自然力作用而暴露出人类遗址的最好例子,就是坦桑尼亚的奥杜威峡谷,这是一条由地壳运动在东非塞伦盖提草原上拉开的巨大切口,它深入几百米厚的古代湖泊沉积之中,暴露出许多远古人类的居住点。早在1911年,它被一位德国昆虫学家所发现,后来利基夫妇（Louis[1903—1972] and Mary[1913—1996]Leakey）和他们的儿子、媳妇们在峡谷里发现了大量古人类化石和石器,填补了人类早期演化阶段的重要缺环。我国河北省泥河湾盆地被称为"东方的奥杜威峡谷",早更新世的湖相地层经流水切割,暴露出许多早期人类的活动地点和石制品,被世界考古学界公认为人类在东亚活动最早的证据。我国有许多重大的考古发现都是偶然的结果,包括著名的满城汉墓、马王堆汉墓以及举世闻名的秦始皇兵马俑。20世纪的工农业活动,导致了无数考古遗址的发现。其中许多遗址只能赶在推土机之前进行仓促的清理,还有许多则在无意中或缺乏保护意识的状态下被破坏。因此,农田的深耕、高速公路的建造和城市改造,是考古遗址最大的威胁。

有的遗址从来没有消失。比如中国历代帝王的陵墓和城址、埃及的金字塔和国王谷、雅典的帕特农神庙、墨西哥特奥蒂华坎的太阳和月亮金字塔。然而,世界上大部分的考古遗址并不像金字塔和万里长城那么显眼,它们并没有任何记录来证明自己的存在。考古学家只能根据土墩、石头建筑、城墙等遗留在地表的残迹来判断。考古遗址也可以以许多不同方式表现自己,比如成堆的瓦砾、杂色的土层、可疑的洞穴或建筑基址。有的遗址很不容易确定;有的只不过是地表散布的一些石制品或陶片;有的在地表没有任何迹象,只有当下部地层被翻动后才会暴露出来。

20世纪60年代以来,受新考古学提倡问题指导的研究方法影响,考古发现和勘探开始强调研究的计划性和目的性,要求考古学家在研究之初就要明白为何发掘。因此,往往在调查和勘探之前,他们就制定了比较明确的研究计划。同时,由于考古遗址是地下不可再生的文化遗产,而考古发掘本身的高成本和破坏性,要求有计划的保护与合理的利用。于是,尽管发掘仍是我们了解过去的一种基本方法,但是通过地面调查和遥感设备进行无损伤勘探也成为田野考古工作的重要组成部分。

一、发现考古遗址

考古学的一个主要任务是确定和记录考古遗址和遗迹的位置,这些遗址和遗迹可以是一座城址、一座坟丘或一片墓地、一个洞穴、一处村落、一个临时营地,甚至仅分布着一些陶片和石片的地点。大部分的考古遗址是通过仔细的田野调查和勘探发现的,即对一片选定的区域做全面的研究;有的是因为这里的考古遗址受到基建活动的威胁;有的是因为这些遗址对某项研究课题有着潜在的学术价值。但是,任何调查的完整性都会受到具体条件的限制,比如植被、农作物、人口居住密度、交通条件,甚至调查的人手、经费和时间等等。而调查方式可以分为地面调查和航空勘查两种。

1. 地面调查

步行调查是野外最常见的一种方法,虽然它包括通过对地表和地层露头的观察来发现遗址或遗迹,但是这种调查大多是从地表寻找和收集人工器物,比如陶片或石器等,以了解地下可能埋藏的古代遗址,并判断它们的年代。分辨遗址一般可以从四个方面入手:(1)明显的土墩、石砌的废墟或其他地表遗迹常常是最明显的标志。(2)覆盖的植被往往可以指示下伏地层的状况,比如存在遗址的土壤往往受过扰动,并富含腐殖质,所以地表的植被或庄稼往往长得比周围的植被茂盛。相反,如果土壤下不深处有古代建筑的地基,那么地表植物会因水分和肥力的不足,常常长得比周围植物矮小和稀疏。有时候,一些特殊的植物会和遗址共生,比如曾被玛雅人栽培的一种面包树如今仍然生长在遗址的周围,标识着考古遗址的位置。(3)古代遗址的文化层往往表现为富含有机质的黑色土壤,它或暴露在被侵蚀的地层剖面上,或在翻土中得以发现,这些黑色土壤中往往含有丰富的文化遗物,如陶片、石器和动物骨骼。有时穴居动物也会把地下的黑土和陶片等遗存翻到地面上来。(4)地表发现的石器、陶片、碎骨以及其他材料可以指示附近遗址的存在。有时风蚀也会剥蚀地表的沙土,将地下文化层中的文物暴露出来。

在对一个区域进行调查之前,一般对该地区的地理条件和文化历史应有一个初步的了解。不仅要熟悉已有的考古工作,也要就地貌形成过程中遗迹的覆盖和改造有所考虑。在调查中还要对当地的居民进行采访和咨询,了解出土文物的情况。地面调查分为非系统调查和系统调查两种。非系统调查也称为非概率性调查,程序比较简单,一般是沿途仔细观察地表情况,采集和观察人工制品,记录其位置和其他相关遗迹。这种调查常用于那些植被茂密或地面条件非常独特而无法做系统调查的地区。所以,这种调查是非概率性的,遗址的分布反映的是道路和考古学家所到之处,而非实际上的遗迹或史前聚落分布状态。这种调查也可能存在偏向和误导,出于调查者主观的偏好,调查会倾向于集中在遗迹看似丰富的地点,而不能够代表整个地区文化遗存的分布特点。

系统调查又称为概率性调查,将一个所挑选的采样区域的遗址分布概率等同于整个区域的遗址分布。这种方法的优点是使人们不仅能够了解一个调查区域的遗址数量,而且能够计算出大型遗址与小型遗址的数量,这些信息对于聚落形态研究是必不可少的。概率性调查和采样目前还处于草创阶段,因为很难评估不同调查策略的有效性。采用不同的调查和采样做相互比较和检验的方法,在美国西南部和墨西哥瓦哈卡地区的田野调查中得到使用。在整体调查无法进行的地方,概率性调查并非是最好的解决办法。在茂密的森林地点和峡谷深沟地带,概率性调查从实际条件来说是行不通的。在这些情况下,非概率性的田野工作仍然发挥着主要的作用。

2. 航拍与遥感

用航空摄影来进行考古调查是在 20 世纪初开始实践的。1906年,英国皇家陆军工兵中尉夏普(P. H. Sharp)在一只军用气球上对巨石阵进行了倾斜和垂直的拍照,照片刊登在次年的《考古学》杂志上,成为空中考古勘探的最早范例。第一次世界大战时英国考古学家克劳福德(O. G. S. Crawford, 1886—1957)作为航片判读员对西奈的考古遗迹进行拍摄,战后他被任命为军械调查部的考古官员,为考古的航拍技术奠定了基础。第二次世界大战大战期间,英国著名考古学家格林·丹尼尔在考古航拍上的专长,对英军情报机关也功不可没。这些先驱性的飞行激发了后来大量的航拍工作,两次大战中飞行技术的发展也改善了航拍技术。今天,无数的考古遗址被标在地图上,意大利和北非的史前和罗马时代的整个田野和道路系统被摄入全景照片之中,许多中美洲和南美洲的庙宇也都被在它们的地形图中标示出来。航拍照片为考古学提供了一种无与伦比的对过去的鸟瞰图像,并为考古学田野勘探和研究带来了一场革命。这方面的一经典范例就是美国考古学家戈登·威利对秘鲁北部沿海维鲁河谷的聚落形态调查与研究。威利利用航照对河谷的考古遗址进行定位,使得他的研究小组在开始田野工作之前就已经掌握了遗址的基本分布,大大节省了时间和精力。根据航拍的线索,威利对维鲁河谷两千年来的聚落形态变化进行了开拓性的研究,成为聚落考古的经典之作。

20 世纪 80 年代,航拍和其他遥感技术也被引用到中国的考古勘探中来。1983年,河南洛阳在基建勘探中发现了偃师商城,文物部门在航照的帮助下确立了偃师商城和二里头遗址的保护范围。1985年,陕西考古所和秦始皇兵马俑博物馆利用航拍和遥感对秦始皇陵园进行了全面的勘探。1987—1989年,陕西省煤炭航测中心与昭陵博物馆合作,对唐太宗李世民的陵园昭陵周围的墓葬和遗迹进行了遥感勘探和定位,为陵园的保护、古建维修、考古研究和旅游发展建立了详细的数据库。中国航拍还应用于蒙古草原,对赤峰地区的红山文化、夏家店下层聚落遗址、汉黑城遗址、辽祖陵、辽上京、辽中京、元上都遗址进行了航拍。对中国航拍事业作出重要贡献的已故著名考古学家俞伟超(1933—2003)曾说:"作为考古工作者,第一次从空中俯瞰地面的古代遗迹,那种感受是非常奇特的。平时在地面上看来毫无章法的古迹或根本就看不出来的遗存,在高空居然能看得那样真切。"①

大部分航照采用黑白照片,能够提供非常清晰的图像,并且经济,且便于冲印。彩色照片可以提供自然而非文化的特点和景观。红外摄影可以分辨光谱之外的光,比如基岩在红外照片上显示的是蓝色,冲积平原上的草显示为明亮的红色,可以被用来探测地下水的走向。红外照片可以使考古学家找到可能的狩猎营地和村落,尽管那里的地表已经没有任何迹象可觅了。

航照一般有两种类型:垂直和倾斜,两种照片各有其优点。垂直照片表现的是近乎平面的景象,有助于测绘和制图;倾斜的照片可以提供地表遗迹的立体轮廓和形象,可以显示在地表上几乎已经消失的河岸和壕沟。现在新技术正以各种方式影响航拍:电脑图形处理可以提高照片的清晰度;图形的数字化处理可以将垂直和倾斜航照加以转换,以便与该地区的地图相匹配;利用地理信箱系统(GIS)程序与航照综合利用,对考古遗址分布和聚落形态研究具有深远的意义。

高空遥感一般是从地球资源卫星和航天飞船上拍摄和扫描地球,

---

① 张伟:《俯视大地——中国航空遥感考古备忘录》,《文物天地》,2002年第1期,第18页。

为人们提供地表反射光线和红外辐射,并用电子技术将它们转换为照片图像。但是,这类地图的比例一般为 1∶1000000,所以不够精确。像我国长城、埃及金字塔和墨西哥特奥蒂化坎的大广场会显示在这种地图上,但是小型遗址和遗迹就不行。因此,这种技术常常用来了解大范围遗迹和大型遗址的分布问题,比如美索不达米亚的古代堤坝系统、埃塞俄比亚大裂谷中古人类化石的沉积物的可能分布、中国塔克拉玛干沙漠中的古代河道及周边聚落等。卫星感应器的最新发展大大提高了图像的清晰度,所用像素可以确定地表30米见方的面积。最近俄国军用卫星照片使用了多谱感应器(multispectural sensor),其清晰度可达5—7米。

另一种遥感技术叫侧向扫描雷达(SLAR),这项技术主要从飞机上发射返回的电磁辐射脉冲以斜角观察地表,它可以穿透云层,也能透入茂密的雨林,用来显示变化比较显著的地形和大型遗址下的土层扰动。它还能用来对水下遗址进行勘探,发现海底沉船。采用这项技术,以研究两河流域和墨西哥古代文明而闻名的美国考古学家罗伯特·亚当斯(R. Adams,1926—)借助美国宇航局的一架高空飞机对玛雅低地8万平方公里的区域进行扫描,发现了古代城市、农田系统和开凿的运河,证实了古代玛雅的确为发展农业而实施过精心设计的灌溉计划。

3. 地下探测

一旦遗址定位,就要采用各种地质和物理方法,并使用机械设备来了解它们的地下分布状况,大部分这些技术原来都是用于地质勘探和探矿的。它们的使用可以省略许多发掘,并可以帮助制定精确的研究方案。

中国传统的地下探测工具是洛阳铲,原来是盗墓用的工具。这是一种半圆形的铲子,可以从地下的不同深度取土,观察土层、土质和其中的包含物,以了解遗址的堆积厚度和范围。密集的取土探测可以了解遗址在一个区域内的地下分布状况,为选择发掘地点提供依据。当然,这样的探测也有缺点,一些地下和墓葬里有价值的器物容易被这类钻探损坏。国外一些考古学家在钻头上安上摄像头来探测地下遗址和墓葬的情况。比如在美国华盛顿州,这种探头被用来探测贝丘的厚度;意大利考古学家用带有摄像头和闪光灯的管子,伸入直径 8 厘米的探孔,探测了公元前 6 世纪伊特鲁利亚人的 3500 座墓葬。

除了对遗址有所扰动的钻探技术外,一些无损伤的遥感技术也被用来进行地下探测,其中包括一些地震和声学方法。地震方法一般是在遗址表面用沉重的汽锤敲击,地下会以不同的方式发出回声,从而可以判断地下的情况。比如,未经人为扰动的地下回声比较沉闷,而墙基、壕沟及坑穴则会产生共鸣。1987 年,美国加州大学的考古学家对埃及底比斯国王谷的墓葬用声纳进行系统的测绘,对一座方位不明的墓葬做了重新定位。该墓葬被认为是法老拉美西斯二世众多儿子的墓群,有 67 个墓室,呈 T 形排列,是目前所知规模最大的王室墓葬。

电阻探测是用电阻探测仪来测量土地对电流的各种阻抗的一种方法,由于沉积物中含有易溶的含水矿物盐类,因此岩石和土壤是导电的,不同沉积物所产生的电阻可以提供一些线索来指示考古遗址地表下的遗迹。比如,石墙和铺设的路面明显不会像充填软土的坑那样起伏不平。这些特点可以通过电阻仪予以测量。在勘探一个遗址时,可以在地表布方,然后将相同阻抗的读数以等深线的方式标到探方的图纸上。这些数据可以显示具有等深阻抗的遗迹,如房基、壕沟和围墙等。这种方法在透水性好的土壤区最为有效,在欧洲用得很多。

电磁探测是另一种基本类似探测方法,它利用电磁脉冲,向地下发送短波,回波能够反映地下土壤和沉积物的各种变化,比如壕沟、墓葬、墙基等。在野外,这种技术一般用雷达天线将非常短的雷达脉冲信号传送到地下,用接收器记录反射波的信号,这些信号可以反映地下沉积和遗迹的变化和特点。以前,这种信号被打印在纸上,根据其形象加以解读,因此这种解读有赖于操作者的经验和能力。由于这种解读是从模糊不清的形象来推测地下的状况,难免会造成误读和难以把握的情况。现在的电磁探测,可以将信号进行数字化处理和分析,形成比较清晰的特点,使之更易判读。功能强大的电脑和软件能够储藏和处理庞大的雷达测量的三维数据,并自动处理数据和图像。英国考古学家采用电磁探测对罗马北部100公里处的一处罗马时期的广场进行了勘探,发现了一段城墙、房屋、门庭和院落。对英国在罗马时期第四大城市什罗普郡部分地区的勘探中,考古学家用电磁雷达探测不同深度的地下状况,以了解该城市4000年中的历时变迁:在城市发展之前,这里只是一处有农田和壕沟环绕的铁器时代村落。到了罗马时期,城市中心贵族聚居区周围有密集的手工业作坊围绕,东部可能为牲畜市场。[①]中国考古学家利用电磁探测对山西陶寺新石器时代遗址进行勘探,发现了地下城墙的位置与走向,并在探测过程中于中梁村发现一处陶窑。他们还用电磁雷达探测陕西西安市南郊木塔寺遗址中的唐代木塔塔基,确定了塔基的位置和面积。[②]

此外,还有一些不同的技术和方法可用来进行地下勘探,比如金属探测器——通过线圈产生的磁场来探测地下的金属。当然,这种方法也被盗墓贼用来勘探地下和墓葬里的金属制品。还有,人类居住过的遗址废弃物中曾有大量的有机质,虽然有机质消失了,但是会造成磷酸盐的富集,这种方法在欧美被广泛用来寻找遗址。

4. 水下考古

水下考古的调查和勘探与陆地不同,它有赖于水下勘探技术的发展和潜水员的实地视察。水下考古勘探一般有三种设备:(1)用调查船拖曳的质子磁力仪探测海底的钢铁船体。(2)用测向扫描声纳以扇形传递声波探测海底表面的遗迹。(3)用海底剖面成型仪以声波脉冲的反射信号探测水底的遗迹和遗物。有时航照也能在清澈的浅海探寻

---

① 科林·伦福儒、保罗·巴恩:《考古学——理论、方法与实践》(第六版),陈淳译,上海古籍出版社,2015年。

② 钟建:《地磁探测与考古发现》,中国社会科学院考古研究所、瑞典国家遗产委员会考古研究所编:《中国考古学与瑞典考古学——第一届中瑞考古学论坛文集》,科学出版社,2006年。

到水底的异物。对于沉船和散落海底的遗物一般采用与陆地相似的照相、记录和调查步骤,但是更费时间,且行动不便。近来发明的微型潜水艇和其他潜水装置,使得潜水员可以在水下待更长的时间。微型潜水艇可以载人潜入深海观察沉船而不会伤及潜水员,遥控潜水艇可以进入沉船船舱内部进行观察,当然其价格也非常地昂贵,其中对泰坦尼克号沉船的勘探就是最好的例子。考古学家单是在地中海就发现了一千多艘沉船,水下考古学家们已经在世界各地发掘了一百多艘。这些发掘不但揭示了古代船只的建造方法,而且使我们对船上生活、商品贸易、早期冶金和陶瓷玻璃生产等方面有了更深入的了解。

二、遗址的记录

遗址的调查和勘探如果不被准确记录下来,就等于没有用处。新发现的遗址必须被标在航照或勘探的地图上,以便结合地形和环境来加以分析。准确的地图和遗址分布图,是遗址记录最基本的要求。当然,现代考古学的遗址记录仅仅在地图上标出位置已经不够,还必须记录它们的高度和经纬度,房址、道路等遗迹既需要地形图,也需要平面图。地形图用等高线来表现高差,平面图则集中表示遗迹的宏观轮廓。也就是说,地形图表现遗址的立体位置,平面图则表现遗迹的分布。除了记录遗址的地理位置外,还必须记录和遗址相关的信息,比如地表的一些重要标识、遗址所在的土地主人、遗址的保存或受威胁情况等。在北美,被发现的遗址一般都纳入遗址的编号系统中,每个新发现的遗址都会给予一个名字和一个号码,犹如人的身份证。美国的遗址编号系统采取州(编号)、县(代号)和遗址(编号)的登记系统,比如3CT011,其中3是阿肯色州的编号,CT是克里坦登(Crittenden)县的代号,011是遗址的编号;又如28MO35,其中28是新泽西州的编号,MO是蒙默斯(Monmouth)县的代号,35是遗址编号。有时遗址也给予名称便于记忆。加拿大北部地广人稀,所以采用经纬度代号的方位编号法,比如

BfGx-20，其中 Bf 分别是北纬某度与某分的代号，Gx 为西经某度与某分的代号，20 为遗址的编号。采用这种统一编号系统来登记遗址的最大好处，是可以将这些遗址输入电脑，借助全球定位系统（GPS）的帮助，能在地图上清晰地展示遗址的地理分布，并方便检索，对聚落形态研究和文化遗产保护特别有用。我国的遗址命名，往往借用遗址附近的村名或地名。然而，一个村落或地点周围往往会发现许多遗址，这些遗址甚至可能是不同时代的，单用一个地名命名会造成混乱和麻烦。有的河流沿岸会发现数个甚至几十个遗址，没有编号系统根本无法将它们系统地记录下来。

1. 遗址调查

考古勘探一旦发现遗址和遗迹，并确定了它们的位置，接下来就要对遗址进行仔细的调查，了解其内涵和分布状况，其目的主要包括三个方面：（1）收集和记录地下的遗迹，如围墙、房屋、墓葬，以及其他可从地表发现的遗迹，比如古代的道路、沟渠和土建等；（2）收集和记录地表的器物和其他遗物，如陶片和石器等；（3）根据上述的材料来对遗址的年代、文化内涵和功能做出初步的判断。

考古学上规模最大的遗址调查要属美国考古学家乔治·考吉尔（G. Cowgill）和雷内·米隆（R. Millon）主持的特奥蒂化坎的绘图项目了。特奥蒂化坎是位于墨西哥城东部的一处著名的史前城址，是中美洲最令人神往的一处考古遗址和旅游胜地。它繁盛于公元初的 700 年中，全盛期人口达 15 万人，巨大的太阳和月亮金字塔、大型的广场和市场，形成了组织和规划有序的城市中心。贵族和祭司们的住宅沿死亡大道两侧排列，工匠和平民则住在周围拥挤的小屋里。通过结合了航拍和地表勘探的绘图工作，考吉尔和米隆对 20 平方公里的范围做了详细的勘探和记录，将每 500 平方米的区域内的地表遗迹以 1∶2000 的比例标示在 147 张地图上。绘图记载了五千余处建筑物和活动区，为我们提供了这个伟大城市宏伟而完整的形象。这个史前复杂社会拥有巨大的公共建筑、广场和大道，几千处小型房屋和院子构成了单个家庭,此外还有陶器、石器和雕塑的作坊,人们还能注意到该城市在几个世纪里有不断扩大的迹象。①

2. 地表采样

地表采样主要根据暴露在地表的遗物来了解遗址的关键信息,其主要目的如下:(1)收集地表器物以判断遗址的时代和被使用的不同阶段;(2)确定该遗址中人类从事的活动性质;(3)收集遗址所在区域居住最为密集的位置信息,以便做整体或局部采样发掘。地表采样具有一些局限性,比如一个遗址被不同的人群在不同的时间里利用,会留下不同的器物和遗迹;一个遗址在废弃后的千万年里,受风化、侵蚀和人为的破坏而变得面目全非,洞穴、土墩和史前村落遗址的表面有时并不告诉我们地下的详细情况和遗址被废弃的信息,反而常常会误导。

地表采样一般有两种:对于比较特殊的遗址,比如石器制造场、窑址等出土特殊遗物的遗址,可以只采集具有代表性的器物,如成型的石器、典型的陶器或瓷器等,这些关键发现能够使我们评估遗址的性质和年代;另一种是随机采样,当地表东西太多,完全的采样不可能之时,可以在地表开一个探方,采集这个探方里出土的所有遗存。一旦这种有控制的采样完成,可以再辅之以在遗址的其他部分采集一些有代表性的东西。虽然地表采样可以了解遗址居民活动的证据,但是这些一般都是埋藏较浅的遗址。除非因侵蚀、人类的掘地或穴居动物的活动将地下的文物翻到地表,一般深达 1 米左右的遗址不会有遗物出露地表。

3. 地理信息系统(GIS)

地理信息系统是在 20 世纪 60 年代发展起来,并在 80 和 90 年代

---

① B. M. Fagan: *In the Beginning:An Introduction to Archaeology*, Boston, Little, Brown and Company, 1981.

广泛应用于考古学勘探、登记和分析的一种技术。这是利用电脑技术与地理、遥感、测绘、统计、规划、管理学和制图学等学科交叉的产物,大大提高了遥感和田野勘探材料的应用潜力。GIS被称为"自地图发明以来处理地理信息的最伟大的成就",电脑结合巨大的数据储存能力、快速的计算软件和高质量的图像显示功能可以从事以下四方面的工作:(1)数据输入与准备。包括拍摄数码照片,并将调查材料和发现目录转换为一种标准的坐标网格。(2)数据储存与提取。创建源自地图空间数据的不同层次,比如等高线、土地使用和考古遗址的位置等,建立数据库和它们的相关信息。(3)数据处理和分析。用等高线数据建立数码的海拔模型,以不同的方式展示遗址或地形,并将这种展示与各类考古资料结合起来。(4)转述与数据输出。为数理统计的检验选择数据目录单,打印符合出版要求的带有不同层次数据海拔模型的数码照片。[①]

用于考古勘探和研究的地理信息系统能够有效表述一个区域里的各种遗址和遗迹所处的地理环境,这些遗址和遗迹大致可以抽象为点,线和面三种:遗址和遗迹用点表示,古代的城墙、道路、河流用线表示,遗址的范围和形状可以用面表示。在将考古信息数据输入电脑之后需要对这些数据分层安置,比如在华北某区域考古信息系统中,第一层表示这个区域的地形,即等高线;第二层表示水系;第三层表现仰韶时期的聚落分布;第四层表现庙底沟时期的聚落形态;第五层表示龙山时期的聚落形态。有时还需要采用卫星影像、数码地面模型等作为基本数据。空间数据的分层方法多种多样,一般根据区域遗址的具体情况而定。一般情况下,先以遥感影像或数码地面模型作为底图,可以达到比较好的显示效果,然后再依次叠加等高线、水系、道路、居民点等现代地物,最后再按时间先后的序列依次加入考古遗址图层。为了更好地描述各种属性,有时需要对一些信息进行简单的编码,简化工作量,并提高工作效率。

[①] K. Green: *Archaeology, An Introduction*, London, Routledge, 2002.

地理信息系统在考古学上的作用主要体现在以下方面：(1)利用强大的空间信息显示和查询功能来显示局部地区考古遗址的分布特点及历时变化。(2)各图层可以被重新排列、编辑、剪切和粘贴，也可增补新的图层。因此，随着考古调查和勘探的进展，考古信息系统可以不断修改和增添新的数据，及时反映考古研究的进展。(3)利用 GIS 软件可以产生各种图形和图像产品。这些产品既能反映整个区域的总体特点，又可以根据特殊需要，灵活反映任何特定的遗址分布和特点。同时还能够显示单个图层、多个图层及所有图层的信息。(4) GIS 软件具有多重数据的访问和显示功能，使地理信息系统能够与多重数据进行广泛而快捷的联系，以建立全国范围的考古信息系统，方便多级信息数据的使用与管理。(5) GIS 软件还具有强大的三维分析功能，为区域考古和聚落考古提供合理的解决方案。不但能够用于对烽火台、瞭望塔等可视遗址的分布特点分析，还能研究这些遗址与周围环境特点的关系。在聚落形态分析中，可以显示聚落形态的等级和分布、遗址与地形及资源分布的关系，并能用模拟手段来推测地下聚落遗址的分布。①

小　结

考古学的田野勘探需要多种技术，有些是传统的方法，而有些则依赖高新科技的发展和运用。从现代科技的发展趋势来看，现代考古学家除了具备专业知识之外，还需要是一位能熟练利用地理信息系统的专家，能整合相关的文献资料、熟悉航照和地球物理，还要懂得地质、地貌和土壤。需要强调的是，每个遗址需要应用尽可能多样的互补技术，

---

① 刘建国：《基于 GIS 技术的聚落考古研究》，中国社会科学院考古研究所、瑞典国家遗产委员会考古研究所编：《中国考古学与瑞典考古学——第一届中瑞考古学论坛文集》，科学出版社，2006 年。

以便从中获取尽可能多的信息。从田野勘探和遥感探测获得的信息对于考古发掘至关重要。现代的考古学理念是，在对古代遗址进行充分调查之前，不应该贸然进行发掘。因为，如果我们不知道一个遗址在历史上和自然环境中的地位，我们就不可能提出恰当的问题。如果没有需要解决的重大问题，那么发掘一个遗址也就毫无意义。

第五章　考古发掘

　　上面一章介绍了考古遗址的发现与勘探,这些工作通常是发掘的前奏,为考古发掘提供线索,帮助考古学家制定研究计划。在初步了解地下遗址的分布与性质,并确立了研究需要解决的问题之后,考古学家便通过发掘来获取材料,这些材料可以提供关于遗址更为详尽和全面的信息。因此,发掘在考古研究中具有中心的地位。它有两个基本的目的:(1)揭示器物、生态物和遗迹在沉积中的三维结构或形态;(2)评估这种形态在功能与年代上的意义。对这些遗物和遗迹的出处和相互关系的分析,可以帮助考古学家推断它们的沉积过程,并复原古代人类的行为。① 通过考古发掘还可以进一步了解某一历史时期中人类的活动以及不同历史时期中的人类活动两方面的信息。前者一般通过水平揭露来获取,如果发现遗址没有受到扰动,保存相对较好,那么这里有可能发现人工器物、遗迹和生态物在一个原生单位中共存的现象,这种状况保留了较多的人类行为信息,可以帮助考古学家来解读当时人类活动的特点及历史意义。第二方面的信息则可以通过垂直发掘来了解。然而,这种人类曾经反复利用和居住的遗址,比如历史悠久的城镇和近东的土丘,几乎难以找到大面积未经扰动的堆积。对于这些遗址,就必须在发掘过程中注意遗址的扰动情况,并尝试重建原来的状态。本章将介绍考古发掘的一些基本原理——组织、计划和科学发掘的实施。

---

① 温迪·安西莫、罗伯特·夏尔:《发现我们的过去——简明考古学导论》(第4版),沈梦蝶译,上海社会科学院出版社,2007年。

一、发掘的组织

在过去一个多世纪里,考古发掘已从挖宝转向科学探索,为解决特定的问题而寻找证据,于是发掘过程越来越仔细,越来越耗时费力。正如法国考古学家西·德·拉埃所言,第二次世界大战结束以来,考古学无论在研究目的还是在研究方法上都发生了巨大的变化,克服了过去的一些缺点。这些缺点主要表现为:缺乏知识的经验主义,研究和分析缺乏缜密性,以及在阐释方法上的主观性。考古发掘仅局限于收集艺术珍品和稀世文物的时代已经过去,现在的发掘需要搜寻一切有助于了解人类生存和行为的证据和资料,不仅要发现和收集所有陶片和石片碎屑,还必须发现其他细微的痕迹。于是我们看到,为什么发掘工作在不久前只不过是民工挖土的活儿,而现在就其所需要的细巧和精密而言,简直可与外科医生的技术媲美。①

19世纪70年代,谢里曼在发掘希沙里克的时候,督管着几百人的发掘团队。20世纪20年代,伦纳德·伍利在发掘美索不达米亚的乌尔遗址时,也只有少数专业人员和三百多个没有技能的劳工。今天的发掘受到越来越昂贵的支出和材料提取复杂性的限制,一些复杂的遗址需要由一组专家加上一些非专业的助手进行。现代的野外考古发掘需要多种技能,比如会算账、会与地方管理部门打交道、会一些机械知识,甚至会烧饭。在大规模的发掘中,考古领队可能并不需要自己动手,但是他必须会处理许多后勤问题,领导一批专业人士组成的团队。从某种意义上来说,最重要的是,领队应该是组织多学科专家进行田野协作的一位指导者。

---

① 西·德·拉埃:《考古学与史前学》,联合国教科文组织编,《当代学术通观——社会科学和人文科学研究的主要趋势》(人文科学卷上),上海人民出版社,2004年。

现代考古学的复杂性使得所有发掘项目都需要由不同学科背景的专家来参与,其中主要有考古学家、地质学家、地理学家、植物学家、动物学家、土壤学家,甚至物理学家和化学家,以求解决遗址中反映的诸多问题,特别是生态环境与人类生计的问题。比如距今约8000年前的浙江萧山跨湖桥遗址出土了大量的野生动植物遗存、石器和木器,还有一条独木舟。遗址最后被上升的海平面淹没,这一史前文化也随之消失。各学科的专家参与了对这个遗址的研究,以了解当时的生态环境、气候和经济形态。[①] 我们从研究中获悉,在食物资源十分丰富的情况下,史前先民除了储藏橡子和猎取水牛、鹿和其他许多野生动物之外,也开始栽培水稻和驯养家猪,烧制精美的陶器,制作各种木器、包括船只,以利用丰富的水生资源增进交通的便利。为了保证水稻的栽培,他们还可能烧林开荒,并建筑堤坝来应对海水的入侵。专家还从沉积物中发现了鞭虫这种人畜共有的寄生虫,表明经济形态变化对人类健康的影响。[②] 物理学家利用加速器分析陶器的成分和烧制特点;化学家帮助分析陶器内壁残留的锅巴,分析显示有些锅巴含有蛋白质和脂肪,炊煮的是肉食,而有的锅巴显示为淀粉,应该是坚果、根茎甚至稻米等食物。

多学科合作在非洲肯尼亚图卡纳湖东部的古人类遗址的发掘和研究中也极其成功:地质学家提供生态环境资料、考古学家分析残留的文化遗存、动物学家鉴定和解读遗址中的动物化石、体质人类学家研究300万年前古人类的遗骸和体质特征。专家们一起商量他们的研究计划,共同执行发掘任务,并每天就他们的发现和研究进行交流。多学科团队不仅要求自身的学术能力,还需要有和其他学科沟通的能力,学者们要乐于相互交流合作,以共同解决问题。在许多情况下,所谓的合作研究只是各人干各人的事,最后将各自研究的结果综合到一起。这样

[①] 浙江省文物考古研究所、萧山博物馆:《跨湖桥》,文物出版社,2004年。

[②] Y. Zong, et al.: Fire and Flood Management of Coastal Swamp Enabled First Rice Paddy Cultivation in East China, *Nature*, 2007, 449(7161):459-463.

的成果难免缺乏问题探究上的默契,无法做到各学科的证据能够相互印证、相得益彰。

二、研究设计

研究设计往往和发掘的组织过程紧密结合在一起,一项出色的多学科研究需要立足于一种整体的研究设计,需要各种学科的专家共同参与,协作解决综合研究的课题。根据当今的学科规范,任何考古发掘必须是为了解决特定问题进行的科学探索,因此在操作之前必须做仔细的研究设计。研究设计必须在勘探工作开始之前就着手进行,主要是提出一套如何通过发掘、收集资料和信息来予以了解或验证某个设想的方案。研究设计是一种灵活的、不断改善的计划过程,随着设想的验证过程而不断完善和修正,最后达到预期的目标为止。

就像翻阅历史文献一样,考古遗址地层中所包含的各种材料就像文献资料,需要予以破译、解读和阐释。如果以为考古发掘就是将地下的各种材料挖出来做一般的说明,那显然太粗糙了。没有任何明确的研究目标而去发掘一处遗址,或希望发现稀世珍宝来哗众取宠,其意义与挖宝无异。当代的考古学家们认识到,考古发掘是一种破坏,因为在这一过程之后,考古遗址就不复存在。考古学与历史学研究不同的地方是,历史学家可以反复查阅文献档案来对研究对象进行多次评估。但是在发掘遗址之后,所有遗存都被拿走,物质现象已无法重现。因此精确的观察和记录在发掘过程中是极其重要的。所以现代的考古发掘,研究设计越来越精密,发掘越来越缓慢和仔细。

三、发掘的类型

考古发掘是在一定经费、人力和时间条件制约下,设法获得尽可能多原始资料的过程。由于具体发掘中遗址大小和特点差异很大,考古学家面对的问题也不尽相同,因此在决定采取何种发掘方式时也会因地制宜。在考古学诞生初期,许多遗址是被完全发掘的。完全发掘有其优点,即可以比较全面和完整地了解遗址的情况;但是缺点是十分昂贵,而且没有留下任何东西供后人评估。因为以后的技术可能更为先进,分析方法更为精密,因此研究的水准更高。另外,许多史前遗址非常大,难以完全发掘。所以,在一般情况下有选择地进行发掘更为常见。有选择的发掘被用来获得地层和年代学证据,以及能够说明遗址生态、经济、技术和社会状况的陶片、石器、动植物样本,以及墓葬、房屋等。

1. 垂直发掘

垂直发掘是通过局部探测遗址来了解考古沉积的厚度、年代、范围和文化内涵的一种方式。小型的垂直发掘一般挖探坑,勘探遗址的布局和不同部位的地下状况,为正式发掘提供有价值的观察和决策依据。比探坑规模大的垂直发掘是探沟,常被用来确定遗址中人类活动的沉积次序或长时间的文化序列。比如,垂直探沟被广泛用来揭露土墩遗址的地层或城墙的剖面,观察大型聚落和墓地的外围结构。垂直发掘提供的信息比较有限,只是作为对遗址的勘探,以获得大致的了解,但却是正式发掘必不可少的入手工作。

2. 水平发掘

水平发掘是正式发掘的主要方式,意在全面揭露遗址,了解建筑或居址的平面布局和功能结构。对一些史前的狩猎采集营地、房屋、小型聚落、宫殿遗址和墓葬常采用全面水平揭露的发掘方法。在水平发掘中,要揭露大片和开阔的空地,并深入地下几米,就要求对层位做精确的控制和准确的测量,对各种遗迹、遗物做详细的记录。由于许多遗迹和器物是相互关联的,这样的记录和空间分布分析在对这些文化现象做出科学的解释时十分关键。为了更好地控制测量和记录,考古学家一般用探方和隔梁来控制垂直剖面的框架,可以对相当大的发掘面积做层位上的控制。

在当代的考古发掘中,水平发掘是了解人类活动的重要步骤。这种发掘的目的是要寻找和揭露人类的活动面,了解居址的平面布局和人类活动的迹象。比如,对旧石器时代旷野营地的水平发掘主要是从石制品、动物骨骼和灰烬等遗物的分布来了解古人类打制石器、屠宰和肢解动物等生产和生活的信息。而对聚落遗址的水平发掘,可以了解聚落的结构、房屋构造、经济活动、劳动分工以及人口规模等方面的信息。进而为研究某时期的社会结构乃至它们的历史变迁提供系统和关键的证据。

总的来说,一个遗址的发掘必须根据地层学原理来进行,因此往往先用垂直发掘了解地层情况,然后根据地层和文化堆积按照水平层位准确揭示和剥离地层。因此,科学考古发掘过程是垂直发掘和水平发掘的完美结合。

四、发掘的过程

考古发掘是我们了解过去的入手工作,历史被埋藏在地层之中,对历史的解读应当说从考古学家挖第一铲就开始了。有些问题在发掘的过程中就可以进行观察和了解,但是有些问题则需要对发掘所获得的材料进行综合分析后才能加以判断。因此,考古研究仅仅局限于对遗址发掘和对出土文物进行描述是不够的。我们必须了解遗址形成的过程,尽量对人类在此时活动的状况进行复原和解释。要做到这点,考古发掘的过程就得包括决定在哪里发掘,对发掘中所见的迹象和包含物进行记录,并解释遗址形成的原因和过程。

所有的考古发掘都始于详细的地面勘探,并制定精确的遗址分布图,然后将采集的文物作为参考依据来决定发掘的位置。遗址的规模和性质常常决定了一项发掘究竟采取全部发掘还是有选择的发掘。一座受到盗墓者破坏的古墓常常会采取全部的发掘,而一个面积很大的史前聚落或城址往往采取的是选择性发掘。在进行选择性发掘时,考古学家都面临一个挑选发掘地点的问题。而这样的选择常常和考古学家所要解决的首要问题密切相关。理想的情况是,发掘的地点应当选择能够提供最多成果、最能验证设想的地方。

确定了发掘的位置、正式开掘之后,对地层做详细的记录和解释就成为发掘工作的重要内容。遗址的剖面可以告诉我们有关土壤和文化层的形成过程,反映出遗址从古至今的历史变迁。对地层的记录要求尽可能了解遗址的形成过程以及在废弃后各种动力对它的影响和改造。覆盖遗址的表土一直处于变动之中,自然动力和人为的活动会影响到地下考古遗存的保存:流水的侵蚀、风蚀、耕耘和放牧都会对遗址表层的土壤产生影响,甚至打洞的动物和蚯蚓都会影响土壤的结构,或扰乱遗址的文化堆积。

考古发掘运用地层学来分析遗址的埋藏规律和特点,但是考古学的地层要比地质学的地层来得复杂,人类的行为和活动对地层堆积的影响非常大,特别是那些反复或长期被栖居的遗址。后来者的活动会严重影响原来遗址建筑、器物、遗迹以及其他遗存的埋藏条件。比如,一处村落会被夷平,新来的居民会在此居住。他们会在原来的房基上挖掘新的房基,甚至利用原来的建筑材料修建自己的房屋。柱洞、窖穴或墓葬都会深入到原来的老地层中,打破原来的地层关系,扰乱埋藏的遗物。

观察遗址的地层关系的目的是要了解遗址的形成过程,并分辨人类的活动。由于各种埋藏后的扰动会影响遗址的堆积,因此分析各种现象是考古学家进行纠偏、排除干扰、准确重建遗址中人类各种活动时必不可少的前提。地层学的观察可以包括这几个方面:(1)了解人类在不同时期在遗址中的活动,并注意后期活动对前期活动和居住遗迹的影响。(2)了解遗址被废弃后的改造和人类活动,比如河流侵蚀和冲刷,以及人类的农耕和工业活动对遗址的破坏。(3)了解史前人类居住阶段自然沉积和侵蚀的动力过程。比如,北京猿人遗址经历了长期的自然和人为堆积过程,洞顶和洞壁多次发生大规模的坍塌,洞外也有流水将泥沙灌入洞中。这种地层的形成过程可以将含有人类活动遗迹的堆积和不含人类活动遗迹的砾岩或沙土沉积区分开来。（4）了解遗址被废弃后自然动力对遗址的改造。比如，三峡地区的许多遗址受到雨水和长江洪水的侵蚀，会发生很大的改观。今天我们观察和发掘的遗址只是原先的一小部分，大部分江边阶地已被江水侵蚀。这样的破坏对于我们了解过去造成了很大的困难。

五、发掘记录

发掘记录是田野工作重要的组成部分。在发掘中，考古学家有许多不同的记录本，包括考古日记。这种大的记录本用于记录发掘过程中发生的所有事情——工作进程、日程安排、发掘人数以及出现的所有劳工问题。所有的探方和探沟都要做记录，任何设想以及有关解释的想法都需要详细记录在案。重要的发现和有意义的地层部位也要详细记录，因为有些并不显眼的迹象会为后来的室内分析提供重要的信息。考古日记应该是对发掘过程的详细和完整的记录，这不仅有助于发掘者以后的回忆，它也是未来重访考古遗址以增进对原先发掘的了解时不可或缺的永久性记录。考古日记在以后的考古学家研究某个遗址时可以提供非常关键的信息，比如英国考古学家亚瑟·伊文思发掘克里特岛克诺索斯的日记，在后来的考古学家重建米诺斯文明时被反复利用。

1. 平面图

发掘过程中，不但要对遗址的分布做测绘，而且要对发掘过程中发现的各种遗迹如房基、灰坑、墓葬进行测量、记录，绘制平面图。将这些局部的平面图加以整合，可以显示一个遗址分布状况的整体特点，并为考古报告提供准确的图版说明。

2. 剖面图

与平面图同样重要的是绘制地层剖面图,这是对遗址沉积历史重建的基础。垂直的剖面图可以表现区分自然层与文化层,记录地层变化和扰动,以及各种埋藏遗迹,如建筑遗迹、窖穴和墓葬。在许多情况下,出于安全的考虑,无法长期保持垂直的剖面,而探坑的壁也被修成阶梯状,或用沉箱加固。有时,不同的文化层或居住面会清楚地反映在剖面图上,但是有的情况下,层位十分复杂而不易分辨。在黄土地带,土壤会因干燥而失去色彩,使得本来十分清晰的地层关系变得非常模糊。

3. 三维记录

一些重要的遗物和遗迹需要记录其在探方内出土的三维位置。由于这些遗物和遗迹的位置会在发掘过程中消失,因此,对于这些重要遗存和遗迹的空间关系需要靠三维记录来重建。没有记录其原生位置的器物,等于失去了关键的信息,无法再从遗址的整体关系来评判其历史和文化意义。这就是考古材料十分重要的背景信息(context)的来源。

4. 摄　影

在绘制各种平面图和剖面图的同时,往往需要用照相来记录遗物和遗迹的各种特征、迹象和出土状况。个别照片可以局部记录发现时的原貌,而录像则可记录发掘的全过程。它们为遗址的复原和后续的实验室研究提供了非常重要的记录。因为考古发掘是一个破坏的过程,发掘结束后遗址不复存在。如果发掘中出现疏漏,那么这些照片和录像可以提供当时的具体场景,弥补现场观察的不足。考古学家还需要借助热气球、脚手架和无人机,从高处拍摄遗址发掘的鸟瞰全景。这些照片都是考古报告不可或缺的重要内容。

六、特殊发掘问题

　　大部分的田野发掘工作是乏味和单调的,但是有时候考古学家会遇到意外的和令人振奋的挑战,也需要特别的发掘技术。比如古人类的遗骸往往非常地残破和脆弱,需要极大的耐心进行发掘处理。一座帝王或贵族的墓葬,里面可能塞满了各种珍贵文物,需要仔细的发掘和清理。比如,埃及法老图坦卡蒙陵墓是20世纪最伟大的考古发现之一,霍华德·卡特几乎花了10年的时间对它进行发掘和清理。

　　1929年12月2日,裴文中在周口店猿人洞挖出的竖坑中发现了第一个北京人头盖骨,当时这个头骨化石一半埋在松土中,一半埋在硬土中。裴文中将化石周围的土掏空,然后用撬棍轻轻将它撬下来,但是头骨还是由于震动而裂开。虽然有点破裂,但头骨经过黏合后仍很完整,没有影响后来的研究。其他的北京人头骨发现却与此不同,1934年11月15日,一名技工在猿人洞发掘中挖出一块碎骨片,将其放到了柳条筐里。站在5米之外的贾兰坡马上意识到这是人的头骨部分,立即将出土骨片周围约6平方米的范围作为发掘的特别区域,结果在半平方米的范围内发现了许多骨骼碎片,还有一块骨头胶结在石灰岩上。这些碎骨经仔细拼合之后,终于重现了北京人的又一具完整头骨。①

　　1963年,中国科学院古脊椎动物与古人类研究所的考古学家在陕西省蓝田县境内进行地质调查,获知附近的公王岭出土过哺乳动物化石,于是展开了仔细的调查,果然在山坡出露的动物化石中发现了一枚人牙。由于这些动物化石非常疏松,发掘十分不易,于是考古学家采取套箱的办法,把一大片化石整体取出,运到北京。后来,技工花了一个多月,终于从化石堆积中修出了著名的蓝田猿人头骨。

　　2000年,德、美、英、法四国学者组成的考古队在埃塞俄比亚北部

---

① 贾兰坡、黄慰文:《周口店发掘记》,天津科学技术出版社,1984年。

阿瓦什河中游的哈达地区一个名叫迪基卡的地方发现了一具南猿幼童化石。由于化石埋藏在板状砂岩中，考古学家在五年时间里共计花了数千小时，将这具幼童纤细的骨骼从水泥一样坚硬的填质中清理出来，最后清理出的标本的完整性可谓极其罕见：它包括完整的颅骨、下颌、颈椎、两块锁骨、大部分肋骨、肢骨及两块膝盖骨、脊柱上半部的脊椎。面部除了两枚牙齿缺失外，整个齿列保存完整，并有两枚尚未萌出的恒齿。[1] 这表明，如要完整保护和研究古人类的体质特征，发掘者的耐心、技巧和其他能力都至关重要。

在浙江萧山跨湖桥新石器时代早期遗址的发掘中出土了大量木、竹器和编织物，这些遗物由于埋藏在饱水的泥沼环境中，保存比较完好，但是一旦出土，就面临干裂和风化的威胁。它们必须被放在水里或特殊的溶液中保存。美国华盛顿州的奥泽特遗址也出土了大量的木质器物，从细小的鱼钩到整块的木板。考古队在遗址旁建立了一个木质文物保护实验室，出土的木质遗物马上就地予以保护处理——将它们浸泡在聚乙烯乙二醇中来置换渗入木头中的水分，这种保护往往花费高昂。

墓葬，特别是出土大量精美文物的墓葬，往往是考古发掘最为浪漫的对象，它们会引起公众和媒体的极大关注。实际上，墓葬的发掘是困难而又艰巨的工作，需要非常仔细和有耐心，因为人骨和许多随葬品都非常脆弱。记录人骨的位置和随葬品分布位置也非常重要，因为它们反映了古代的葬俗。需要特别当心的是，不应急于取出骨骼和周围的随葬品。这些遗物常常处于疏松易碎的状态，必须慢慢揭露，让它们逐渐干燥，必要时用化学药剂或石膏来进行加固，待骨骼等易碎物品变坚固后才能取出。在遗物起出之前，必须予以绘图和照相，为了避免视差，在照相时要放上比例尺。遗憾的是，由于文物保护技术的局限，考古发掘过程往往无法将许多珍贵文物保存下来。因此，像针对一些帝

---

[1] Z. Alemseged et al.: "A Juvenile Early Hominid Skeleton from Dikila, Ethiopia", Nature, 2006, 443(7109):296-301.

王陵墓进行发掘的计划最好予以理性的评估，在当前保护技术水准无法保证文物安全的情况下，最好不要贸然动土，以免造成考古上的永久遗憾。

小　结

每项考古发掘都可能在保护、记录和解释上对考古学家提出挑战。但是，不管遗址的性质如何，我们都要回到地层学、聚落形态、年代学和文化序列的问题上来，回到研究设计、采样策略和仔细勘探的问题上来。这些都是发掘的基本原理，它们最早在19世纪被采用，并在以后的考古实践中被逐渐完善。虽然具体操作会因不同国家、不同区域和不同遗址有所区别，但是我们必须牢记考古发掘的基本目的，这就是尽可能以科学和系统的方法来发现、提取和记录考古材料，为重建人类的过去提供详尽的证据和信息。

第六章　断代与年代学

考古学的时间尺度是我们了解和解释过去的一个最为关键的部分,于是对时代的判断和史前文化的年代序列自考古学初创之时就一直是研究的主要工作。如果没有年代概念,就根本不可能对杂乱无章的出土文物理出一个头绪,考古分析也就无从谈起。而考古学的诞生也是以三期论的相对断代方法的确立为标志的。早期考古发掘采用地质学原理和动物化石为依据判断人类遗存的古老性,就是为解决年代问题而做出的努力。

长期以来,欧洲《圣经》教义确立的人类历史6000年的时间跨度,曾经制约了人类对自身悠久历史的想象空间,使人们无法接受极其古老的石器时代的存在。自19世纪中叶人类的古老性被确立之后,精确的年代测定便成为史前研究的主要工作。

我们常常会认为历史是我们活着这段时间向前的延伸,也会有一种粗略的家族世代繁衍的概念,还会有对我们祖先、社群及民族历史的粗略的认识。在个人和家族记忆之外的历史,一般由民族的历史记载来提供,至少中国汉民族的历史可以以汉字记载的历史来回溯。安阳殷墟出土的甲骨文将中国的文献记载上溯到3000年前,然而目前发现的4000多个单字中已释读的不过千余字而已。玛雅文化大约有800个象形文字,可以将历史记载上溯到公元前1000年中叶,但是这些象形文字也并未完全破译。文字所能提供的时间和年代尺度在人类历史的长河中仅是非常短暂且相对晚近的一段时间,并受到记载不完整和考古学释读深度的制约。在文字记载这一历史阶段之外,考古学家就像进入了时间记录的真空地带,他们必须依赖对器物和遗址的排序来确定时间的先后,并估算它们的古老性。

三期论提出之后，考古学家有了另一种应用范围很广的方法来为他们的发现断代。这是考古学家用人类技术演变的早晚来确立史前阶段年代关系的尝试，这种方法在经过改善之后一直应用到现在。经过考古学家和其他自然科学领域的努力，目前考古学家可以用许多不同的方法来对遗址和遗迹断代，这些断代手法大致可以分为两类，即相对断代和绝对测年。

一、相对断代

相对断代手段是最早被发明用来推断古代遗存年代的方法，这种断代方法一般只能知道不同物质遗存孰早孰晚，但是究竟早多少年则并不清楚。三期论就是相对断代手段。冶炼铁需要比冶炼铜更高的温度，所以使用的时间更晚。利用这个常识，据人类技术发展的难易和先后对工具断代，建立了石器时代、铜器时代和铁器时代三个跨度非常大的相对年代。相对断代的手段有时十分有用，好比我们一般不必记汉唐宋元距今确切多久，只要一提某个朝代就基本知道大致的时间概念了。下面我们对主要的相对断代方法做一个简要的介绍。在第二章里，我们曾简单介绍过类型学和地层学这两种最初的断代方法。

1. 地层学

地层学是地质学家判断时代早晚的手段，很早就被用到考古断代上来。丹麦考古学家沃尔塞就曾用地层学方法来检验汤姆森三期论的有效性。地层学建立在地层"叠压"原理之上，也就是说如果地层没有被扰动，那么位置在下的地层要早于上面的地层。这好比在桌上放上一本书，然后在上面再放一本，下面的书放置的时间要比上面的书早，但是我们并不知道它们是何时放上去的。

至于地层或层位这个概念一般是指在某个地点所形成的单一及与其他层位有别的沉积层，这种沉积层可以由砾石、沙子、黄土、淤泥或文化遗物构成。一个层位在一个地层剖面上是指一个沉积单位,至少与上下层位之间有可以分辨的界限,并一般处于与地面基本平行的位置,但是它们的厚度差异非常大。地层形成的动力和原因各异,风、水、冰川、重力甚至动物(比如洞穴里的蝙蝠)都能形成特殊的地层。我国黄河中下游的黄土是风成堆积,河北泥河湾小长梁遗址被埋在湖相沉积的细沙之中,浙江跨湖桥遗址则埋在湖沼相的淤泥之中。

一旦个别层位之间的界限被确定,就能根据层位的叠压关系来辨认沉积事件的序列。某一层位中出土的遗存从地层学意义上来说是同一时期的,它们是在该地层形成过程中堆积到一起的。但是,有些物质在最终堆积到地层里之前,经过了多次的搬运和沉积。因此,在地层学研究中,必须注意原生堆积和次生堆积的问题。原生堆积是指地层里的包含物在沉积之后并没有受到过扰动;相反,次生堆积是指地层里的包含物经过了再次搬运和沉积,比如河流上游的人类遗物被河水冲到下游堆积起来,那么这种就是次生的文化堆积。

应用于考古学的地层学在规模上要比地质学来得小,但是要比地质学复杂。一些考古遗址,如城镇、村落、土墩和洞穴被好几代人反复居住,人类的居住活动会对下伏地层造成扰动,形成非常复杂的地层堆积。因此在判读遗址中人类的活动情况时,就必须考虑人类和自然动力对遗址的改造。美国考古学家将遗址形成过程分为文化改造和自然改造两种动力,并认为在我们在从遗址内涵来研究人类行为之前,首先需要识别这两种对遗址的改造活动。否则,我们会将一些扰动现象误认为是人类刻意所为,他将这种识别工作比作排除噪音。[①]

文化改造是指人类活动对遗址层位或堆积造成的扰动。比如,一个村落后来的居住者在挖房屋地基、窖穴或墓葬时会扰乱早期的堆积和层位。一个地区居民所拥有的技术水平与对古老居住证据的破坏程度之间有着密切的联系;拥有金属工具的居民会比技术原始的居民更

[①] M. B. Schiffer: *Formation Process of the Archaeological Record*, Salt Lake City, University of Utah Press, 1987.

容易破坏先前的居址,因为后者在先前的土地上的居住活动对地表下遗存的扰动相对较小。现代的建筑、深耕、修路、打井会严重扰动一个遗址及其内涵。比如,2001年2月,四川成都苏坡乡金沙村在道路工程作业中发现了一处重要的古代遗址,出土了大量的玉器、象牙和雕刻。流失的文物虽然被追回,但是地层关系完全被挖土机破坏,考古学家根本不知道这些文物的原始埋藏情况,所以失去了研究和复原当初社会文化原貌的珍贵信息。

自然改造是指由自然原因对遗址造成的扰动。一场洪水会将一个遗址冲垮,而留下的厚厚的淤泥又会掩埋一个废弃的村落。火山爆发掩埋了罗马城市庞贝和赫库兰尼姆。打洞的动物也喜欢在考古遗址中筑巢,因为那里土质疏松,富含营养物。它们会扰乱大面积的考古遗址。自然改造对遗址的影响非同小可,它决定了一个遗址的保存程度。因此,必须对每个遗址做仔细的评估,了解各种因素对遗址的扰动和影响,这对考古材料的解释至关重要。

2. 类型学

早期考古学家十分关注器物的时空变化。前面已经谈到,皮特-里弗斯是第一位用类型学方法来研究器物演变的英国考古学家。他从火器的研究得出看法,认为许多器物和技术的发展是不可逆的。像汽车和飞机,即使是外行也能从它们的外表特点分辨出发展的早晚。另一位为类型学断代做出重要贡献的考古学家就是皮特里,我们曾谈及他在埃及所建立的类型学方法。1902年,他从尼罗河流域纪年前墓葬中的大量陶器群入手,从陶器的形制和数量变化来归纳出器物形制和装饰的递变过程,由此建立起一系列的陶器发展序列,为早期埃及墓葬的研究提供了一种"序列断代"方法。这一序列确定之后,一旦人们在某个未知墓葬中发现一种列在已知年代序列之中的陶器,就可以判定这个墓葬的年代。前面里我们谈到,为欧洲史前断代做出杰出贡献的是瑞典考古学家蒙特柳斯。他说,考古类型学是"对武器、工具、装饰品、陶器及其纹饰的每个主要系列做分门别类的思考,以确定它们的演化过程,发现这些类型,并根据它们自身的标准来判断它们的先后年代"。他用火车车厢从马车变化而来却仍保留着一些马车车厢的痕迹这一事例说明类型学分析的方法。他在欧洲各地区类型学年代序列的基础上,用贸易品建立起各地区之间某时段的共时性,然后用希腊青铜时代与埃及绝对纪年的数据作为参照,建立起欧洲青铜时代和铁器时代绝对年代的框架。

排列(seriation)方法是器物类型的一种年代学方法,它用器物的兴替过程建立年代序列,在美洲应用非常普遍。这种方法立足于这样一种原理,即任何一种器物都是易变的,它们的流行时间一般来说都十分短暂,因此可以根据它们的流行程度或数量百分比变化来建立年代学。我们可以从身边的一切察觉到时尚的节奏,根据女士裙子的长短和男士西服纽扣的个数和领带的宽窄,我们马上可以察觉它们是流行的款式还是过时的旧装。其他的东西也是如此,收录机风行一时,现在已被随身听、CD机和MP4所取代;家庭轿车每年都推陈出新,到了第二年就沦为二手货。但是有的器物则有很长的寿命,比如砾石砍砸器和手斧被使用了几十万年甚至上百万年,蜡烛和油灯被使用了好几个世纪,直到被煤油灯和电灯所取代。因此,每一种器物都有它的生命史,有其鼎盛期和流行阶段,用一些图表可以显示它们的兴替过程。

对陶器、石器和其他文化特征的兴衰,可以以一种船舰形的图表来描述它们的流行过程:开始和消失的两头都很细很窄,中间最宽处表示它流行的全盛期。我们根据物质文化发展的规律认定,在一定的地理范围内,那些含有相似器物频率的遗址年代应当是一致或非常接近的。一旦建立起器物类型的排列图形,就可以将新发现的遗址和多文化层结构的组合嵌入到仔细编排的器物排列图表中去。应当指出,要做器物的排列分析,细致的采样是必不可少的,必须对不同器物的质和量做非常精密的类型学研究。

虽然排列方法适用于对不知道年代的器物和遗址进行排序的研究,但是在^{14}C和其他年代学方法的帮助下,排列可以做得更好。反过来,排列也可以为^{14}C精确度难以达到的较短时间尺度内的遗址和墓葬(比如100年之内)分辨出更为细致的时代序列。

3. 交叉断代

这是一种比较经典的相对断代技术,是用已知年代的器物,如钱币或陶器类型来对出土这些器物的遗址进行断代。件已知年代的器物,比如唐代的铜镜出现在一个年代未知,并远离其产地的遗址,比如日本的墓葬里,那么基本可以这样判断,这个遗址或墓葬的年代不会早于已知年代的器物。中国的瓷器、罗马的玻璃器皿和青铜剑在欧亚大陆分布很广。中国瓷器的风格随时间而变化,而且往往在文献中有确切的记载。这些器物会被发现在离产地几百甚至几千公里以外的地方。由于这些器物在原产地行用的年代是已知的,于是发现这些器物遗址的年代可以大致定在相当于或略晚于这一年代。在交叉断代中,一些寿命很短的贸易品特别适合做非常精确的交叉断代,而陶器和石器由于使用时间长短不一、易于仿制及传播速度的间隔,在断代上不够准确。但是,有大致的年代依据总比没有要好。

4. 更新世地质年代

更新世是最近的一段地质年代,大约从距今300万到1万年前。这段时间正是人类起源和演化的重要阶段,占据了人类史前史的大部分时间。从考古学的观点来看,过去200万年中的重要气候事件是相对断代很好的框架。旧石器时代人类的遗骸和工具发现在更新统地层中,根据地质学的研究可以将考古遗址和更新世的地质年代相对应,从而建立起相对年代的早晚。

今天我们习用的年代学尺度是年、月、日,即便谈及历史,用的也是百年和千年的尺度。但是,就旧石器考古学的年代学来说,衡量的尺度要长得多,考古学家一般以万年、几十万年乃至百万年的时间尺度来建立不同考古发现的时代框架。在这300万年中,北半球至少发生过四次冰期气候,其中有很长的间冰期,表现为长达10万和几十万年之久的气候波动。在冰期阶段,北极和南极的冰盖随着气候波动而扩展和收缩,北半球的欧美大陆形成了大陆冰川;而在间冰期阶段,世界的气候比现在还要温暖。受冰川气候影响,集中在北部冰盖地区的冰川高气压造成干冷的风,并吹遍冰缘地区。这种干风会吹起和携带大量的尘粒,在欧洲东部和中部、亚洲的中部、北美地区形成十分厚的"黄土"沉积,我国北方的黄土高原就是冰期气候的典型标志。更新世不同阶段形成的黄土堆积都有它们不同的特点,埋藏有不同时期的古土壤,这些黄土堆积和古土壤成为年代划分的重要依据。

5. 动物群

旧石器时代的人类以狩猎和利用各种大小动物为生,这些动物的骨骼常常被保留在河流和洞穴的沉积之中。与古人类共生的动物大都已经绝灭,古脊椎动物学家根据更新世动物群的演化关系对不同时代和区域的物种进行分类,从动物群的演化过程来建立一种比较简单的相对年代学。

古脊椎动物学家们发现,在过去500万年中,大型哺乳动物进化速度非常快。比如,象类在间冰期中变化非常大。这些物种的变化可以从它们臼齿的齿冠特点加以区分。但是,用动物群来进行相对断代受到了对不同物种进行分辨难度的制约:有些动物对气候变化较为敏感,但是有的动物可以忍受很剧烈的气候波动。由于影响动物分布特点的原因很多,因此有时不易确定动物群的变化是气候因素还是年代因素。然而,由于更新世年代学的时间跨度很大,因此动物群的断代方法作为一种线条比较粗的年代学框架,还是具有相当的实用价值。

我国北方更新世早期的动物群以泥河湾动物群为代表,其中有许多第三纪残留的古老种类,如长颈鹿、剑齿象、剑齿虎、爪兽、长鼻三趾马和腔齿犀;但是也出现了第四纪的新种类,如象、马、羊、野牛、熊、犬等。中更新世的动物群以周口店第一地点动物群为代表:第三纪的残余种已经很少,只有剑齿虎;中国鬣狗、纳玛象、三门马、肿骨鹿、梅氏犀、葛氏斑鹿成为这一阶段的主要代表;而大量现生物种也开始出现,如狼、仓鼠、田鼠、麝等。晚更新世动物群以萨拉乌苏动物群为代表,中更新世的残留种有斑鬣狗、大角鹿、披毛犀和扭角羚,主要以普氏野马、野驴、赤鹿、普氏羚羊、中华鼢鼠、河套大角鹿、原始牛居多。从这些动物群的名单中,我们可以发现它们鲜明的时代特点,以及不同物种在标志时代上的作用。但是,在我国华南地区情况就有所不同。在整个更新世阶段,华南动物群的变迁并不显著,主要以大熊猫和剑齿象动物群为代表,所以在遗址的相对断代上作用就非常有限。

6. 孢粉分析

孢粉和植被是生态环境变迁的有效标志之一。孢粉是孢子和花粉的总称。从植物学上说,花粉是种子植物(被子植物和裸子植物)产生的大量显微镜水平的单细胞结构,它携带精子到雌性器官以帮助受精。更"低等"的孢子植物不生产花粉,而是一种复制体,称为"孢子"。孢粉本身具有的一系列特点为环境和断代研究创造了有利条件。

孢粉研究始于 19 世纪早期,瑞典科学家在研究沼泽地层学时意识到,不同泥沼层里的植物残骸可以用来重建更新世冰期晚期的瑞典植被和气候。瑞典生物学家布莱特(A. Blytt, 1843—1898)和塞尔南德(R. Sernander, 1866—1944)根据波罗的海地区泥炭层的花粉分析结果,绘制出了极为详尽的地层年龄、植被状况、古代动物、考古学年代、人类经济行为等内容相对应的表格。最初的孢粉仅用于对古植被和古气候的研究,随着其作用渐为人知,它在考古学中的应用也日益广泛。

当用在考古学断代时,根据地层中不同孢粉样品的采集及其数理统计,在对各种种属的孢粉都加以记录,并统计它们出现频率的百分比之后,考古学家就能根据层位孢粉的比较来了解植被的变化序列。当对足够的地层剖面做了分析之后,孢粉学家就可以根据独特的植被组合来建立区域和时代上的框架。由于一定时期、一定生态环境里的植被具有相似性,因此地层中化石花粉组合应该显示出一定的相似性。而时间、环境的变迁会引起植被的变化,导致花粉组合的变化。因此,根据花粉组合的特点可以帮助区分某遗址的不同时代。

花粉研究不仅可以帮助确定一个遗址或一个文化层的相对时代,

而且可以被用来确定一个村落中不同房屋的不同时代。美国考古学家在对亚利桑那州一处印第安人村落进行研究时,从这个村落中大约50处房屋中采集了花粉。从树木年轮所知,这个村落的年代在公元1100—1300年之间,这是该区域的林木消失的一个时段。考古学家将花粉的样本和植被覆盖的轮廓加以比较,便成功地将每个房屋按照它们建造和使用年代的先后排列起来。

7. 含氟量与黑曜石水合法

除了地质生物学和类型学的相对断代方法之外,含氟量分析和黑曜石水合法测定也能帮助确定相对年代的早晚。含氟量分析是根据动物化石中含氟量的多少来估算相对年代的一种断代技术。地下水一般富含氟,并会渗入到埋在地下的动物骨骼之中,使骨骼中的无机磷化合物——羟基磷灰石变成氟磷灰石。由于这个过程是不可逆的,因此骨骼中的含氟量愈高,标志它埋在地下的时间愈长。含氟量的分析曾对鉴定著名的皮尔唐人的真伪做出过重大的贡献。

黑曜石是一种天然玻璃,由火山活动所形成。由于它生产的石片具有非常锋利的刃缘而被史前人类所青睐,被广泛用于制作箭镞、石叶和其他工具。黑曜石对水有很强的亲和力,在破碎之后会从周围吸收水分,从而在石片的表面形成一层水合层。当表面形成了水的饱和层之后,水会慢慢渗透到黑曜石的内部,形成一个要比这件器物中心部分含水量高得多的区域。当被打制成石器后,其表面的水合层为零。随着时间的推移,水合层的厚度逐渐加厚,因此根据对水合层平均厚度的观察就可以判断黑曜石工具的制作年代。由于温度、天气和黑曜石的成分等因素会影响水分的渗透,在对这些因素进行仔细分析之后,就能够对一个区域里不同遗址中出土的黑曜石做水合值的比较,从而确定它们之间相对的早晚。

由于黑曜石水合法比较便宜,所以可以做大量的样品测试,获得的结果能以年代序列进行排列,从而可以观察非常细微的器物形制变化。黑曜石水合法也有一些缺点,许多因素会污染水合过程,比如器物暴露在地表或被火烘烤,工具重复使用以及气候变化等等,这些会使得观察结果出现误差。总的来说,这还不是一种十分精确的断代方法。

二、绝对年代测定

虽然相对断代可以帮助我们了解遗址和器物的相对早晚,但是考古学家仍然希望知道它们究竟有多古老,不同地区的遗址在年代上是否相同。这些都是任何人,包括考古学家在研究一件器物和某个遗址时首先提出的问题,但往往也是最难回答的问题。

1. 历史纪年

在历史时期,许多考古发现的年代可以用文献记载来确定。许多城址和帝王贵族陵墓在史籍上都有记载,一些中下层官员和百姓的墓葬常常有墓志铭出土,记载了墓主的生卒年代。古代青铜器上,有时也带有各种铭文,可以判断这件器物的主人和年代。

伦福儒和巴恩指出,当考古学家利用早期历史年表来断代的时候必须记住三点:(1)必须仔细重建纪年体系,任何统治者和帝王的列表都必须合理完整;(2)尽管年表记录的每个君王统治的时间是可靠的,但是还必须将这个年表与我们自己的日历联系起来;(3)给特定的遗址、人物和建筑定年,必须与历史年表相联系,或许可以从共出物上的铭文查证所属的统治时期。有时,并非每个君王统治时间准确的长短都是已知的,利用天文学可以使之进一步完善。比如埃及的历史记录会描述对某些天文事件的观察,利用现代天文学知识对其进行分析,可以确定天文事件发生的确切年份。①

如果一个国家已经建立起完善的年代学,可以用它来为邻国和更

---

① 科林·伦福儒、保罗·巴恩:《考古学——理论、方法与实践》(第六版),陈淳译,上海古籍出版社,2015年。

遥远的地区测年,这些地方没有自己的历史记录,但却在有文字国家的历史记载中被提到。同样,考古学家可以通过交叉测年方法,利用贸易品来延伸年代关系。蒙特柳斯建立欧洲青铜时代和铁器时代的年代学,采用的就是这种方法。在我国,除了中原地区有文献记载的编年史外,其他地区都缺乏这样的文字记录。于是,往往根据当地出土的与中原地区相似器物的年代来判定周边地区遗址和器物的年代。有时,器物本身就带有年代或统治者的名字。比如,中国、罗马和中世纪欧洲的钱币往往铸有皇帝年号和发行硬币的统治者的名字。但钱币上的年代只表示它被铸造的年代,而出土钱币的考古堆积只是有了判断其上限的依据,说明这个堆积不会比钱币铸造的年代早。

在没有文字记录的地区,大范围的类型学断代已经被各种以科技手段为基础的测年方法所取代。所以世界上的大部分遗址和文化都可以知道它们的绝对年代。

2. 树木年轮与纹泥

树木年轮年代学最早是在 20 世纪初由美国天文学家道格拉斯(A. E. Douglass,1867—1962)发展起来的。其实它的原理在 18 世纪就被应用了,我们在前面曾提到,美国早期调查者普特南砍倒玛丽埃塔大土墩上的一棵大树来了解土墩的年龄。树木的生长会在其横截面上留下宽窄不同的年轮,这种年轮受气候降雨的影响比较大,而且当树木年龄增进,其年轮也会变窄。这种方法比较适合用于温带区的树木,因为冬夏不同的气候和降雨会帮助树木产生清晰的年轮;而在气候和降雨比较平均的热带,就不会产生这种明显的年轮。

树轮年代学家利用年龄连续的古木,可以建立起一个区域长期的连续年代系列,从现在一直上溯到几百甚至几千年前。道格拉斯利用了美国亚利桑那州一种非凡的树种——加利福尼亚刺果松来建立当地的树轮年代学。这种树的寿命可以长达 4900 年。科学家们通过将这种树木的现生样本与保存在干燥环境和考古遗址中的死松树进行比较,建立起一个延伸到公元前6700年的树轮序列。欧洲则用橡树来建立树木年代学,那里湖沼的饱水环境往往保存了很多古代树木。欧洲有两个橡树系列,一个在北爱尔兰,一个在德国。爱尔兰的年轮系列达到了公元前5300年,而德国的系列达到了公元前8500年。

树木年轮不但能帮助我们直接对遗址中的树木进行年代测定,还能确定一个村落居住年代的长短。比如,20世纪60年代,美国考古学家杰弗利·迪安(J. Dean)采集了亚利桑那州西北部的一个岩崖遗址292个树轮样品,不仅确定这个居址建造年代是1270年左右,而且重建了遗址中每个房间的扩建过程,发现它在13世纪80年代达到鼎盛时期后不久就被废弃。

树轮测年当然也有它的局限性,这就是仅适用于热带以外的温带地区,那里的树木能够产生清晰的年轮。古代的树木年轮能够和现在的树木年轮联系起来。此外,年轮指示的是树木被砍伐的年代,而木材的使用则情况各异,有的木料可以反复利用很长的时间,因此以年轮对器物断代可能有误。

纹泥是和树木年轮相仿的一种断代方法。在北方地区,每年夏季冰川的融化会导致河流两岸的侵蚀,泥沙被带到湖泊里沉积下来,这些泥沙的颗粒相对较为粗大。冬天结冰,河流带入湖泊的泥沙就比较少,于是沉积物往往很细。还有,夏天由于腐殖质比较多,湖泥沉积颜色较黑,而冬天的颜色就较淡。这种沉积韵律的变化可以被用来计算年代。

1905年,瑞典科学家进行广泛的田野调查,对几百个湖泊里的纹泥进行研究,建立起自最后冰期冰川后退以来的年代学。他们从一个于公元1796年排干的湖泊里提取了3000条纹泥,并于1912年发表了大约12000年的纹泥序列。这一序列最终在瑞典中部河谷的现代沉积研究的帮助下,与现代的沉积序列联系到一起。纹泥将最后冰期的结束可信地锁定在公元前8750年左右,为欧洲史前学引入了一种绝对年表。更重要的是,对纹泥中花粉的分析可以了解冰后期气候与植被的变迁。冰芯和纹泥显示,气候突然变迁发生在公元前8750年左右,而

这比 ^{14}C 测年结果早约 700 年,凸显了将 ^{14}C 测年在树木年轮校正的帮助下转换为日历纪年的必要。①

3. 放射性碳(^{14}C)测年

1949 年,在第二次大战期间为美国国防部从事原子弹和生物放射性研究的化学家威拉德·利比发明放射性碳或 ^{14}C 断代方法。现在,^{14}C 是考古学家进行绝对年代测定最常用的方法,它使人类的史前史具有了世界性的年代学。放射性碳方法是根据这样一个原理:宇宙射线的中子轰击地球的空气,与其中的氮气发生反应,产生碳的同位素 ^{14}C,它含有 14 个中子而不是通常的 12 个。由于这两个额外的中子使得原子核变得不稳定,易于发生衰变。利比计算出 ^{14}C 的半衰期为 5568 年,后来修正为 5730±40 年,于是他发明了一种可以计算有机体年龄的方法。^{14}C 生成与衰变的化学原理如下:

$$^{14}N + 中子 = {}^{14}C + H$$
$$^{14}C = \beta^- + {}^{14}N$$

从化学角度来看,^{14}C 和一般的碳元素相同,也和普通的碳组成空气中的二氧化碳。植物以二氧化碳进行新陈代谢,因此它们体内碳的比例与大气中碳的比例相同。各种动物以食物链的方式保持着相同的碳元素。但是,一旦有机体死亡,没有新的碳元素进入体内,它们体内的放射性碳就开始衰变。过了 5730 年之后,只有一半的 ^{14}C 残留下来,而过了 11460 年之后,^{14}C 就只剩原来的四分之一。于是,测算古代有机体内的 ^{14}C 的含量,根据它的衰变速率就可以计算出生物体死亡的时间。年龄大于 7.5 万年的生物体,残留的 ^{14}C 已经很少,年龄测定就到了使用这一方法的极限范围。

^{14}C 的样本包括各种有机物,比如木头、灰烬、毛发、骨骼、皮革、贝壳等,因此,虽然人工器物本身可以做 ^{14}C 断代的不多,但是像石器和

---

① K. Greene: *Archaeology:An Introduction*, London, Routledge, 2002.

陶片等器物总与大量的动物骨骼或炭屑共生,考古遗址也富含木头和灰烬,所以非常适合进行 ^{14}C 的采样和测定。在采样过程中必须留意地层的可靠性,一个层位要多采几个样以便进行对比。埋在地下的样本可能会因为植物根系生长或者埋藏后的扰动受到污染,应当予以特别留意。采样时也不能用纸和棉花包裹,防止它们受到现代碳元素的污染。

放射性碳年代数据常用如 11000±180BP 或 8000±180BC 的形式来表示,11000 是样本距离现在的年龄,BP(before present)是"距今"的意思。而 BC(before Christ)是公元前的意思。±指正负或上下,后面的附加数据"±180BP"是标准误差,界定可能出现的误差范围,180 年就是这个数据误差可能的上下波动范围。

当考古学家用 ^{14}C 来进行年代测定时,他们发现在 3200 年前的 ^{14}C 数据总是要比树木年轮测出的结果年轻。当时,利比误以为生物体内的放射性碳含量古今都是一样的,古代生物应当含有和现代生物相同的 ^{14}C。其实,地球磁场和太阳活动的变化会影响空气中和生物体内的 ^{14}C 含量。因此,公元前 1000 年以前 ^{14}C 年龄开始偏离实际年龄,到公元前 5000 年,^{14}C 年龄就年轻了 900 年。自 1966 年以来,考古学家根据树木年轮方法对放射性碳测定的数据进行校正,并制订了校正曲线,可以将放射性碳年龄转化为实际年龄。

现在随着测年技术的改进,考古学家开始采用更为精确的加速器质谱法(AMS)来改善 ^{14}C 技术,可以直接对碳原子计数。人们可以用更少的样品(只要 5—10 毫克,比如一根稻草和少量的炭屑),就可以进行测定,而且结果要比传统方法更为精确。所花的时间也大为缩短,从过去的几个小时变为现在的几分钟。^{14}C 测定的上限也得到延长,达到 8 万年。

4. 钾氩法

钾氩法是一种利用矿物质中钾 40 衰变成氩 40 的原理来进行断代的方法,地质学家用这种技术来测定上起 20 亿年、下至 40 万年前的岩石年龄,因此比较适合于最古老的考古遗址的断代。钾是地球上最丰富的元素之一,在自然状态下它含有少量的放射性同位素钾40。钾40原子衰变时有11%变成氩40,这是一种惰性气体,很容易在火山岩形成时从矿物质中逃逸。当火山岩结晶时,氩40的含量几乎下降到零,但是随着时间的推移,钾氩元素的衰变持续进行,其半衰期为13亿年。因此通过这种方法就可以根据岩石中氩的含量来测算其自冷却以来的年龄。

钾氩法特别适合于有频繁火山活动地区的遗址测年,比如东非和日本,那里的岩浆岩和火山灰沉积十分丰富。在坦桑尼亚的奥杜威和奥莫峡谷以及埃塞俄比亚的哈达盆地,已故的利基夫妇和其他古人类学家利用钾氩法建立起人类演化的序列。正是凭借钾氩法测年技术,我们对人类历史的古老性有了全新的认识。1959年,路易斯·利基在奥杜威峡谷发现了"东非人"的骸骨,次年又在不远处的同一层位中发现了"能人"化石。这些人科动物的遗骸埋藏在一片更新统湖相堆积之中。早期人类在湖边宿营,遗留在居住面上的石器工具和砸碎的动物骨骼就被湖泊的细砂埋藏了起来。这套沉积叠压在一层火山灰之上。用钾氩法对火山灰层进行测定得出了175万年的古老年龄,当时这一测定结果引起了科学界的轰动。因为当时认为更新世的年代和人类的年龄大约为100万年。凭借这一发现,人类的历史几乎翻了一番。更加惊人的发现还在后面,1978年,玛丽·利基在莱托里发现了人科动物在火山灰上留下的脚印,钾氩法测定表明这是370万年前南方古猿阿法种的足迹。但是该技术的局限是,地球上与火山灰等放射性沉积物共生的考古遗址并不多。

5. 古地磁法

地球可以被视为一个巨大的两极磁体,其磁场沿其旋转中轴分布。该磁场被认为是由于地球熔化内核的电流所产生的。地球磁场自罗盘发明以来已被确认,并被用来导航。后来,地球物理学家发现地球的磁场并非总是保持稳定,磁场的强度会发生波动,地球的磁极也会发生紊乱,地磁的两极会发生阶段性的倒转。这种变化的发生是由于地心物理过程以及地心和地幔之间边界层的变化所致。地球磁场极性和强度的变化被记录在土壤、沉积物和火成岩的残余磁化上。氧化铁是对磁化非常敏感的化合物,当这些化合物被加热到500摄氏度时,它们会失去磁性。但是,当它们的温度冷却到500度以下时,会重新恢复磁性。一般来说,决定它们重新磁化性质的主要因素是地球磁场。岩石、土壤和沉积物都含有这样带磁性和曾被加热到500度以上的颗粒,因此能够被用来了解地层相伴关系。在过去的40多年里,地球物理学家已经标绘了地球磁场强度波动的历史,并重建了磁极倒转的频率。火山熔岩特别适合磁场分析,因为它们在磁性物质的温度降低到500度以下时已凝固。火山熔岩另一个重要特点是可以用钾氩法来测定绝对年龄,这样就很容易将古地磁年龄与绝对测年结果联系起来。

地球磁场倒转在全球的范围内发生,而且从地质学角度而言,这种倒转的速率很快。因此,磁场倒转的状态可以提供一个清晰的标尺,以区分新生代晚期的诸多阶段。地层磁场倒转的间隔时间相差很大,比较长的地球磁性间隔叫"期"或"带",以科学家的名字命名;比较短的间隔叫"事件"或"亚时",以首先确认该事件的地点命名。比如,布容期(Brunhes)为正常磁极阶段,时间为自现在到距今78万年前;松山期(Maruyama)为反极性期,时间为距今78—258万年前;奥杜威事件为松山期内的正极性间隔,约距今195—177万年前。目前,古地磁和钾氩法测年还无法延伸到500—600万年以前。这是因为早于500万年的钾氩法测年所产生的误差,超过了古地磁倒转所能分辨的"事件"长度。

6. 铀系法

这是一种以铀同位素衰变为基础进行断代的一种方法,特别适用于超出 ^{14}C 测年范围的距今5—50万年前的年代测定。在欧亚普遍缺乏适合钾氩法测年的火山灰和火山岩,所以铀系法是用得比较广泛的一种测定古人类遗址的方法。

铀系法的原理是,铀的两种同位素铀238和铀235经过一系列衰变生成两个子体,即钍(230Th,铀238的子体)和镤(231Pa,铀235的子体),它们本身也会衰变,所以可以用来测年。其中非常重要的一点是,铀同位素能溶解在水里,因此能够被带入洞穴里。一旦溶解在水里的碳酸钙携带着铀杂质渗入石灰岩洞穴,并沉积在洞壁或地层的钙板里,放射性时钟就启动了。石灰华形成时,其中只有水溶的铀同位素,并不含不溶于水的钍和镤。在石灰华形成后,钍和镤含量会随铀同位素的衰变而增进,于是通过测定铀同位素与钍和镤的比值,就能测出石灰华的年代。

铀系法比较适用于富含碳酸钙的岩石,由于石灰岩洞穴往往会被古人类选作居址,其堆积会被碳酸钙沉积的钙板隔开,有时人类遗骸和使用的石器也会裹上一层碳酸钙。由于洞穴内的沉积关系比较复杂,所以铀系法测出的结果往往不那么准确,必须尽量对沉积的各层都做采样测定。动物牙齿也能用这种方法测年,因为牙齿埋在地下,地下水中的铀也会渗入牙齿中。

小　结

除了以上介绍的几种重要的年代测定方法之外,还有一些物理测年方法也被不同程度地采用,其中有裂变径迹法、热释光法、光释光法、电子自旋共振法(ESR)、氨基酸外消旋法等。这些测年方法都有其自身的优点和局限性,所以在年代测定上,考古学家往往根据遗址的埋藏条件、年代范围以及样品特点选用不同的测年技术。对于一个遗址,考古学家也会采用不同的方法来做交叉年代测定,如果用不同方法测出的结果比较接近,那么说明这个年代应该是比较可靠的。精确的年代测定给考古研究带来了巨大的进展,以前在测年技术比较简单粗略的条件下,我们无法对人类演化和文化发展做太细致的观察;有了精确的年代学,我们就可以观察和发现细微的发展过程。比如,长期以来我们认为人类进化是直线演进的,把进化过程视为从南猿、直立人、早期智人进化到现代人的阶梯式发展。但是,精细的年代测定让我们看到了一副完全不同的进化图像。在东非,三种不同的古人类南猿、能人和直立人居然曾经在一起生活。以色列塔邦洞穴里出土的尼安德特人的年代测定为距今9.8—10.5万年前,而卡夫泽出土早期现代人的年代测定为8.5—11万年,在西欧尼安德特人一直生存到距今3万年前。这说明早期智人和晚期智人也曾经长期共生。这使我们认识到,人类进化并非单一物种累进的过程,而更像是许多人科成员参与的竞赛,最后只有一位胜出。

第四部分　考古学研究

导　言

　　早期考古学主要关注遗物、遗迹和它们的时代,研究范围局限在物质文化本身,而在研究方法上局限于分类和描述。所以,这种以器物为中心的研究所建立的历史,只是一种器物发展史。直到20世纪40年代,美国考古学界的许多权威人士仍普遍持这样一种观点,认为考古学只研究人类文化的物质方面,不能期望通过它获得关于文化非物质方面的信息。但是,自第二次世界大战结束以来,考古学无论在研究目的还是研究方法上,都发生了巨大的变化。虽然这门学科基本上属于人文科学,但是从研究方法来看,却越来越接近于精密学科和应用学科。丹尼尔列举了这一时期世界考古学发生的四个重要变化:(1)史前考古学成为世界性的学科。(2)美洲考古学空前繁荣。(3)科学技术成为考古学家的重要工具,并且成绩非凡。(4)原史时期和历史时期的考古学得到发展和确立,历史学和考古学受益匪浅。丹尼尔还强调了考古科技发展三方面的意义:(1)在考古学史上,考古科技的进步和重大的考古发现同等重要。(2)考古学新科技的发展也体现了考古学理念的更新,即考古学不仅涉及人类遗留的物质文化,而且涉及各种考古现象。于是,考古学家不再满足于从发掘中找到几件精美的器物和艺术品,而是要注意发掘中所有的现象,从废弃的陶片、石片到灰坑中的动物骨骸和植物种子。考古发掘和研究强调研究一切物质遗存,了解人类遗址和遗存的分布,对所有证据进行全面分析。(3)如要全面了解古代人类的生活背景,考古学就需要借助自然科学的方法:石器原料分析要求助于岩石学家,青铜器研究要找冶金专家,史前生态环境分析要请植物学家、孢粉学家、动物学家和土壤学家等等。①

第二次世界大战后大量军事科技向民用科技和其他行业的转化也为考古学带来了新的助力。虽然考古学新的研究技术和分析方法最初会因为意识形态、地方主义的偏见，以及考古学家各自信奉的理念不同而受到冷落，但是从长远来看，凡是能够帮助我们更好地了解过去的方法，到适当的时机总是会受人青睐的。考古学方法在空间上是世界性的，而在时间上是积累性的，而科技与方法要比材料更具积累性，因为过去发掘的材料和研究报告已经无法解决不断出现的新问题了。②

由此可见，考古学已经成为一门用各种精密技术来从考古遗存中提炼信息的学科。有了这些信息的积累，考古学家才能复原历史，同时对许多影响社会文化演变的潜因提出假设，并通过问题指导的发掘研究来加以检验。因此，考古学家不仅需要增强本学科的技术和方法，而且需要熟悉和掌握那些看起来和他们自己领域毫不相干的学科技术和方法。英国考古学家戴维·克拉克将考古学越来越依赖其他科技方法来提炼信息的趋势，称为"考古学纯洁性的丧失"③。本章主要介绍考古学研究的大致范围以及当前与考古分析密切相关的其他方法和研究领域，为当代考古学研究现状提供一个约略的印象，但是无法涵盖其发展的广度和深度。

---

① 格林·丹尼尔：《考古学一百五十年》，黄其煦译，安志敏校，文物出版社，1987年。
② B. G. Trigger: "Prospects for a World Archaeology", *World Archaeology*, 1986, 18(1): 1-20.
③ D. L. Clarke: "Archaeology: The Loss of Innocence", *Antiquity*, 1973, 47: 6-18.

第七章 技术与器物

虽然目前研究发现许多动物,如海獭、美洲卷尾猴和非洲黑猩猩等会经常使用工具,但是学界还是以制造工具作为将人类与其他动物区别开来的标志。在漫长的历史阶段里,技术和工具使人类得以适应不同的环境,改善自己的生活条件,并创建灿烂的史前文明。在考古学早期阶段,人们关注技术和工具的出发点,是要了解这些遗物和遗迹的年代,所以除了关注具有可靠年代标志的典型器物,分辨具有时代特点的器物类型以外,并没有费心去充分提炼人类技术和工具中的其他信息。而且,器物类型的分析和描述往往成为考古研究的主要内容。现在需要强调的是,技术和器物研究虽然仍然十分重要,但是只是考古学研究中的一个组成部分。下面介绍几种主要技术、工具和器物的研究方法。

一、石　器

在人类历史的大部分时间里,自然材料如石头、骨头和木头是主要的工具原料,冶金术的发展是十分晚近的事。所以石器研究在考古学中的史前文化研究中,一直占有重要的地位。在几百万年的时间里,人类的石器技术发展缓慢,而且水平很不平衡,最初,人们用打制方法来生产石器,后来开始采用磨制的方法制作磨光石器。这种技术和工具的变化,反映了人类生活方式的重大变化。

自然界有各种石头,但是并非所有石头都适于制作工具。有些石料更适于生产锋利的刃缘,如火石、燧石、黑曜石、细颗粒的石英岩等,它们都富含二氧化硅。这些石料硬而脆,打击之后能产生锋利的切缘。

在欧洲和近东，火石非常丰富，因此当地旧石器时代的人类可以发挥他们的才能，采用各种技术来加工这种优质的石料，制作了非常多样化的石器工具。但是在包括中国在内的东亚地区，这类石料非常匮乏，所以石器打制技术也显得十分粗糙和简单，工具单调且缺乏个性。

早期人类最简单的工具，可能是具有自然刃缘的石片或木棍。在经常使用自然工具的情况下，他们慢慢开始有目的地通过打制石头来获得砍砸和切割的刃缘，于是第一把石刀就诞生了。在一般情况下，天然破碎和简单打制的石器就能胜任手头的工作。但是，要生产用于特殊用途的石器，则需要比较复杂的打制技术。一般来说，打制石器的生产有两种程序：一种是直接用锤击方法加工砾石或岩块，将其打制成所需的形状。从砾石和岩块上打去的石片成为生产过程产生的废料，而加工的成品是石核，这样一件工具被称为"石核工具"；另外一种程序是选用从砾石和岩块上打下来的石片作为工具，这些石片常常被进一步修整，制成不同形状和用途的器物，这些器物被称为"石片工具"。在这个程序中，石核是生产工具毛坯的母体，直至不能打片而被废弃为止。为了能从石核上打下合适的石片，石核的形状和石锤着力的打击台面一般要进行预制或修理，这些修理过程中打下的石片都是废片。有时，很大的石核可以产生很大的石片。这些大石片也可以用作石核，转而生产较小的石片或石叶。

硅质的石料在锤击中会产生有规则的破碎，对一件合适的石核进行打击，剥离的石片上有贝壳状的破裂面。破裂面在靠近打击台面和打击点附近会留有突起的半锥体，还有许多其他伴生的特点，比如锥疤、波纹和放射线等。其中波纹表现为一系列的同心圆从打击点向外扩散。这些特点基本为人工打制的石器所特有，与其他自然力，如融冻扰动、热胀冷缩、水流作用或石块坠落所造成的破碎十分不同。自然石块的破碎很不规则，缺乏打击点和波纹等特征。

这些人工石片的特征成为考古学家观察、鉴定和分析石器工具的主要依据。但是，对于一些早期的、打制非常粗糙的石器，仍然需要十分仔细的观察和分析。因为这些石器的特征可能很难与自然作用造成的破碎相区别。在考古学界经常有所谓"曙石器"之争,一些自然动力塑造的"石器"酷似人工制品,因此需要寻找其他更多的证据来予以支持,比如共生的人类活动遗迹,以及搬运、选料的过程和打制程序上的复原。遇到这样的情况,不能单凭孤例和有限的材料就草率做出结论。直到今天,将自然石块视为人工制品的情况,在考古发现中仍不乏其例。

从石核上剥片有好几种方法,这些方法视石料的种类、大小和加工目的的不同而在整个石器时代被交替使用。其中使用最广、采用最早的打片方法是"锤击法",或称为"直接打击法",这就是用一件石锤直接打击石核剥制石片。即便是同一种锤击法,打片的方式也可以有所不同,打片的石核可以直接握在手中,也可以置于石块或膝盖上。还有一种在中国旧石器时代常见,但在欧洲很少采用的方法叫"砸击法"或"两极法"。这种方法将石核置于一块石砧上用手握住,然后再用石锤砸击,很像我们将核桃放在石头上用锤子将壳敲碎。这种技术被北京猿人用来加工石器。砸击法一般被用来加工个体小、质地差、不适合手握进行锤击的石料。因为北京猿人广泛采用脉石英作为原料,这种石料一般无法用锤击法剥片,因此砸击法成为主要的打片技术。还有一种打片方法叫"碰砧法",就是双手握住石核或大石片向岩块上敲击以剥离石片,这种方法一般用来加工个体较大、边缘较薄的石核。这种方法打制的石片一般很厚,打击泡和半锥体显凸,石片角(打击台面与石片破裂面之间的夹角)大。欧洲旧石器时代早期克拉克当文化的石片多是采用这种方法打制的。

除了采用石锤打片以外,旧石器时代中期的人类学会了采用鹿角和骨棒来打片,这种"软锤技术"一般被用来加工和修整手斧这样的"石核石器"。软锤技术可以打制薄而长的石片,经它加工的手斧外观非常平整和美观。软锤技术也适合用来从仔细修整的石核上连续剥制石叶。软锤技术在非洲、欧洲和中东的旧石器时代十分普遍,但是在中国基本没有。原因可能是受石料的制约:欧洲、非洲和中东分布有较好的大块火石,它们产自白垩层或某些石灰岩中,有大量的优质石料,古人类可以从长期实践中发展出这种比较精致的打片技术；中国几乎没有这种大块优质石料的分布，缺乏能使软锤技术得以发展的大块优质原料。

手斧被认为是一种多功能的工具，好像瑞士军刀。直立人可以拿着它加工任何东西，有屠宰、切割、砍树甚至钻挖等多种用途。随着石器技术的发展，大约在10万年前的旧石器时代中期，有些专门的打制工艺出现了，这些特化和娴熟的方法一般被用来生产非常专门的工具。这些工艺往往需要特殊的石核预制，对石核进行了仔细的修整之后，可以生产出一件或两件非常规整的石片，无须再加工就可以直接使用。这种技术在欧洲被称为"勒瓦娄哇技术"。此外，当时流行的莫斯特技术则用石片制作各种工具，反映了先前以手斧为主的多功能石核工具向特定功能的石片工具的转变。这反映了古人类某些活动变得更加频繁，需要发明一些特殊或专门的工具来从事生产。比如在当时冰期气候中，加工皮革制作衣服是生存的必须，所以需要有反复从事制作皮件的工具，这就是为什么一些石片刮削器十分流行的原因。

到了约35000年前的旧石器时代晚期，欧洲出现了一种新的石叶技术。这种打片技术将柱状的石核进行仔细的修整，然后用冲压法或软锤直接打击，从石核上打下一系列两缘平行、锋利的长石叶来。然后，利用这些石叶再加工成各种刀、刮削器、雕刻器等特殊工具。到了更晚的旧石器时代之末，人们将石叶进行特殊处理，截断后修理成各种三角形、梯形、长方形的几何形细石器，将它们镶嵌到骨、木质的柄上作为复合工具使用。复合工具的优点是可以充分利用优质原料，当骨、木柄上的石叶用钝后便替换上新的石叶。

在中国和其他东亚地区流行一种个体较小的细石叶技术。这种细石叶的石核也经过非常仔细的预制，加工成楔形、锥形和船形的形状。这些形状可能与特定的石核固定和剥片方式有关，从细石核上剥离的细石叶一般都很小，早期的只有几厘米长。到新石器时代，有些细石核变得比较大，剥制的石叶也变得宽长。

旧石器时代晚期的石叶技术代表了石器加工的顶峰，它的主要优点是比其他技术能从有限的优质石料上生产更多的刃缘,在石料利用上非常经济,非常适合流动性较大的狩猎采集群体。细石叶技术在更新世末和全新世初广布于我国华北地区、蒙古、西伯利亚、日本、朝鲜半岛乃至北美西北部地区,充分显示了这种技术在适应不同环境方面的优越性。

在旧石器时代晚期还有一种流行的技术是"压制法",这种方法一般被用来修整工具的刃缘或对器物做最后的成型加工。工匠用很小的木质或骨质的棒条压制器物的边缘,以去掉很薄或窄长的石片,使得器物光滑的表面留下非常浅平的疤痕。压制法可以制作非常精致而规整的器物,并拥有极为锋利的刃缘。

到旧石器时代中晚期,磨制石器也开始出现了。以前人们以为,磨制石器是新石器时代的发明,并成为标志新石器时代的主要特点。但是局部磨光的石器大约在欧洲的莫斯特文化中已经出现,中国大约在旧石器时代晚期也出现了零星的磨制石器。磨制技术的出现可能有不同的发明机制,由于石器磨制加工既费力又费时,除非功能上的必要,人们不大会采取这种加工方式。在磨制石斧以前,首先要用石锤从毛坯上剥离大量的石片,使之成为坯体然后磨制。这种成形而未经磨制的部分,仍可以看出打击的痕迹。在砥石上研磨石器时蘸水,可加大沙粒的研磨作用。成形的斧坯和磨制石斧所使用的表面带凹槽的砥石见于世界各地。石斧和石锛常常装柄,一种是直接将斧头捆绑到木柄上,另一种则在石斧上钻孔。钻孔一般有三种方法:一是敲琢法,用石凿在选定的点上反复敲琢,逐渐形成环状凹坑,当凹坑的深度达到斧子的一半时,再翻过来继续敲琢斧子的另一面。用石凿穿孔的,一般在孔壁周围遗留有敲琢的痕迹。二是钻孔法,同敲琢法一样,先打出凹坑,然后用火石或金属、更多的是用质地较软的钻头,加砂研磨穿孔。当孔钻透一半时,就翻过来钻相对的一面,因此形成两个圆锥形相连的孔,孔壁上时常见到由于砂粒旋转的螺旋擦痕或条痕。三是管钻法,它最节省劳力,所用的钻头作管状,可由金属板制作。如用红铜板卷成管状,颇易制作。也可用竹管,尽管它不耐久,实际上是用砂粒起研磨作用。

磨光石器出现的一种解释是，从旧石器时代晚期起，人类开始砍伐森林，像石斧这样的砍伐工具日益重要，而刃缘和通体磨光的石斧要比打制的石斧来得更为耐用而坚韧。磨制石器一般采用含硅质很少的石料、如石灰岩和板岩等，这些石料的质地没有火石或燧石那么硬和脆，但是韧性大、不易断裂，适于重力的砍伐。光滑的器物表面在砍树时阻力也比较小，使使用寿命有所延长。到了新石器时代，磨光石器变得越来越重要，特别在欧洲、亚洲、中美洲和北美的温带地区。在许多地区，磨光石器，如石斧和石锛是制作独木舟和建造木头房子的主要工具。同时，它们也被制作成各种耕耘的工具，如石犁和石锄。后来，像矛、刀、镞等武器也开始用磨制方法来生产。在许多新石器时代的遗址中，打制和磨制石器同时存在，人们根据不同的需要和功效来选择不同的加工技术和器物。以前人们往往认为，磨制石器是比打制石器进步的一种石器技术，其实磨制技术要比打制技术消耗更多的时间和劳力，如果能够用打制石器完成工作，人们不会用费时耗力的磨制石器来完成。所以，这两种技术和工具最好被视为人类用来适应不同环境、处理不同问题的手段。

早期的旧石器研究专门针对成型器物的分类，考古学家将它们视为像地质学上"标准化石"一样的标本，用其建立旧石器时代文化的发展序列。比如1881年，法国旧石器考古学家莫尔蒂耶就根据器物类型确立了舍利、莫斯特、奥瑞纳和马格德林的旧石器文化发展序列，并认为法国的这一发展序列适用于世界所有地区的旧石器文化的发展。

莫尔蒂耶的分析方法后来被步日耶（H. Breuil，1877—1961）和博尔德（F. Bordes，1919—1981）所继承和发展。步日耶完善了法国旧石器文化发展的序列，同时认识到旧石器技术和类型并不以直线方式发展，而是不同的技术和工艺并存、独立发展。博尔德完善了旧石器的类型学，使石器的分析有了质的标准和量的控制，并以此为基础确立了四种不同的莫斯特文化类型。

自20世纪70年代以来，旧石器研究又有了进一步的发展，从对典型器物的分析转向关注石料质地、生产程序、精致加工、使用和废弃等人类行为的特点，使得考古学家逐渐摆脱对器物的静止观察和主观推断，开始结合遗址的利用、群体的流动性、人类栖居的方式等生存背景来了解器物和石工业的生命史。在这个发展的过程中，许多更为精致的研究方法被逐渐采用。

其中一种方法就是打制实验，石器的复制和实验从旧石器考古学研究初期就被用来作为观察的手段分辨"曙石器"，现在许多考古学家都会从事石器打制工作。在这一领域，法国考古学家博尔德和美国考古学家唐·克雷布特利（D. Crabtree, 1912—1980）是打制实践的泰斗级人物，他们几乎能够复制所有欧洲和美洲史前阶段的各种打制石器。博尔德认为，打制石器的实验复制应当成为每一个从事旧石器研究人员受训的第一步。因为，只有考古学家自己熟知打片的过程，他才能对各种石器特征的形成原因做出准确的判断。

旧石器研究的一个重大进展表现为由对成型器物的分析转向对石器生产废片的关注，因为打制石器的生产是一个离心的过程，大量有关生产程序和人类行为的信息都保存在这些废片中。在一个遗址中，可能加工的成品都已经被带走，留下的都是生产活动的废弃物。通过对这些废片的研究，可以了解和复原石器的生产过程。同时，从考古学复原人类行为的目的而言，废片所保留的信息更为重要，如果方法合理，我们可以了解许多石器加工的具体工艺和加工步骤。

微痕分析法采用显微镜观察和实验手段来观察石器的刃缘，以了解工具的用途，这目前是打制石器研究的一个重要领域。这一方法最早为苏联考古学家西蒙诺夫（S. A. Semenov）所采用，比如他观察到，许多端刮器的刃缘有清楚的划痕和光泽，于是他就采用实验的方法来了解这些痕迹产生的原因，于是知道刮削皮革是主要的原因。有些石器留有非常独特的使用痕迹，比如用来收割麦子等谷物的火石镰刀会产生特殊的光泽。西蒙诺夫的著作在译成英文出版后受到了美国考古学家的重视，微痕分析很快在北美发展起来，并取得了显著的成果。目前根据所采用显微镜的放大倍数可以将微痕分析分为高倍法和低倍法两种：高倍法适于观察器物刃缘使用造成的抛光以判断加工的材料，缺点是代价比较高,并限于点的观察;低倍法比较适于观察刃缘的破损方式以了解工具的用途和使用方式。这两种方法可以取长补短,获得令人比较满意的结果。

由于石核剥片和工具生产都是采用连续打制的方法进行的,因此将这些剥片和生产过程产生的废片进行拼合可以复原打片的步骤和过程。石器拼合不仅仅可以了解工匠打制一件石器时所采取的步骤和策略,通过这些废片的分布还可以了解工匠在打片时的活动,比如考古学家可以根据一些废片丢弃的位置,确认他在打片过程中坐在一个火塘边,并曾经挪动过几次位置。此外,废片拼合还可以被用来了解地层和考古遗存的埋藏后扰动,如果这个地点的文化遗存被流水或其他动力搬运过的话。

岩石学方法在燧石、黑曜石和磨光石器的研究中比较成功。根据对岩石矿物组成的观察和分析,考古学家可以得知岩石的类型及其产地,然后对考古遗址中各种石器的原料进行观察和对比,以确定这些石器的原料来自何方。英国考古学家用这种方法分辨出20余种石斧和石叶的原料产地,从而为史前石料的贸易提供了极为关键的信息。澳大利亚考古学家对产自波利尼西亚群岛的19件石锛进行了岩石学分析,从这些石锛出土地点和制作原料——玄武岩的产地来了解史前岛民在各群岛之间的来往和交易。此外,欧洲考古学家通过对黑曜石的光谱分析得知这种独特的火成岩是从好几个地区的采石场开采而来的,后在美索不达米亚和地中海地区有着广泛的贸易和交流。

在各种技术的帮助下,考古学可以深入分析石器技术所隐含的人类行为和思想。比如,一个石器加工地点留下的所有石制品,反映了运用一整套具体方法将石料剥离成不同形状和大小石片的过程,获得的毛坯既可以直接使用,也可以根据需要进一步修整成所需要的工具。这个整体的剥制过程构成了一个"操作链",各个不同的打片程序可以通过拼合和废片分析来了解,从而分析工匠打片策略、技巧乃至目的性和潜意识。熟练工匠的技术知识具有稳定性,这也会通过史前石器工业的发展表现出来,工匠在石器打制过程中都会运用习得的技术知识并通过潜意识实现目标,这个潜意识就构成了"操作程式"和"概念型板"。在法国,打制石器研究的核心是探求技术的逻辑规则,亦即技术体系演化的内部动力,并通过复原石片剥制模式、运用数学方法对石核、石片和两面器等成型工具进行量化研究,从而解释石器工业的多样性,并构建整体理论框架,对史前技术的起源和演化做出解释。[①]

二、陶 器

和石器一样,陶器是考古发现中最不易消失的文化遗存,但是陶器在考古记录中的出现晚得多,主要是新石器时代开始以后的大宗手工艺产品。但是,目前所知在欧亚地区至少有6处旧石器时代晚期遗址出土陶土制品。其中最早的陶制品是出土于捷克下维斯托尼斯(Dolni Vestonice)四处莫拉维亚文化遗址群发现的1万余件陶制品,^{14}C 年代测定为距今28000—24000年前。陶制品中没有陶容器,主要是3000件人形与动物塑像,其中有女性维纳斯像,有狮、熊和狼等动物像。其余为形状不规则的陶球碎片以及平薄的陶板碎片。这些陶制品主要用当地的黄土烧制而成,可能混有动物脂肪和骨渣,对两个椭圆形陶窑壁的测定表明烧制的温度在500—700度左右。[②]

陶器的发明和生产是源于人类对炊煮和储存容器的一种需求,但是这种工具由于笨重和易碎的特点并不适合于流动性很大生活方式。所以,在漫长的旧石器时代没有发明和使用陶制容器的原因,并不是人类智力低下,而是人们狩猎采集的生活方式使其对食物的储存并不迫切,而且炊煮和盛水的功能完全可以用其他方式和器物来满足。

[①] 李英华,E. Bodin,侯亚梅:《法国旧石器技术研究概述》,《人类学学报》,2008年第1期。

[②] P. B. Vandiver, O. Soffer, B. Klima and J. Svoboda: "The Origin of Ceramic Technology at Dolni Vestonice, Czechoslovakia", *Science*, 1989, 246: 1002-1008.

在陶器发明之前，人类可能用不同的办法和工具来满足对容器和炊煮的需要。比如，在土耳其安纳托利亚地区和北美阿拉斯加，陶器使用之前人们采用的是石制的容器。在美国的西南部，陶器发明之前有一段长期使用篮子的历史。许多考古学家推测，陶器最初有可能是将篮子外面敷上泥土后烧制而成的。在中东，游牧的经济生活方式使皮革制的容器更为流行。有的地方的砌筑窖穴被认为是激发陶器发明灵感的来源。在美洲最早栽培的植物是葫芦，很可能是作为一种容器而驯化的。

目前世界上最古老的陶器都发现在东亚，在我国、日本和俄国远东地区都发现了超过1万年的陶器，我国广西桂林的庙岩遗址出土的陶片据^{14}C年代测定为距今13500年，湖南道县玉蟾岩的陶器^{14}C年代有两个数据，分别为距今15000年和12300年。河北徐水南庄头和阳原于家沟也出土了1万年前的陶片，但是这些陶片保存都很差。当时陶器的制作工艺很原始，陶质疏松、火候较低、陶胎厚薄不匀、非常容易破碎。日本九州福井洞穴出土的与细石器共生的陶器年代为距今12700年前，离福井洞穴遗址不远的福泉山遗址也出土了形制相仿的陶器，3个热释光年代数据相近，平均值为距今11840年。在四国的上黑岩遗址出土的福井类型陶器的^{14}C年代为距今12200年前，在日本中部东京湾附近的那须岛遗址，最早的陶器的^{14}C年代为距今9500年前。本州岛北端青森地区出土最早的陶器的^{14}C年代为距今8600年前，北海道涌别等遗址出土的最早陶器年代在距今7000—8500年之间。在俄国远东阿穆尔河（黑龙江）中游加沙（Gasha）遗址出土最早陶器的^{14}C年代为距今12600年前，哈巴洛夫斯克（伯力）附近遗址出土了^{14}C年代为距今10000—12000年前的陶器。在贝加尔湖南岸的乌斯特加克塔（Ust'-Kyakhta）遗址出土了^{14}C年代为距今11000年的陶器。这些遗址中的陶器都和细石器共生，都表现为一种渔猎采集经济。

陶器的发明与比较稳定的定居方式有关，在农业起源之后，人类的流动性大大减少，对食物储存和炊煮容器的需求也更为迫切。日本陶器的发明和使用可能和海洋贝类采集经济的开拓有关，起初人们使用间接炊煮(将烧烫的石头放入容器中与水一起煮食物),后来发展到用火直接炊煮。所以,陶器可以反映人类生活方式和经济形态的变化,但这不一定就是农业起源的伴生标志。比如,墨西哥特化坎高原上的居民很早就开始栽种植物,但是由于早期玉米的产量过低,仍然无法定居下来,因此迟迟没有使用陶器。

陶器的发明主要是为了日常生活的需求,比如炊煮、盛水和储藏食物。但是它的用途很快变得多样化,人们也制作纺轮、油灯、埋葬用的瓮罐以及各种陶俑等。陶土的可塑性使得陶器生产能够充分发挥工匠的灵感和才能,表现人们的美学意识。因此陶器往往是最具民族特色的一种器物,破碎的陶片也常常是考古发现中最为丰富的遗存,它们的形状、式样和特征都是考古研究的重要组成部分。

对制作陶器的原料必须进行仔细的选择和加工,一般包括以黏土为主的塑性原料和以石英砂等羼和料为辅的惰性原料。因为陶土在烘烤时会失去水分而龟裂,所以必须加入羼和料和贝壳屑。我国南方新石器时代遗址如河姆渡和大溪文化遗址中发现有用炭化的稻壳等有机物来作为羼和料的陶器,实验证明,用炭化的稻壳作羼和料,炭末周围不会出现较大的缩空,器物机械强度高;而用碎稻壳作为羼和料,器物表面会出现毛刺和碎稻壳痕迹,强度较差。制作炊煮器和其他的容器所采用的原料可能也有所不同:经常炊煮的器物可能需要加入更多的羼和料,以应付容器反复的热胀冷缩。而不用于炊煮的一般容器可能更多采用泥质陶。

陶土的可塑性与黏土的化学组成有关,氧化铝含量越高,可塑性越好。可塑性也和陶土的淘洗工艺有关,陶土必须仔细地捣碎,然后加水,去除黏土中的杂质、粗颗粒和钙质结核。我国新石器时代早期的陶器生产已经懂得对所采用的陶土进行淘洗,有的制陶作坊还有专门的淘洗池。陶土的可塑性还和含水量有密切的关系,根据有关专家的实验,用手捏制泥条,其含水量恰好为20%—22%之间,这种陶土的泥条既不粘手又不开裂,并具有韧性。

陶器的制作方式一般有三种,即手制、模制和轮制。手制有捏塑法、泥片贴筑法、泥条筑成法三种。捏塑法一般用来制作少量小型的器物，泥片贴筑法在我国黄河流域比较少见，而泥条筑成法在新石器时代早期的裴李岗文化、磁山文化和北辛文化中已被采用。它是将泥料先搓成泥条，然后再筑成坯体。其中又可分为盘筑法和圈筑法两种，盘筑是将泥条连续延长，盘旋上升；而圈筑是将泥条一圈一圈累叠而上，每圈首尾相接。泥条筑成法又可根据器壁和器底成型的先后分为正筑法和倒筑法两种，正筑法先做器底后筑器壁，主要见于平底器。倒筑法是先筑器壁后筑器底，如尖底瓶等。

陶器的模制法是将整块陶土放在一个凹陷的模子里压制成型，或放在一个突出的芯子上进行造型。模制法可以用来生产大量小型的器皿，也可以用来加工一件器物不同的部位。我国黄河中游地区是模制法最为流行的地区，主要用来加工诸如鬲、鬶、甗、盉等袋足器的下半部，而上半部则为手制或轮制。

轮制加工陶器的优点在于它的速度和规整性，特别是快轮，适合大批量生产形制相同的器物。轮制技术先是出现慢轮，后来发展成快轮。慢轮和快轮的区别主要有三点：一是构造上的。慢轮的轮盘边缘与中部同样厚，旋转惯性小；快轮边缘厚而重、中间薄而轻，旋转时惯性大。二是操作上的。慢轮用手或脚趾拨动轮子使其旋转；快轮利用木棍搅动，转速快。三是用途上的。慢轮只能进行修理加工，快轮可以拉坯成型。轮制技术可能出现比较早，有人根据一些器物底部的偏旋纹判断，仰韶文化已经出现轮制技术。快轮技术在新石器时代晚期的高度发达是不争的事实。它能够用几分钟制成一件用手工可能要花几天时间制作的陶器，并且形状非常匀称。再者，轮制产品要求技艺十分娴熟，必须经过学徒训练。民族志表明，轮制陶工都是男性专职工匠，因此我们推测，古代也是如此。轮制的出现意味着陶器生产的专门化，一种新的特殊工艺诞生了。

除了成型加工之外，陶器的表面装饰也是制陶过程中一个重要组成部分。陶器表面的修饰不但能使器物有令人悦目的外表，而且还可以增强其实际的耐用性。陶工可以用手蘸上水对陶器的外表进行磨光,还可以为其涂上一层特殊的泥浆,这叫做"施陶衣"。有的陶器表面在施了一层陶衣后,再绘以彩色的图案,成为彩陶。彩陶是我国华北黄河流域中上游地区新石器时代文化的重要特色。

彩料的颜色主要有黑、红(或紫)、棕、白四种。黑彩和棕彩的着色剂是氧化铁和氧化锰,红彩的着色剂是氧化铁,而白彩的成分主要是高岭土。含有不同着色剂的原料或矿物被用石质的碾磨盘和碾磨棒加工成粉末,去掉粗颗粒后,加水调成颜料浆就可以使用。[①] 后来又出现了釉彩装饰,釉彩是一种特殊的泥釉,经过高温烘烤之后出现玻璃般的光泽和色彩,这种陶器被称为"釉陶"。真正的陶釉只能施于烧成的陶器上,再经过二次燃烧使玻璃质熔化,才能形成。

除了采用各种方法施彩之外,人们还经常在陶器外壁用拍子、贝壳、梳子、印模,甚至指甲刻划进行表面的修饰。比如,我国新石器时代的陶器表面常常饰有绳纹、篮纹和方格纹等,这些纹饰可以消除陶器制作时留下的泥条缝隙并提高器壁的致密度,并可以使陶器美观。施加绳纹的方法有拍印、滚压和按压等几种。拍印是用绕有绳子的陶拍印出,而滚压和按压用的是绕上绳子的圆棍。施加篮纹的陶拍是木质的,拍面刻有平行的沟槽;而刻有竖、横交错的沟槽的拍面拍出的纹饰就是方格纹。

但是,陶器的色彩有时并非人工刻意所为,而是与陶土的烧制温度和成分有关。大部分的早期陶制品是在露天的陶窑里烧制的,温度不是很高。一般来说,烧制温度低于 700℃ 的为低温陶,这样的陶器往往硬度不够,比较松软;而且开放式的陶窑因为陶器中的氧化铁能够充分地氧化,所以颜色多呈红色。到了新石器时代晚期,陶器烧制技术大为提高,陶窑密封性提高,温度也可以升高,烧制的陶器硬度也就提高;而且,由于窑内呈缺氧的还原环境,陶器的颜色呈显灰色。龙山文化的灰陶烧制温度可达 850℃,质地坚硬,叩之有清脆的声音。黏土和燃料的种类会决定陶器的颜色。用多水地区生长的灌木烧制,经烟熏后会产

---

① 李文杰:《中国古代制陶工艺研究》,科学出版社,1996 年。

生黑色或暗灰色的容器；在比较干旱的气候条件下，会产生红色和褐色的陶器；焚烧地中海或沙漠中带刺植物制出的陶器，则极易呈现出浅黄色、粉红色或淡绿色。

我国新石器时代的一些遗址中还存在采用渗碳法生产的黑陶，这些黑陶漆黑光亮，胎心也普遍呈黑色。其做法是在窑内铺上一层松材，当陶器在达到烧成温度阶段，将炉窑的排烟口封死，窑内的松材因缺氧产生浓烟，将陶器熏黑。渗碳法生产的陶器可以使器壁坚固，不易渗水，也能使得器物外表更为美观。柴尔德曾经提到，当器物表面发热的时候，涂上油脂或兽类的粪便也能得到发黑的陶衣。① 我国浙江萧山跨湖桥遗址出土了一批十分漂亮的黑光陶，共振背散射和 XRF 测试显示，碳元素在黑陶的呈色中起着重要的作用，其碳含量是日照两城镇龙山文化黑陶碳含量的 2 倍。烧失实验②发现，当陶片被高温加热后，其中的碳会损失殆尽，颜色变为红褐色。因此，跨湖桥黑陶也是烧制时利用了渗碳工艺而变黑。问题是烧制黑陶需要密封比较好的陶窑，跨湖桥遗址这么早的年代就能烧出这样漂亮的黑陶，显然有比较高级的烧制设备和工艺。美国学者拉伊（O. S. Rye）指出，使陶器表面产生光泽的主要方法是打磨。当时的人一般利用工具的钝口刃缘或凹凸弧面在陶器表面来回摩擦，使陶衣的物质微粒更加细腻均匀，因此烧制后会发亮。③ 综上，黑光陶的制作大致需要四种主要因素共同作用：(1) 渗碳呈色；(2) 陶土和陶衣原料质地细腻；(3) 特殊陶衣层具有利于产生光泽的微粒结构；(4) 娴熟的打磨抛光工艺。

陶器研究自考古学诞生以来一直占有非常重要的地位，在建立年代学和分辨民族群体上更是发挥着主导作用。许多研究采用同一地区地层序列中出土的一系列陶器，按时代早晚对其进行排列，由此建立起

---

① 戈登·柴尔德：《人类创造了自身》，安家瑗、余敬东译，陈淳校，上海三联书店，2008年。
② 烧失实验指对陶片进行高温加热，把里面的碳元素去掉。
③ O. S. Rye：*Pottery Technology: Principles and Reconstruction*, Washington D. C., Taraxacum, 1981, pp. 89-90.

器物群的历时变化框架。在这些研究中,陶器发挥着重要的断代作用。此外,陶器在空间分布上的形制变化也被用来分析史前社会之间的关系和交往,研究者还把区域陶器分布的特点视为史前民族群体的分布特点。我国考古学家提出的新石器区系文化类型就是根据陶器区域分布特征而得出的。

在具体的观察和分析中,陶器研究又可以分为形制分析和功能分析两种。由于陶土具有可塑性,且易于修饰,加上纹饰往往被视为独立于功能的考虑之外,因此陶器所体现的强烈的民族风格和文化个性成为考古学研究关注的重点。这种形制分析既可以根据陶器风格的历时变迁进行年代学分析,又可以从地理区域的分布特点来了解群体的分布、交流和贸易等状况。

陶器的功能分析更多的是为了了解器物的用途,进而复原史前人类的生活方式和经济形态。功能分析在很大程度上依赖常识性推断和民族志的类比,比如设想古代先民用的钵应当就是我们今天的碗。尽管从器物的式样来推测它们的用途在很多情况下被考古学家所采用,但这毕竟不够严谨。因为有许多不可捉摸的因素会影响器物的功能,而有些器型非常独特,没有类比的案例,很难进行判断。

在过去几十年里,陶器的研究逐渐走出断代和判断文化关系这类比较狭窄的范畴,开始开拓更为广泛的探索领域。比如从陶器的式样和功能来了解人类的生存聚落系统以及经济形态,从陶器的形制变化来研究社会结构,从陶器生产的规模来了解社会生产力以及手工业生产的专门化。

在美国西南部,考古学家发现表面粗糙不平的素面陶器一般用作炊煮器,羼和料为砂与碾碎的石头;而彩绘的陶器用做盛水或食物的容器,羼和料为细砂和碾碎的陶片。炊煮器不施彩是因为火烧会将彩绘熏黑,而炊煮的功能使得陶器需要颗粒较粗的羼和料。同样,在中美洲的墨西哥,陶工也用细砂羼和料生产盛水器,用粗砂羼和料生产炊煮器。于是,考古学家发现了陶器制作在器物形制、纹饰和加工特点上存在密切的相伴关系。①

早在 20 世纪 30 年代,苏联考古学家就据陶器上的指纹判断陶器是妇女生产的,并根据聚落遗址之间陶器形制的独特性推断这些聚落的社会结构应当是母系社会。也就是说,在这种自给自足的社会中,制陶技术由母传女,不会因女子出嫁而传给其他部落,因此陶器形制一般会显示鲜明的个性和很强的继承性。这一研究方法给了美国考古学家以极大的启发,一些研究也开始探索其中蕴涵的社会问题。

一个典型的案例就是美国考古学家迪兹(J. Deetz, 1930—2000)采用陶器来研究印第安土著的社会演变。1958 年,迪兹发掘了南达科他州中部一处阿里卡拉印第安人遗址,年代在 1700—1780 年间。他发现,遗址中的陶器从早至晚显示出由较为固定的相伴关系向随机搭配的相伴关系转变。在查阅了民族学资料之后,迪兹了解到阿里卡拉部落在 16 世纪末开始缓慢地向密苏里河上游移动。在早期阶段,阿里卡拉部落是母系的大家庭,妇女生产陶器,生产技术由母传女,社会结构稳定,陶器的类型也十分稳定。在 16 世纪末,当阿里卡拉部落移至密苏里河上游时与两类文化相遇,一类是已经从欧洲人手中获得了枪支和马匹的达科他印第安人,一类是欧洲殖民者。阿里卡拉部落处于这两种文化之间,并开始介入两边的贸易和冲突。阿里卡拉部落的母系社会开始解体,家庭规模大大缩小,妇女流动性变大,以母传女的制陶体制瓦解,以至于陶器显示出不同特征随机组合的特点。②

考古学家对非洲赞比亚伊萨姆·帕蒂(Isamu Pati)一处在公元 7—13 世纪被断断续续居住的土墩遗址进行发掘,发现遗址中陶器的历时变化非常剧烈,陶器的形制从早期的一种袋状容器向一种大型的侈口球形容器转变,由于这种陶器是用来盛装液体的,因此陶器形制的变化暗示经济形态或生活方式的某种变化。在分析中,考古学家发现

---

① S. Plog: *Stylistic Variation in Prehistoric Ceramics*, Cambridge: Cambridge University Press, 1980.

② J. Deetz: *Invitation to Archaeology*, New York: the Natural History Press, 1967.

了一个有趣的现象,这就是遗址地层中上层堆积中的牛骨要远远多于下层,这表明饲养牛群可能在这时的遗址居民中非常普遍,而陶器的变化可能与人们经常性饮用牛奶有关。①

美国考古学家亚瑟(J. W. Arthur)从陶器的使用痕迹来观察社会经济地位的差异。对埃塞俄比亚西南部的加诺部落的民族考古学研究表明,普通家庭的陶器常用来加工谷物,对谷物或面粉的搅拌常常在陶器壁上留下许多擦痕。但是富有家庭的陶器更多被用来储存奶制品和酿酒,长期和乳酸细菌接触,酸度较高的食品造成陶器内壁的腐蚀。由于较少加工谷物,所以因搅拌所致的擦痕就很少。于是,陶器使用痕迹在一定程度上可以显示不同家庭富有程度和地位。②

此外,陶器生产的规模还被当作经济和社会管理发展层次的标志,帮助学者研究社会复杂化和文明发展的进程。比如文德安(A. P. Underhill)从陶器的生产来研究华北地区酋邦社会中的手工业生产,她将陶器生产分为三种模式:一是家庭手工业,二是个体作坊式生产,三是集中的作坊生产。中国有些学者认为,到龙山时期的新石器时代晚期,陶器的生产表现为正规的大规模生产,当时存在一种集体作坊式的生产。但是,文德安对河南和山东一些龙山文化遗址的制陶业研究发现,在相当长的时间里看不出生产技术的发展、陶窑结构和窑炉的改进和扩大,因此在龙山时期,陶器主要还是一种比较复杂的家庭作坊式生产。换言之,这一时期,中原地区的陶器仍然处于家庭或个体户生产的层次上,并没有显示行业集中和改良,以及大规模生产开展的迹象,也没有酋长等贵族操纵手工业生产的证据。③

---

① B. M. Fagan: *In the Beginning: An Introduction to Archaeology*, Boston: Little, Brown and Company, 1972.

② J. W. Arthur: "Pottery Use-Alteration as an Indictor of Socioeconomic Status: An Enthnoarchaeological Study of the Gamo of Ethiopia", *Journal of Archaeological Method and Theory*, 2002, 9(4):331-355.

③ A. P. Underhill: "Pottery Production in Chiefdom: The Longshan Period in Northern China", *World Archaeology*, 1991, 23(1):12-27.

三、金　属

我们对金属工具和冶金技术的了解取决于这些金属器物的保存程度,在有些情况下金属器物可以完整保存下来;但是在有些地方,其酸性的土壤不利于金属器物,特别是铁器的保存,常常只会留下一堆锈渣。在各种金属中,铜是最早被利用的。早在新石器时代,一些遗址中就发现过零星的铜制品,比如在西安半坡的仰韶文化遗址中发现过质地不纯的黄铜片;在临潼姜寨的仰韶遗址中也发现过成分不纯的黄铜片;在山东胶州市三里河龙山文化遗址中曾出土过两件铜锌成分的铜锥。1975年和1977年,甘肃的马厂和马家窑遗址各出土了一件青铜刀,都为铜锡合金。马家窑的年代为距今约5000年,马厂的年代为距今约4000—4300年。中原地区最早的青铜器是出土于河南偃师二里头遗址的爵和铃,距今约3600—4000年。在近东,由冷锻法加工的铜器在距今6000年的遗址中十分常见,而冶炼铜则要到距今4000年前。由于在自然界里天然铜的含量要比黄金多一百倍,因此一些早期的铜制品有可能是利用天然铜锻制而成。在北美洲大湖区的南岸,霍普韦尔印第安人大量开采天然铜矿,利用冷锻的方法加工成各种工具,并进行广泛的贸易。

在一个具体年代尚未确定的时期,史前的工匠开始冶炼铜矿。铜的熔点为1083℃,冶炼铜矿可能是在烧制陶器的过程中被偶然发现的。在冶炼中加入少量的锡、铝或砷,能冶炼出熔点更低、比红铜更为坚硬的青铜。纯红铜由于熔炼的金属液黏性太大,难以铸造大型的容器,而液态的青铜流动性好,成品光泽也非常美观。在冶炼中,矿石被放在小的窑炉里熔化,矿石和煤炭交互叠压,用羊皮制作的鼓风机可以使炉温达到很高,熔化的铜液从炭末中流到炉窑下面盛有沙子的容器里,再注入模子中,浇注成各种形状的器物,慢慢冷却的铜可以用锤子锻打加工,这种加热、冷却、锻打的加工过程可以给金属增加强度。

青铜技术的改善有赖于合金成分的比例变化，不同比例可以获得不同的硬度、韧性和机械性能。在青铜时代人们掌握和熟悉的金属只有铜、锡、铅、金、银等几种，因此改善合金的性能只能从寻求不同的铜、锡、铅的比例来做到。一般来说，青铜的含锡量不会超过11%，因为锡的含量过高虽然可以增加硬度，但脆性也相应增加。

最简单的铸造方法就是在石板上刻凿出物品外形，或在松软的黏土上压印器物外形，等泥范晾干后就可浇铸。这种单范法只能制造一面平坦、一面无折角延伸部分的器物。单范法在欧洲金属时代初期被用来制造扁平斧、短剑或其他类似物品，以后还继续用来铸造简单的棒和圆盘，然后进一步锻制或凸塑成其他物品。用石头制作的单面石范在各种考古遗迹中相当普遍。

世界上最精美的青铜器是由我国商代的工匠们生产的，最早的青铜器是发现于河南偃师二里头遗址的酒器——爵。其中一件爵是锡青铜，另一件是铅锡青铜，合金的成分不太稳定，表明合金的配比仍处于草创阶段。到了商代晚期和西周早期，青铜的铸造技术达到了高峰，这主要反映在王室和贵族的礼器上，这些重器合金的配比较为合理和稳定。但是青铜兵器的成分就比较复杂，这是因为损坏兵器回炉重铸的频率很高，重铸的青铜成了杂铜，成分配比就无从掌握。

青铜的铸造一般采用陶质块范，简单的器物如工具和武器采用合范，复杂的器物如容器和礼器采用双合范和多合范。青铜器大都采用分铸，即二次铸造，因为有许多青铜器有活动的部件或立体的附饰，这是一次浇注无法完成的。工匠们发明了分铸法，先将器物的小件如提梁和把手等先浇注完成，然后再将小的铸件安置到器物的主体范上固定，与待铸青铜器的固定部件或活动部件的空腔套嵌在一起，中间用范料隔开，这样就能完成复杂器形的铸造。

制造有銎的斧和矛，要先制成与插入木柄銎孔相当大小的泥芯或内范，纳入外范的中心使之悬空，当金属溶液注入之后，就环绕内范的周围形成中空的銎部。泥芯或内范要悬空可由泥芯或内范一端伸出几根突缘固定在浇口上，或用几根金属钉支撑住泥芯或内范，当金属溶液注入之后，金属钉便被熔化吸收。这种使用了内范的铸造，称为内范法。

随着青铜铸造技术的发展，失蜡法铸造这种工艺出现了。这种工艺先用蜡制模型，然后用陶范在不同的部位加以组装，再注入青铜溶液取代蜡模以获得需要的器物。中国失蜡法铸造的起源仍有争议，一些学者认为其起始年代在春秋中晚期，1978年出土于河南淅川楚王子午墓的青铜禁和战国早期曾侯乙墓出土的尊盘等，被认为是中国失蜡法铸造的代表作。① 另外一些学者却认为，中国青铜时代不存在失蜡法这一铸造工艺，他们对一些器物的关键部位做了仔细分析之后，发现原先确认为失蜡铸造的立交透空附饰，其焊痕与范缝十分明显。因此，以前认为的失蜡铸造工艺并不存在。② 柴尔德也提到，有许多看似失蜡法铸造的器物，比如多瑙河盆地的武器和繁缛的装饰品，其实是用合范制作的。③

铜矿可以从风化的地表露头中开采，但是最好的原料则来自地下。在欧洲的有些地区，史前的矿工们挖出椭圆形的坑道，通过竖井从地面进入，用精致的火烤方法来开采铜矿。在非洲南部，矿工们根据地表的矿脉来追踪地下铜矿的储量。在我国湖北大冶铜绿山，1973年考古学家找到了露天开采铜矿的遗址，其中一个古矿井南北长约2公里、东西宽约1公里。附近还堆积有炼铜的炉渣，总量估计有40万吨之多。根据^{14}C测定，这个铜矿遗址使用的年代大约从商代晚期一直延续到春秋战国，甚至西汉。1979年，在湖南麻阳也发现了一处古铜矿遗址，根据出土的陶器形制判断属于东周时期。那里保存了10处古矿井，有的坑道和木柱还保存完整，从坑道来看，古代矿工先从地表开始采矿，然后沿着矿脉的走向，自上而下筑斜井进行开采。矿井里还遗留了大量

---

① 谭德睿：《中国早期失蜡铸造问题的考察与思考》，《南方文物》，2007年第2期。
② 周卫荣、董亚巍、万全文、王昌燧：(1)《中国青铜时代不存在失蜡法铸造工艺》，《江汉考古》，2006年第2期；(2)《再论"失蜡工艺不是中国青铜时代的选择"》，《南方文物》，2007年第2期。
③ V. G. Childe: *A Short Introduction to Archaeology*, London, Frederick Muller LTD, 1956.

铁锤、铁钻、木楔、撬棍以及木瓢、陶罐等开矿遗物。①

青铜器研究包括礼器、兵器和生产工具的类型研究、青铜器铭文和造型艺术的研究、青铜乐器及其声学研究和青铜铸造技术的研究等。这几个研究方面各成体系,但又相互关联,涉及考古学、历史学、古文字学、冶金学、艺术史、声乐等多个研究领域,是跨学科综合研究的典范。

冶铁技术是比冶炼铜更为复杂的技术,铁需要至少 1537℃ 的熔化温度,因此冶炼铁矿需要更进步的炉窑和冶炼术。中国冶铁分别独立起源于新疆和中原地区,新疆约始于公元前 1000 年前,而中原地区出现于公元前 800 年的西周晚期。新疆早期铁器以各种小刀为主,装饰品次之,还有少量剑类兵器。这些铁器的材质未有成分测试的报告,据认为不是采用陨铁,而是人工冶炼的铁。新疆铁器技术可能是从西亚传入。中原地区的铁器以约公元前 13 世纪前后商代中晚期的铁刃铜钺最为古老,但是这些最早的铁器用陨铁生产。而最早的人工冶炼铁器是三门峡虢国墓地出土的西周晚期铁援铜戈、玉柄铁剑和铁矛。虢国墓地铁援铜戈为人工块炼铁制品,而玉柄铁剑和铁矛是用块炼渗碳钢制成。早期的铁器还是珍稀产品。当冶铁技术提高和普及,生产成本下降,真正的铁器时代才来临。这个时代可能开始于春秋晚期,这时铁不但用来制作兵器,还用于生产农具和日用器物,如锛、镢、锸、铲,砍刀、削刀等。② 大约在公元前 1000 年,铁器时代在近东开始。但是,在安纳托利亚的赫梯帝国,铁器的出现还要早些。欧洲铁器冶炼铸造一直要到中世纪才开始,之前都采用锻铁的方法。自然界的铁矿含量要远远多于铜矿,加上铁器可以用回火来增加硬度,所以非常适合用于大量生产农具和武器。冶铁技术的发明对人类社会生产力的发展起着非常重要的作用。冶炼铁矿要用精致的炉窑互层叠压煤炭和铁矿石,然后要用很长的时间鼓风加热,冶炼出多孔的铁块,然后再将其锻炼成工具。工匠往往需要通过很长时间才能掌握回火的方法,通过冷水增强

---

① 马承源主编:《中国青铜器》,上海古籍出版社,1988 年。
② 白云翔:《先秦两汉铁器的考古学研究》,科学出版社,2005 年。

刃缘的硬度。回火可以增进器物硬度，但是也会使器物变脆。铁器研究基本也包括了类型研究和技术研究，但是铁器易于锈烂而被称为"恶金"，很少被用来生产贵重的礼器，因此不像青铜器那样受人关注。但是，铁器在农业生产和武器制作上的推广对于社会发展具有巨大的促进作用。对冶炼术的研究，分析金属结构和合金技术，以及分析矿渣的化学成分可以了解金属工具生产的全过程，对了解社会生产力和经济的发展具有重要的意义。

四、骨　器

骨头作为一种工具原料，其使用一直可以追溯到人类历史早期的旧石器时代，远古人类很可能像用自然石块和木棍那样使用动物骨头，但问题是除非加工或使用痕迹明显，否则很难确认。比如，在东非奥杜威遗址的居住面上分布有许多碎骨，大部分都很破碎，其中有几块骨头显示有反复使用的迹象，被认为可能用于刮削兽皮。南方古猿的发现者达特就曾认为，南猿拥有一种成熟的骨器文化，并将与南猿共生的动物骨头都视为工具，并命名了一种"骨角牙文化"。后来，经过埋藏学分析证明，这些骨骼堆积为自然动力所致。20世纪50年代，我国考古学家曾对周口店猿人洞里的一些动物骨骼是否是骨器进行过激烈的争论。

骨头具有韧性，无法像石器那样打制或压制加工。所以，用判断石器的加工痕迹来判断骨器，往往并不可靠。骨头一般需要用水浸泡变软，然后用雕刻器刻出凹槽，将其楔裂成骨条或骨片后再加工成不同工具。所以，一直要到旧石器时代晚期才出现可以确认的骨器。在3万年前，西欧旧石器时代晚期的人类将骨头和鹿角加工成各种工具，火石雕刻器的数量也非常多。加工一般先在骨头和鹿角上刻槽和环锯，然后将其楔裂和截断，将骨条和骨片经过磨制、刮削、烘烤，有的还用蜂蜡打光。常见的骨器工具包括鱼叉或镖、箭镞、锥、针等。有的还被制成装饰品,在骨头和鹿角上雕刻出动物图案。我国最早的骨器应该是山顶洞人的骨针。

自新石器时代以降,骨器的加工和使用更为频繁和多样。比如在萧山跨湖桥遗址,骨头和鹿角被用来制作耜、鱼鳔、梭、锥、簪、针、镞、匕首等各种日用器具。而在河姆渡遗址,骨耜则是一大类生产工具。因此,骨角原料可以被视为史前期除石头和木头之外的最主要的工具原料。这种情况一直延续到青铜时代,在殷墟发现有专门的骨器作坊,甚至人骨也被作为生产骨器的原料。在北方地区如极地附近,由于合适的石料和木料相对紧缺,骨、角和象牙成为非常重要的工具原料,俄罗斯极地附近旧石器时代晚期的猎人甚至用猛犸象骨骼来建造房子。

五、木 器

用木头制作的工具可能和石器一样古老,美洲的卷尾猴会用修整的树枝从瓶子里沾蜂蜜吃,黑猩猩会用木棍从管子里够取香蕉或用树枝从蚁穴里掏白蚁。因此,天然的木棍肯定是早期人类使用的工具之一。但是,木头很难成为考古记录被保存下来。最早的木器可能要数出土于欧洲的两件木质矛头:一件发现在英国埃塞克斯克拉克当间冰期泥炭沉积中,属早期旧石器时代;另一件发现在利林根的勒瓦娄哇遗址,它们的矛尖部曾被火烘烤而变硬。虽然木器很难保存下来,但是我们可以从石器来推断它们的存在,欧洲和我国许多旧石器遗址中都存在大量的凹缺工具和凹刃刮削器,它们一般都是加工木器的工具。现在对石器的微痕分析,可以进一步确认古人类使用木器的古老性和普遍性。

新石器时代木器的加工和使用更加普遍,在泥沼饱水的环境里可以保存丰富的木器工具。比如跨湖桥遗址出土了用马尾松、青冈、麻栎、榉等木料制作的锥、叉、弓、镞、独木舟、桨、铲、浮标、梯、斧柄以及一些建筑构件。而河姆渡遗址出土的干栏建筑更是令人印象深刻,当时的人们在没有钉子的情况下，发明了榫卯结构。木器使用也可以从石器的种类和大小来判断，新石器时代遗址中出土的不同类型的斧和锛大部分都是加工木器的工具。由此还验证了磨光石器的大量使用，是和人类加工木器的频繁程度分不开的。在太平洋西北岸的印第安人和新西兰的毛利人使用木头制作图腾柱和各种奢侈品和艺术品。

油漆的使用和木器的加工和使用有密切的关系，它对木器可以起到保护和装饰作用。在我国新石器时代晚期的遗址和墓葬里就发现了与朽烂木器和棺椁共生的漆皮，证明了油漆使用的古老性，可惜这些早期的漆器很难保存下来。历史时期的汉墓和楚墓经常出土精美漆器，它们是木器中的精品。

六、玉　器

玉的美感和稀缺使它成为奢侈品和装饰品主要原料，但从来没有成为生产工具，即使做成工具或武器形状的玉器也不会是实用器。在没有金属工具的史前期，玉器加工是一种费时耗力的工艺。所以拥有玉器往往是地位、财富和权力的象征。玉器在新石器时代早期就零星出现，开始都是一些个人的饰件，如璜、玦、坠饰等；后来它成为权力的象征，像良渚文化的琮、璧、钺、锥形器和冠形器等都非一般平民所能拥有。在中华文明中，玉器使用久盛不衰，它不仅仅代表一种对不朽和永恒的追求，而且是君子为人品质的象征。[①]

俄国学者在阿尔泰山的丹尼索瓦（Denisova）洞穴中发现了距今38000年前的蓝绿色玉坠饰，被认为是东北亚地区最早的玉器饰品。我国较早用玉的证据是距今7200—8200年前的内蒙古赤峰兴隆洼文化，其经济仍为采集狩猎，玉玦、玉坠饰等被用来当作个人的饰件。浙江跨湖桥和河姆渡都出土了零星玉器，到了崧泽阶段，玉器作为个人坠

---

① 罗森：《中国古代的艺术与文化》，北京大学出版社，2002年。

饰在女性墓葬中较为普遍。在良渚文化中，大型玉礼器则成为神权政治的象征，并出现了玉殓葬这种奢华的用玉风俗。

据邓聪研究，玉器加工有多种方法。一是打制，即类似石器的直接和间接打制方法，一般用于初步的毛坯加工。二是琢制，在玉石上垂直琢击，形成点状痕，打下屑状粉末。三为切割，以硬片加砂和水可以切割玉石。四为碾磨，将玉坯在砺石上加工。五为钻孔，一般先钻小孔，再扩大成大孔。六为刮削，用坚硬的石器在玉石表面刮削或刻凿。邓聪还对玉玦加工进行分析，确立了开片、琢磨、穿孔、内沿修整、抛光和切开玦口等步骤。他还用线切的实验方法来复制玉玦的开口，证实用动物毛皮和植物纤维做成的绳子，沾水后加砂，可以剖开玉石。[①] 而玉琮和玉璧等大口径的钻孔，其技术和过程更为复杂，邓聪就用实验手段来重建这样的技术和加工过程。我国有人曾经提出过"玉器时代"的概念，其实汤姆森的三期论是根据技术发展序列和生产工具的递进来定义不同时代的。玉器从未因技术上的价值而成为基本的生产工具，它从新石器早期到历史时期一直被用来制作礼器和装饰品，所以将玉器的流行作为断代标志与三期论的原则不合。何况，人类历史上重要的器物很多，如果都可以拿来定义时代的话，那就没有任何意义了。

七、贝　壳

贝壳在考古发现中也时有所见，大的蚌壳有时被作为切割工具和镰刀。但是，考古发现中更多的是将其用作装饰品或奢侈品。在法国中部的旧石器时代洞穴里出土有来自地中海的贝壳，它们很可能被当作一种奢侈品，通过长途贸易带到这里。山顶洞人的项链中就有一件海蚶壳，很可能是交换所得的珍稀物品。赤峰兴隆洼出土了几件用蚌

---

① 中国社会科学院考古研究所、香港中文大学中国考古艺术研究中心：《玉器起源探索——兴隆洼文化玉器研究及图录》，香港中文大学，2007年。

壳钻孔制作的人面饰件,可能被视为拥有某种魔力。埃及法尤姆地区新石器时代村落里出土了来自地中海和红海的贝壳。欧洲波希米亚和德国南部的新石器时代聚落里也有地中海贻贝制成的手镯。东欧的铜器时代也有用海贝做成的饰珠,早期多瑙河人常用地中海的海菊蛤制成手镯。在我国青铜时代,海贝也是一种奢侈品。比如殷墟妇好墓出土了成堆的海贝,四川三星堆一号祭祀坑也有大量海贝出土。在远离海洋的内陆,一些稀有而漂亮的海贝很可能被视为与黄金和玉器一样具有魔力的物件。在非洲内陆,珍稀海贝成为酋长地位的象征,甚至可以换取牛群和奴隶。

小　结

总之,技术、工具和器物是考古记录中最丰富的内容,是人类社会生活的生动反映,有时也体现了当时人们的精神世界。"道在器中,理寓物内",物质文化领域研究不应局限在对它们的分类、描述和比较上,而是要探究它们内在的含义,揭示它们在特定社会背景中所起的作用和意义。它们有的是为应付基本的生存温饱之需,有的则是美学的表现,有的是精神和迷信的寄托,而有的则是财富、地位和权力的象征。

在考古学研究中,由于技术发明对人类文化的进步来说无疑极为重要,所以自汤姆森创立三期论以来,技术的发明和器物和变革是考古学研究十分关注的问题。莱斯利·怀特曾经说过,技术是文化的产物,技术的进步只能从文化系统的整体背景上来了解。① 对于考古学家来说,研究技术和器物的发明十分困难。因为这种发明过程的残迹凌乱而分散,在原始社会中,研究单一发明的完整历史是极其困难的。布鲁

---

① 莱斯利·怀特:《文化的科学——人类与文明研究》,山东人民出版社,1988年。英文版为 L. A. White: *The Science of Culture: A Study of Man and Civilization*, Farrar: Straus and Giroux,1949。

斯·特里格将人类的技术发明比作是生物学上的突变,而这些发明被社会采纳和普及的过程也很像生物学上的选择过程。① 所以,人类的发明可能非常多,但是能够成功延续下来的还是很少。而且,一种新技术取代一种老技术,在我们现代人看来是天经地义的事,但是在古代社会中并不一定如此,因为各种环境和社会限制条件会减缓甚至阻碍它们的普及和发展。技术发明的研究发现,在技术发展的早期,许多发明与生产效率和质量要求关系不大,而与社会和经济需求的变化有关。所以,我们不要觉得古人没有采纳某些新技术和工具是落后和不思进取,对他们的文化系统做仔细的分析的同时,也应该对技术功效和生产成本做更仔细的考量。也许我们看来十分落后的技术和工具,恰恰对他们来说是最合理的适应策略。比如,快轮制陶在批量生产中优势明显,却并不被自给自足经济的陶工所青睐。快轮经常与快速批量生产有关系,轮制的批量生产可能要求整个陶器生产系统在许多方面进行改变,它对陶土和羼和料都有较高的要求,不能有较粗的羼和料。快轮制陶也可能与男性为主导的手工业商品化生产的发展有关。又例如,罗马帝国不采用当时已经发明的收割机,是不愿意看到奴隶失去生计而发生动乱。而且实践表明,收割面积少于 50 英亩的谷物,使用镰刀比购买和维护一台收割机更加合算。同样,公元 14 世纪初中国不推广长柄铁犁是因为政府觉得农民的劳力已足,无须以机械来代替。② 在近东,石叶制作的镰刀由于造价低廉一直被使用到铁器时代,当价廉物美的铁镰出现后才被淘汰。因此,发明尽管需要有过人的智慧,适当的社会经济条件也许更为重要。在古代社会中,一种发明或技术的出现与普及之间往往有一个很长的滞留期。这是因为新技术的普及往往需要有一种不同的运作机制和生产关系,而且其发明之初生产代价很高。因此,这些技术在我们现代人眼里看来可能经济价值十分突出,但是在

---

① B. G. Trigger: *Beyond History: The Methods of Prehistory*, New York, Holt, Rinehart and Winston, 1968.

② H. M. L. Miller: *Archaeological Approaches to Technology*, Burlington, MA, Academic Press. 2007.

古代原始生产方式未经改变的情况下却难以推广。① 再有,技术和工具的发展并非直线累进,新技术直接取代老技术,而常常是新老技术并存。比如,磨光石器在原料和加工方式上与打制石器明显有别。它的加工费时费力,只是到了砍树活动进行的频率很高时,人们才采用韧性较大的石料和磨制的方式来减少器物的破损和替换频率。所以,只有当磨光石器的使用功效超过了原来打制石器替换频率时,人们才愿意在精力和时间上加大投入进行生产。而在平时生活中,打制石器作为一种简便实用的工具,在磨光石器出现之后仍然常常被使用。还有,青铜和钢铁冶炼需要采矿、运输、冶炼和铸造等一系列的生产环节的保证,成本极高。因此,这种技术不可能是单一和少数几个农业村落所能做到。只能在复杂社会,特别是国家规模的社会中做到。这种技术和器物的生产需要大规模贸易和运输系统的支撑、对原料来源的控制,以及足够的剩余粮食来供养大批专职工匠,所以,早期的青铜器和铁器制造只能是帝王和贵族阶层控制的专利。

目前,考古学研究努力从环境和社会背景来研究技术和器物的使用和发展,逐渐放弃了过去那种累进的文化发展观——认为所有发明都代表着进步,都必然导致社会向前发展。在解释技术和工具发展的过程时,不仅要考虑其需求、优点和价值,还要考虑使用这些技术和工具的代价。而且,许多技术和工具的兴衰往往体现了一种生命史,需要从更深层的社会背景来了解它们的演变和发展轨迹。例如,在世界范围内打制石器技术的衰落与农业经济的发展同步,这个十分有趣的现象无法简单地从磨光石器比打制石器先进就可以解释,而值得从石器技术、功能与效益、生产方式、经济形态等角度来综合考虑。② 这样,考古学的器物研究才能达到透物见人的境界。

---

① D. A. Spratt: The Analysis of Innovation Process. *Journal of Archaeological Science*, 1982, 9: 79-94.
② S. E. Van der Leeuw and R. Torrence: "Introduction: What is New about Innovation", in S. E. Van der Leeuw and R. Torrence. eds: *What is New? A Close Look at the Process of Innovation*, London, Unwin Hyman, 1989, pp. 1-15.

第八章 生态与经济

了解古代人类的生存方式和经济形态一直是考古学研究的一个重要方面。比如,早在考古学诞生初期的19世纪中叶,丹麦的考古学家就在对沿海贝冢遗址的发掘中分辨各种海贝和动物的种类,以了解当地古代居民到底以什么食物资源为生,并且判断这些遗址利用的季节。20世纪60年代以来,随着文化生态学的发展,考古学家将人类文化视为一种复杂生态系统的组成部分,意识到人类文化的发展和演变在很大程度上是对不同环境的适应与调节,因此他们必须对人类的生存活动予以极大的关注。这方面关注的问题包括:狩猎采集经济与环境资源的关系、遗址的分布与人群流动性的关系、农业经济产生的机制、文明社会的经济和生态环境基础等。本章主要简单介绍动植物考古、驯化、食谱以及农业起源等基本的概念和研究。

一、植物考古

植物考古是研究古环境的主要内容,也是了解古代人类食物链的基础。长期以来,植物考古学不如动物考古受人重视,这是因为考古遗址中动物化石常常十分丰富,而植物则很难保存下来。20世纪50年代,欧美考古学界在近东和中美洲掀起了一股探索农业起源的热潮,其中最有代表性的就是美国考古学家布雷德伍德率领的伊拉克扎尔莫计划和麦克尼什在墨西哥的特化坎计划。当时,丹麦学者海尔比克(H. Helbaek)参加了布雷德伍德的多学科小组,向美国学者介绍了植物考古学的理论与方法,即通过人类与植物界的互动来研究文化和经济的演变。之后,由于新考古学提倡文化生态学和强调文化的适应功能,植物考古学在欧美获得巨大的进展,研究领域扩展到各个方面,除了孢粉和植硅石之外,研究对象还包括植物微体遗存,比如淀粉颗粒、硅藻组织、植物DNA、植物蛋白质电泳分析、稳定碳同位素分析等。植物考古的信息为我们提供了古代人类对环境的适应状况,也被广泛用来探索世界各地农业起源的具体过程。①

1. 孢 粉

在相对断代的介绍中,我们已经谈到了孢粉分析的作用。20世纪初孢粉分析主要被用来做年代测定,之后才被考古学家用来重建古环境。孢粉是孢子和花粉的总称。从植物学上说,花粉是种子植物(被子植物和裸子植物)产生的大量显微镜水平的单细胞结构,它携带精子到雌性器官以便受精。更"低等"的孢子植物不生产花粉,而是一种复制体,称为孢子。孢粉本身具有的一系列特点为环境和断代研究创造了有利条件:(1)孢粉产量非常大,使其保存下来成为孢粉化石的可能性增大,为研究提供了方便。(2)孢粉壁易于保存,因为它含有的孢粉素结构复杂,极难氧化,在高温和浓酸的环境中也难以溶解,因之在地质年代里,孢粉可以被保存下来,即使是浅变质的岩石中也能保存一定数量的孢粉。(3)孢粉的体积很小,直径只有几十微米,比重较轻,而且有的花粉还生有适于飞翔的气囊,易被风或水搬运到一定的距离之外,因此在一定范围内孢粉的成分相混合,使孢粉组合具有综合的特征,为地层对比提供了条件。(4)由于上面的原因,地球表面保存了丰富的孢粉。地质时期也与现今的情况相对应,所以陆相、海相沉积都能找到一定的孢粉化石。(5)通过孢粉分析,运用数理统计的方法,不但能确定植物群的成分,而且获得了量的方面的资料,以便更精确地分析和解释植物群的性质。

---

① 陈雪香:《北美植物考古学评述》,《南方文物》,2007年2期。

2. 植硅石

　　植硅石是植物细胞中微小的硅化颗粒(植物蛋白石),它们在植物腐烂和焚烧之后仍能保存下来。和孢粉类似,植物所产的植硅石数量非常多,能够在沉积物、陶器、房屋的白灰面乃至石器和动物牙齿上长期保存下来,而且不同植物具有不同形态和尺寸的植硅石,能够帮助我们进行识别。由于植硅石的形态和大小差异很大,一般难以鉴定到属和种。但是,它对于我们了解人类对某些特殊种类的植物,如水稻和玉米的栽培和利用,具有特别重要的意义。在实际工作中,将植硅石和孢粉结合起来研究,可以取长补短,对复原环境和经济形态有很大的帮助。比如,美国学者在对巴拿马盆地获取的岩芯分析中发现,植硅石证据表明毁林造田和玉米种植发生在距今4850年前,而花粉证据却比植硅石晚了1000年。这说明,早期的农耕和玉米栽培活动规模较小,几乎没有在地层中留下花粉。①

3. 硅　藻

　　硅藻是具有硅质细胞壁的单细胞藻类,它们在湖沼中有大量的分布,由于硅藻的细胞壁在其死亡后能够保存下来,所以在泥炭和湖相沉积中非常丰富。硅藻具有特定的形态和纹饰,所以能够对它们做十分准确的鉴定。一组硅藻反映了当时水域植物种类的组合和藻类群体的产量,同时间接地反映了水体的盐碱度和营养状况。根据不同种类硅藻对环境的不同要求,如盐分和营养状况等,我们可以对当时的环境进行复原。由于硅藻可以指示水的盐分,所以被用来了解海侵或地壳抬升。比如,从跨湖桥遗址鉴定出的硅藻有海链藻、小环藻、菱形藻、针杆藻等各种淡水和潮间带海水环境的藻类,所以能够从不同地层中各类硅藻的种类和比例了解当时遗址的环境和被海水淹没的过程。荷兰一

---

① 科林·伦福儒、保罗·巴恩:《考古学——理论、方法与实践》(第六版),陈淳译,上海古籍出版社,2015年。

些湖滨遗址的硅藻分析，也揭示了发生在公元前 800 年的一次海侵，海水的入侵导致当地人类居住的中断。

4. 大植物遗存

像木头这样的大型植物遗存在饱水和干燥的环境里都能保留下来，供植物学家做直观的分析和鉴定。除了可以鉴定树木的种类的木头外，坚果壳、果核和植物种子等也容易存留。比如，在跨湖桥遗址出土了大量的核桃、梅核、杏核、酸枣、菱角、芡实、麻栎果、栓皮栎和白栎果等。当时的人大量储藏栎属坚果、菱角和芡实这些富含淀粉的食物，以应付野生食物资源的季节性波动。此外，水稻也成为当时人们利用的一种食物资源，他们对它的生长进行有意识地操纵，开始了驯化的过程。

植物考古研究中，浮选法的应用具有划时代的意义。浮选法又称为"水洗分离法"，从 19 世纪起在工业上被用来选矿，后来被考古学家用来寻找沉积物中一般肉眼难以察觉的种子和小动物骨头。早在 1860 年，澳大利亚考古学家就首次用浮选法发现了古埃及遗址土块中的谷粒和其他植物种子，之后，浮选法在考古学的植物采集中发挥越来越大的作用。它的运用被誉为"史前考古学资料数据采集的一场革命"。

最典型的例子是对伊朗阿里·科什遗址的发掘，美国考古学家弗兰纳利（K. V. Flannery, 1934— ）在 1961 年的第一个发掘季节结束后写的报告中断言，这个遗址的植物遗存很少，没有农业的迹象，人类的经济形态主要以狩猎为主。两年之后，他们采用了一种改良的浮选技术，从土墩遗址的各个层位里发现了超过了 4 万颗植物种子，提供了该遗址完整的植物利用历史，显示了小麦和大麦在农业中日趋重要的发展趋势。弗兰纳利在总结研究工作时说，我们先前的报告确信植物十分稀少，然而事实并非如此。我们在 1961 年发掘中所缺乏的正是发现它们的能力。同样，对叙利亚莫累比特史前聚落遗址土样的浮选，揭示了公元前 800 年的先民仍依赖野生的小麦和大麦为生，没有人工栽培的迹象。在北美,浮选法的利用证实了美国中西部和东部地区曾种植过热带作物和本土栽培作物,将园艺学的起源推前到了比伍德兰早期(相当于新石器时代早期)还早的古代期(相当于中石器时代)晚期。

麦克尼什对墨西哥特化坎河谷的十几个遗址进行了发掘,从这些遗址里发现了 8 万件野生植物的遗存和 2.5 万件玉米的标本,提供了墨西哥高地农业起源的详细证据。河谷最早的狩猎采集者以狩猎兔子、鸟类和龟鳖为生。大约在公元前 6700—前 5000 年间,当地居民开始以豆类和苋为食物。他们旱季居住在洞穴里,开始栽种南瓜和鳄梨。同时,还利用碾磨盘、石杵和石臼来碾磨坚果和植物种子。通过不同时代遗址出土的野生植物与栽培植物的比例,麦克尼什重建了当地农业起源的历史过程。证据表明,过渡型驯化的玉米长度不超过 20 厘米。公元前 5000 年的人类仍然主要以采集野生植物为生,只有 10% 的食物来自驯化的作物,其中包括南瓜、葫芦、豆类、辣椒和玉米。到了公元前 3400 年,特化坎居民三分之一的食物来自于农业,这一时期狗被驯化,并出现了定居的聚落。到了公元前 2300 年,陶器开始出现,人们也开始栽培和食用杂交的玉米种类。

1966 年,肯特·弗兰纳利对墨西哥瓦哈卡(Oaxaca)河谷圭拉那魁兹(Guilá Naquitz)洞穴进行发掘,用具体发掘来研究狩猎采集者的栖居与生计形态,并检验有关农业起源的理论。前陶期各文化层从大约公元前 8750—前 6670 年,对不同层位出土花粉样本进行分析,提供了荆棘林、橡树和松树林等当地植被波动的序列。发现的可鉴定大植物遗存超过 21000 件,主要是橡子,还有龙舌兰、豆荚和豆子。还有十几种数量较少的其他物种。虽然可食植物很多,但是穴居者只选择少数几种作为主食,橡子在秋季采集后被储存起来以便全年利用。遗址里出土的一些西葫芦籽从形态上看已驯化,加速器质谱法断代为 10000—8000 年前,比中美洲其他驯化物种如玉米和豆类等早数千年。该项目采用电脑建模,模拟一个假设的五人游群从一种无知状态开始,经过长期的试错,逐渐学会了在洞穴周边环境里对 11 种主要植物的采获策略安排。模拟发现,无论是气候变化还是人口增长,都未必能解释那里的农业起源。采纳农业的主要原因,是为了稳定每年食物供应变动的影响,是先前狩猎采集策略的一种延伸而已。①

二、动物考古

考古遗址中发现的破碎的动物骨骼可以告诉我们许多有关古代人类狩猎、畜牧和屠宰的生存活动信息。长期以来,动物骨骼在史前研究中是断代和复原气候环境的重要内容。因为整个第四纪动物群的变化非常明显,并且和冰期及地球纬度的变化密切相关,所以动物骨骼的研究对于考古学的年代学和环境分析来说具有重要的意义。

考古学家发现,作为古代人类食物的动物及破碎的骨骼是人类生存方式最直观的遗存。骨骼也是一种比较耐腐蚀的有机质,可以在许多环境中保存下来。但是,令考古学家头疼的是,考古遗址中的动物骨骼一般都是非常破碎的,很少以一种完整的方式被发现,因此,考古遗址中发现的动物骨骼往往是人类生存和文化活动的副产品,考古学家的工作就是试图用遗址中被丢弃的骨骼来拼复一幅幅人类如何利用这些动物的图像。

在许多情况下,一个遗址里常常可以发现许多破碎的动物骨骼,比如东非早期人类的狩猎营地、我国河北泥河湾早更新世遗址以及美国大平原上的狩猎屠宰遗址,都可以发现大量的动物骨骼,帮助考古学家详细复原早期狩猎活动的情景。大部分骨骼的鉴定是直接比较,但是由于骨骼的破碎状况和保存条件所限,只有一小部分骨骼才能够在鉴定中发挥关键作用,比如,赞比亚一个石器时代的遗址中发现有19万件动物骨骼碎片,只有2128件被确认其种类和所属部位,其他的采集品因为过于破碎无法辨认。

---

① Flannery KV ed.: *Guilá Naquitz: Archaic Foraging and Early Agriculture in Oaxaca, Mexico*. Walnut Creek, California: Left Coast Press, 2009.

动物骨骼中所含有的丰富的历史信息，使得动物考古学成为考古学的重要分支。动物考古学的目的是要重建古环境和人类的行为。但是，这项研究任务因为骨骼这类有机质被弃置在地表和埋在地下后往往会受到自然和人类动力的改造而变得十分复杂。考古学中，通过研究动物骨骼的废弃和改造过程来解读人类行为信息的领域被称为"埋藏学"（taphonomy）。

埋藏学包括两方面的研究：一是观察死亡不久的动物尸体向化石状态的转化过程，二是运用观察的结果来解释考古发现的骨骼材料。这项研究主要了解动物死亡后哪些骨骼部位能够或无法保留下来的原因，以解释考古材料中所发现的动物骨骼为何无法等同于活体动物骨骼。其主要内容有二：一是从数理统计来估算骨骼采集样本中的组合特点，二是推断原来的骨骼转变为化石的埋藏学过程。这项研究的最终目的是要把影响骨骼形成的人类行为因素和自然因素区分开来，从而准确地复原人类在该遗址中的狩猎和屠宰活动。

从实验中，人们发现用锤子砸开动物长骨的中段，会造成一种螺旋形破碎，而在锤子点状施力的作用下，打击点处会造成一种凹缺状的破裂。于是，这种螺旋形骨片和凹缺便一度被视为人工破碎作用的判断依据。但是后来考古学家发现，自然风化和食肉动物的啃咬也会造成螺旋形骨片。于是，螺旋形破碎不再被视为判断人类文化行为的绝对依据。但是人类和食肉动物所造成的螺旋形骨骼破碎还是有可能加以区分的，人类产生的力量往往要比动物牙齿啃咬的力量来得大，因此，长骨点状施力区直径较大的凹缺破碎很可能是人工所为。此外，动物啃咬常常附有许多齿痕，而人工破碎的骨骼在特定部位都有切割的痕迹。

对考古遗址中采集的狩猎动物骨骸的研究，可以提供古代先民如何利用最简单的工具猎取和利用这些动物的丰富信息。总的来说，旧石器时代早期和中期古人类的狩猎能力还是非常有限的。过去以为，发现在南非洞穴和北京周口店猿人洞里的动物骨骼都是古人类狩猎的战利品，这其实是不确的。没有食肉动物的爪子和利牙，没有有蹄类动物的奔跑速度,很难想象古人类能用极为简陋的武器猎取速度和体力上都胜过自己的动物。因此,早期人类更可能采取的是一种"尸食"或"腐食"的策略,也就是从其他肉食动物的口中夺取食物。

到了旧石器时代的晚期,古人类的狩猎能力和武器都有了很大的进步。他们能用驱赶动物从悬崖上跌落致死的策略,并通过制作长矛和弓箭来猎取大型动物。他们的狩猎方式十分有效,许多考古学家深信,更新世许多大动物的绝灭很可能与人类的过度狩猎有关。在更新世的冰期阶段和高纬度地区,古人类的食物几乎完全依赖肉食,很像现在生活在极地、依赖驯鹿或海豹为生的因纽特人。比如在2万年前,俄罗斯西部顿河与第聂伯河流域的古人类以合作的方式来猎取猛犸和其他极地动物。他们将猎物和肉食放在窖穴里储存起来,以度过极为寒冷、长达8个月的冬天。

在分析一个考古遗址中的动物群时,考古学家往往会发现古人类的狩猎目标集中在少数物种,这种偏爱可能是出于经济上的考虑,比如大型动物的肉量要远远多于小型动物,所以这是一种所谓最佳食谱的选择;还有是方便,因为有些动物要比另外一些动物易于捕猎,或数量丰富,所以成为主要的狩猎对象。除此之外,文化禁忌也会影响捕猎动物群的结构。比如博茨瓦纳多比地区的布须曼人对于捕食的动物有一系列非常复杂的个人年龄和性别的禁忌。虽然特殊的狩猎习性十分普遍,但是考古学家对于人们为何要猎取某几种特定动物的原因很难做出解释。比如,旧石器时代晚期华北的峙峪人猎取最多的是野马和野驴,法国西南部的梭鲁特人集中猎取野马,中石器时代英国的斯塔卡遗址的人类集中猎取赤鹿和獐,而北美伊利诺伊州瓦巴什河谷中石器时代的人类猎取白尾兔作为他们的主食。

1. 大动物

考古遗址中的大动物可以帮助我们了解古代人类生活的环境和摄取肉食的情况。由于大部分骨骼十分破碎,所以学者一般从中寻找能够帮助鉴定物种的部分,比如牙齿和犄角,以了解人类利用的是哪些动物。但是，由于大部分的动物骨骼受保存状况的制约，鉴定的准确性也会受到影响。因此，在鉴定的结果上会出现种、属、科等级的不同。鉴定到种的物种最为精确，而鉴定到科的物种就比较模糊。比如，有时通过一些残破的牙齿只能确认它们属于猫科动物，不知道究竟是虎还是豹。有的有蹄类动物如羊、牛和羚羊等，不同种群的牙齿都没有什么明显的区别，这就需要借助于它们的角来进行分辨。特别是羚羊，它们的种群特征主要反映在不同的犄角上。

考古学家还要统计不同物种的数量来评估动物群的丰富程度，数量统计有两个方面：一是鉴定标本的数量（the number of identified specimens），这是根据发现的动物骨骼进行鉴定、统计得出的数量。这种统计有它的缺陷，因为骨骼会破裂成很小的碎片，计算骨骼的绝对数量没有什么意义。所以，这种方法一般和动物个体最少数量统计（the minimum number of individuals）方法一起使用。这种方法一般根据对特定部位骨骼，比如下颌骨的统计来计算遗址中发现的骨骼所代表的最少个体数量。

动物遗存也可以帮助我们确定一个遗址被使用的季节，并深入了解环境的季节性变化。但是，大动物对气温和环境的适应范围比较大，耐受能力比较好，所以有时并非是很好的环境和植被标志。因此，有时单一物种无法说明一个遗址的生存环境。比如河南安阳小南海旧石器时代晚期遗址中，出土了披毛犀、水牛、猩猩的化石，说明适应完全不同生态环境的动物确实能够共生在同一区域。

分析动物骨骼可以提供人类利用动物资源的策略和季节性等信息，这除了需要鉴定动物种属之外，还得分辨动物性别和年龄。性别分辨有时比较简单，比如大多数鹿类只有雄性才有鹿角。野猪只有雄性长着较长的獠牙。正由于有些动物的两性差别比较明显，所以考古学家发现在伊朗史前土丘遗址的人们曾有选择地控制羊群，多数公羊在成年之前被屠宰，而母羊则可活到成年。动物年龄一般通过牙齿萌出和磨损来判断。年龄识别可以帮助我们了解古代人类的食谱和屠宰方式，并判断这些动物是否开始驯化。如果动物是通过狩猎获取的，那么动物年龄可能比较随机。圈养动物由于幼崽出生和屠宰时间比较一致,且目的往往是用来应付一年里食物短缺的季节,所以这些动物年龄判断会得出比较一致的结果。英国中石器时代遗址斯塔卡猎取的赤鹿死亡年龄在 1 岁左右,正值初夏季节,说明当时人类利用赤鹿年幼比较容易猎取的特点来获取肉食。

2. 微小动物

现在,微小动物的研究也越来越受到重视,因为它们对环境波动比较敏感,因此要比大动物更能够反映气候与环境变迁。而且,微小动物一般是自然埋藏,能够比较客观地反映周边环境,而大动物往往是人类狩猎的对象,所以它们的存在具有选择性。比如,我国华北旧石器时代遗址中常常有大量鼢鼠,反映了冰期的干冷气候。美国一位动物学家发现南非的沙丘鼹鼠个头与降雨量有关,降雨量大和植被茂盛时,鼹鼠的个头就较大。于是他从距今 9000—11000 年前南非一处洞穴遗址中发现个体明显较大于先前的鼹鼠的现象,判断这一时期降雨量增加。

有时,昆虫也能提供重要的环境和人类活动信息。比如,英国昆虫学家在伦敦附近的一处新石器时代遗址中发现了一种 5000 年前的甲虫,与此同时榆树的花粉下降。由于这种甲虫能够传播导致榆树生病的真菌,这就为 5000 年前榆树的减少提供了一种解释。

还有,寄生虫的发现也能为环境和人类经济形态的变迁提供信息。比如,在跨湖桥遗址里发现了人畜共患的一种寄生虫——鞭虫的卵。而跨湖桥遗址的先民已经开始驯养猪,很可能说明人类在将猪驯化后,开始染上了这种寄生虫病。

3. 家　畜

动物驯化是人类经济和生存方式的重大变化,所有家畜都源自野生动物,驯养动物的起源可能和人口的增长和粮食匮乏有着密切的关系。考古遗址中分辨驯养动物的骨骸是一件困难的工作,因为人类会以各种方式影响他们的家畜,比如用育种来培养含肉量多的动物,或增加羊毛的产量,或屠宰雄性和年老的个体来控制畜群的年龄和性别。经过人类的驯养,许多动物的体态和特性都发生了非常大的变化,以至于无法再在野生状态下生存。

一般来说,早期驯养的动物和野生物种骨骼之间的差异非常之小,很难予以区分,因此在考古学上很难根据一些零星的骨骼来判断某种动物是驯养的还是野生的。考古学家必须分析大量的骨骼样本,研究动物由于选择过程、食物结构、觅食习性变化所导致的诸如体型、性别上的变化。比如,猪的驯化在牙齿形态上很难反映出来,野猪和家猪的牙齿几乎是相同的,但是家猪牙齿的尺寸要比野猪小,而且犬齿退化,齿列会因头部的缩短而变得拥挤。野猪的身体特征和家猪也有着很大的区别。比如,野猪头长和体长之比为1∶3,现代家猪头长与体长之比为1∶6;野猪生长发育慢,出生一年后才达30—40公斤。而家猪出生半年后就能达到90公斤以上;成年野猪体重在100—200公斤左右,而成年家猪可达300公斤甚至500公斤。对跨湖桥遗址出土的猪骨骼的研究,发现其颌骨缩短、牙齿特征弱化,但是牙齿尺寸缩小要比骨骼尺寸改变缓慢,齿列凌乱,有龋齿,这些都是明显家畜化的特征,表明跨湖桥是我国出土最早畜养家猪的史前遗址。华北最早的家猪出土于距今7500年前的河北武安磁山遗址。

尽管如此,我们还是无法分辨野生山羊和家羊的区别,它们的体形和牙齿都没有什么变化。我们也无法单单根据骨骼和牙齿来分辨山羊和绵羊。对巴基斯坦新石器时代遗址中牛群的研究,发现动物个体有减小的趋势,但环境因素可能也起到了一定的作用。因为,最后冰期以后许多野生物种也有个体变小的趋势。许多驯化导致的体质特征的变化,如绵羊产毛的数量却无法通过考古分析获知。有时,从某些工具的出现和存在可以推断驯化动物的存在,比如犁、辕和挽具等。目前,世界范围内最早驯化的动物是狗,在1.2万年前以色列的一座墓葬里,有一只幼犬陪葬。目前,考古学家已开始采用DNA来追寻家畜驯化的历程,并发现许多家畜,如牛和羊都有许多独立的起源点。从目前的考古证据来看,狗和猪的驯化也应该是多源的。

三、食　谱

上述的动植物研究的一个主要目的,就是了解人类的生存状况与食物结构。但是,除了这些间接的证据之外,考古学也可以直接从人骨、器物上的残渍、古尸胃中的食物遗存和粪便来了解人类的食谱。食谱的概念可以分为某餐的饭食和长期的饮食结构两个方面:器物的残渍和古尸胃中的食物属于饭食,而龋齿、病理及骨骼中碳和氮同位素及微量元素可以显示长期的饮食结构。

1. 碳同位素

碳同位素的分析原理是:人体骨骼30%是骨胶,与其他蛋白质一样,骨胶中的碳是由两种恒定的同位素^{13}C和^{12}C构成。这两种碳元素在食物中含量各异,由人体新陈代谢作用而保持恒定,因此^{13}C和^{12}C的比值可以反映食谱。在温带地区,大部分植物在光合作用中形成3个分子的碳,称之为C3植物。在热带和亚热带地区,植物有较长的光照,并吸收较少的水分,碳结构为4个分子,称之为C4植物,这类植物包括玉米、小米、甘蔗等。C4植物要比C3植物含有较多的重恒定碳同位素,因此$^{13}C/^{12}C$的比值较高,这一比值用$d^{13}C\%$表示。因此,主食为玉米和小米的人口,其骨胶中要比未食用这类植物的人群含有更高的$d^{13}C\%$值。由此分析可以获知经济形态及农业的发展。碳同位素也可以帮助确立食物中陆生和海生食物的比重,因为海洋性食物中的碳同位素与C4植物相仿。法国学者对夏朗德一处洞穴中出土的尼安德特人骨骼进行碳同位素分析,发现尼人的食物几乎全是肉食。采用这种方法,考古学家发现丹麦史前人类食谱的变迁,在中石器时代人类主要依赖海洋资源,到新石器和青铜时代人类开始主要依赖陆生植物资源。同样,对委内瑞拉奥里诺科平原史前居民骨骼的碳同位素分析,发现在公元前400年当地主食中,玉米(C4植物)取代了木薯(C3植物)。

2. 氮同位素

氮同位素分析的原理是:氮同位素 ^{15}N 与 ^{14}N 在植物中含量不一,而在豆类中含量特别低,这是因为豆类能将氮元素固定在土壤里,所以植株中含量贫乏。一般来说,植物中 $^{15}N/^{14}N$ 比值(用 $d^{15}N\%$ 表示)要高于陆生食草动物,而淡水贝类的 $d^{15}N\%$ 值又比植物和陆生食草动物高。根据这项比值,结合生态环境,可以确定不同食物资源和种类,特别是非常低的 $d^{15}N\%$ 值可以表明豆类作物的引入。

3. 氧同位素

大气降水中的稳定氧同位素因温度、海拔、湿度以及距海远近的不同产生差异。重的同位素参与化学反应时需要更多的化学键能,海水在蒸发过程中优先蒸发轻的同位素,留下较多重的同位素,水蒸气中的重同位素在运移过程中优先降落,因此,距海越远、海拔越高、温度越低,降水中的稳定氧同位素越轻。人和动物通过饮用水及吸收食物中的少量水分记录了环境中降水的稳定氧同位素信息。对人类和动物骨骼遗存的稳定氧同位素分析可提供个体生前的地理起源、居住场所等信息。在生命初期,第一臼齿就已经开始形成,所以,第一臼齿反映的是个体从出生到2.5—3岁时摄入环境水的氧同位素信息,第三臼齿形成于个体的少年时期,反映的是个体7—16岁时期的环境水氧同位素信息。与臼齿不同,骨骼的同位素值随个体生长而变化,其同位素值指示的是个体生前10—20年的氧同位素平均水平。同一生活背景的群体有相对稳定的 ^{18}O 组成,通过对大量样本的 ^{18}O 测试,得出本地起源人和动物的 ^{18}O 变化范围,超出该范围的即为外来者,借此可知遗址居民中的外来人口比例。形成于不同年龄阶段的牙齿真实地记录各自形成时期的环境 ^{18}O 信息,将其结果与骨骼的相比对,可知该个体在生命各阶段有无迁移行为。[1]

---

[1] Matt Sponheimer: Oxygen Isotopes in Enamel Carbonate and Their Ecological Significance. *Journal of Archaeological Science*, 1999, 26:723-728.

4. 锶

锶元素含量是肉食和素食的重要指示剂。自然环境中的锶无处不在,植物直接从土壤中吸取锶,因此含量很高。锶和钙在动物体中是能够互相置换的元素,但是动物在吸收营养时有一种偏从钙而排斥锶的倾向,没有排泄掉的锶就以置换钙的方式沉积在骨骼中。由于食草动物要比食肉动物摄入更多的锶,所以在同一地区食草动物的骨骼中的锶要比食肉动物来得高。同样,主食为植物的人,骨骼中的含锶量要比主食为肉类的人来得高。分析古人类骨骼中的含锶量对于了解史前社会从狩猎采集经济向农业经济转变特别有用。应用这一方法,考古学家们已经确定了西欧、北美和中美洲各地农业经济开始的年代。由于各种动植物的含锶量不同,因此骨骼中不同的含锶量可以更加具体地帮助确定食物的种类。比如,在植物中豆类和阔叶植物要比草类的含锶量高,坚果的含锶量最高。海洋贝类要比淡水贝类的含锶量高,而鱼类又比植物的含锶量高。根据地理条件的差异和骨骼中含锶量的比例,可以帮助确定某一地区古人类是主要食用高锶食物如坚果、鱼类、阔叶植物,还是低锶植物如玉米等。

5. 古　尸

对保存完好古尸的研究可以了解具体的某餐饭食,比如 1950 年发现于丹麦泥沼中的托兰德人在被勒死之前,曾食用了由碾磨的大麦、草籽和其他植物熬的粥。对 1991 年发现在意大利和奥地利边界奥兹塔勒山上"冰人"的分析,我们知道他在死亡前一两天吃了一块野羊肉和一些植物。最后一餐的饭食是赤鹿肉和小麦,从肠道内存在的细小木炭屑和小麦碎片的大小判断,小麦碾磨成粉之后用火烘烤过,也许是最早的面包。[①] 湖南马王堆汉墓出土的软侯夫人死亡前食用过甜瓜。1984 年出土于英国西北林多泥沼的男性古尸,最后的食物是一块糕。

---

① 史蒂芬·霍尔:《冰人死前的最后旅程》,《国家地理》(中文版),2007 年 7 月。

6. 粪　便

人类粪便很少发现,一般在十分干燥和寒冷的环境里才能保存下来。在确认了人的粪便之后,可以检验其中的脂肪分子和类固醇,以及没有消化的各种食物。美国考古学家对内华达州一处洞穴内发现的5000个粪便化石进行了研究,发现了植物种子、鱼类、鸟类和爬行类的鳞片。对苏格兰一处罗马时期厕所粪便的分析,发现其中富含胆固醇,表明食用肉类较多。而如果存在大量麦麸碎片,表明面包和其他面食是主要食品。美国考古学家对犹太州格林峡谷遗址中的54件粪便样本进行研究,从其中的花粉来了解食谱、季节性的栖居,乃至将一些植物作为药物使用的信息。我国学者从跨湖桥遗址的沉积中分辨出由粪便分解所产生的真菌和鞭虫卵,可能是因为跨湖桥先民沿湖而居,家猪可能也就近散养,生活垃圾和人畜粪便直接排入水中。粪便污染会导致腹泻和肠道寄生虫病的流行,前者对儿童尤为致命。因此,早期定居社会的人口的聚居常因卫生条件恶化而影响到人们的健康。

7. 牙　齿

人类的牙齿往往可以指示食物结构。一种研究方法是通过显微观察,分析牙齿咀嚼磨损的特点,食物中具有磨蚀作用的颗粒会在牙齿上留下划痕,而划痕的方向和长度与肉类、蔬菜及加工方式有关。对50万年前德国海德堡人的牙齿分析发现,他的进食方式是用牙齿咬住肉,然后用石刀将其割断,因此,前面6颗牙齿上都留有石刀刮擦的痕迹。后来的尼安德特人也是用这种方式进食,而且他们还用牙齿鞣制皮革,导致牙齿的极度磨损。自新石器时代开始,食物结构的变化和炊煮方法的流行,使咀嚼食物所需的力量越来越小,肉食比例下降,表现为横向划痕增加和纵向划痕减少。开始利用谷物和淀粉类植物为主食,往往导致龋齿和掉齿频发。加工谷物的碾磨过程,往往使面粉中掺有沙粒,会导致牙齿的过度磨损。

8. 器物残渍

残渍分析是在微痕研究之后的巨大进展。加拿大考古学家托马斯·罗伊(T. Loy)首先尝试从石器上的血渍来判断动物物种。他分析了不列颠可伦比亚沿海 6000—10000 年前遗址中出土的 104 件石器，从石器残留的血红蛋白分辨出驯鹿、棕熊和海狮等动物，并从血渍测定出遗址的 AMS^{14}C 年龄。后来他发现，如果条件合适，血渍可以在工具上保存 10 万年。他在以色列塔邦洞穴的石器上发现动物和人的血渍，人的血渍可能是在打制石器中受伤所致。除了血渍，打制石器工具上还会留下毛发、植物纤维等，可以指示工具的用途。在石磨盘等一些碾磨器上，往往能提取到淀粉的残渍，可以帮助考古学家确定加工植物的种类。考古学家在所罗门群岛发现的碾磨石上，分辨出 28700 年前人类最早利用植物块根(芋头)的证据。

植物遗存中存在的各种化学物质，如蛋白质、脂肪酸和 DNA 等，可以用红外光谱法、气液色谱法和气相色谱法等技术予以分辨。陶器和其他器皿常常被用来炊煮和储藏食物，残留的遗存可以告诉我们当时的食谱。德国化学家从新石器时代湖居遗址的陶片上，分辨出芥菜、橄榄油、菜籽油、黄油等食物；从铁器时代的小口尖底瓶中发现了橄榄油和葡萄酒的残渍。但是，从罗马尖底瓶中发现的却是面粉残渍。奥地利考古学家从公元前 800 年左右的陶片上，用化学和显微镜分析发现了烧焦的奶渍。德国考古学家运用色谱分析，从德国一处新石器时代遗址出土的陶器上发现了奶类脂肪和牛油的痕迹，在罗马时代的陶器中发现了奶油和猪油的残渍。英国化学家利用分光仪和色谱法对英国中世纪遗址出土陶罐中的残渍进行分析，分辨出了多叶蔬菜(可能是卷心菜)。他们甚至从 3500 年前塞浦路斯的陶罐中发现了鸦片的残渍。通过化学分析，埃及第一王朝的器皿中被分辨出有奶酪、啤酒、葡萄酒等残渍。一位英国化学家从埃及陶器中的淀粉颗粒，复原了当时的啤酒酿造过程，赞助这项研究的英国啤酒厂还用此配方酿造出醇厚的啤酒。日本学者从绳纹时代早期的陶片上发现了海豚的脂肪。瑞士考古学家对一处新石器时代遗址出土的 30 件陶片进行残渍分析，用稳定同位素 ^{13}C 和 ^{15}N 测定上面的脂肪酸，发现这些陶片分别留有动植物的脂肪酸残渍，动物可能是羊和牛，而且还发现了牛奶的残渍，为中欧地区从新石器时代晚期已经开始消费奶制品提供了直接的证据。[①] 美国和中国学者合作，在河南贾湖和山东龙山文化的陶器中发现了用稻米、水果和蜂蜜酿制的酒的残渍。[②] 美国的酿酒商甚至根据分析的配方，重新酿制出了贾湖的果酒。作者曾尝试对跨湖桥出土陶片残留的锅巴进行化学分析，分辨出炊煮肉食和植物的明显迹象。

加拿大考古学家对不列颠哥伦比亚省基特利河附近史前遗址储藏坑里的鲑鱼骨骸进行 DNA 分析，以检验这一地区经济分化是否造成专门捕捞某些鲑鱼种类。对两个坑里 60 件鲑鱼骨骸的分析，只分辨出 3 种不同的鲑鱼，而不见一种被认为是当地印第安人主食的粉红色鲑鱼（pink salmon）。这个结果改变了先前考古学家对捕捞不同鲑鱼能够反映经济分化的认识。[③]

人类食谱的研究可以为经济形态的演变提供重要的线索，现在已经基本确认，原始的狩猎采集者与早期农耕者相比，享有比较可靠的食物供应和较好的营养条件，因此比较健康。当人类转向依赖某一特定农作物时，会造成慢性的营养不良，一些微量元素缺乏，由此导致体质状况的变化，如身高变矮、乳齿变小、童年发育受阻、骨骼发育不良等。北美许多地区在引入玉米后，贫血非常普遍，这是因为玉米几乎不吸收铁质元素。农业经济导致人口密集聚居、人畜共处、卫生条件下降，造成疾病感染上升。对西欧、印度和北美等地区从旧石器时代晚期经中

[①] J. E. Spangenberg, S. Jacomet and J. Schibler: "Chemical Analysis of Organic Residue in Archaeological Pottery from Arbon Bleiche 3, Switzerland——Evidence for Dairying in the Late Neolithic", *Journal of Archaeological Science*, 2006, 33: 1-13.

[②] P. E. McGovern, Juzhong Zhang at al.: "Fermented Beverages of Pre-and Proto-Historic China", PNAS, 2004, 101(51): 17593-17598.

[③] C. F. Speller, D. Y. Yang and B. Hayden: "Ancient DNA Investigation of Prehistoric Salmon Resource Utilization at Keatly Creek, British Columbia, Canada", *Journal of Archaeological Science*, 2005, 32: 1378-1388.

石器时代到新石器时代人类骨骼的病理分析表明,总体的营养水平逐步下降。新石器时代的人骨与旧石器时代相比,前者骨骼的外皮变薄,成年人身高变矮,骨盆大孔高度和头骨低部高度变小,在许多早期农业人口中,平均寿命普遍缩短。所以,人类的骨病理学可以反映食谱,也可以研究由经济变化所导致的人类体质和健康状况变化。对叙利亚幼发拉底河附近一处史前遗址的研究,揭示了人类从狩猎采集向早期农业经济转变带来的骨骼病理变化,妇女受关节炎的困扰成为一个突出的问题,因为她们花费很多的时间跪在地上来回碾磨谷物。

四、古病理

现在考古学家们越来越意识到,人类遗骸可以透露大量有关他们生存方式、生活质量、劳作、健康与营养状况和死亡原因的信息。这些信息要比其他器物和生态学材料更能提供直接的证据和历史图像,让我们深入了解当时环境、文化和社会各方面的细节。在人类300万年的发展过程中,许多疾病一直与我们的演化形影相随。人类大部分的主要感染性疾病出现在过去的一万年里,也就是说,我们的许多常见病是随着农业起源和人群大规模聚居后产生的,而许多流行病的细菌和病毒都来自人类所驯化的动物或家畜。这些疾病导致的死亡对我们人类产生过重大的影响和选择压力。[①]

病理学是研究人类疾病的一门学科,主要是由医学专家来从事的。古病理学则是从古代人类和动物遗骸来了解疾病的一门学科,最早出现在1910年,主要关注考古遗址出土人骨的非正常变异。这项研究也属于多学科交叉的领域,需要直接和间接证据的收集和分析。直接证据来自人类的骨骼或古尸,间接的证据来自当时的相关文献记载和肖

---

① N. D. Wolfe, C. P. Dunavan and J. Diamond: "Origins of Major Human Infectious Diseases", *Nature*, 2007, 447(7142): 279-283.

像学资料,但是这些记载和绘画往往只能透露一些疾病的表面现象,无法知道造成这些现象的真正原因。因为,表面症状的原因往往十分复杂。而且,古代人不了解疾病的性质,对其的理解和态度也和现代人迥异。所以对间接资料的应用需要特别小心,不准确的描述和表现会传递错误的信息,造成误判。① 与此同时,体质人类学家和法医学家也开始利用考古学的技术和材料来研究人类遗骸,特别是暴力和谋杀的证据,形成了一门独特的学术分支——法医考古学。

首先,木乃伊和各类古尸是了解古代人类健康和疾病最珍贵的材料,利用现代化的医疗和诊断技术为这些古尸做全面的体检,可以提供非常详细的健康报告。比如,CT 扫描技术可以对亚麻布包裹着的木乃伊进行检测,拍摄尸体各断面的图像,观察不同的软组织部位。采用光学纤维内视镜可以深入尸体内部观察体内的残留情况以及木乃伊的制作技术和过程。比如,在用内视镜观察埃及法老拉美西斯二世的头部时,在其颅骨底部发现一个用来抽取脑浆的洞。内视镜有时也能用来从尸体内部提取有机组织,分析组织成分和血样,比如通过从埃及木乃伊的体内提取的组织,了解古埃及人所患的动脉疾病以及尘肺等情况。

由于古代人类对疾病产生的原因并不清楚,他们不一定会留意自己的卫生状况并采取防范措施,所以寄生虫病和细菌病毒感染十分流行。比如,埃及人常患阿米巴痢疾和血吸虫病,肠道里的虫子很多。美洲前哥伦布时代的木乃伊中,也发现了鞭虫和蛔虫的卵。1952 年发现于哥本哈根西北方沼泽的丹麦的格劳巴勒人,被认为是在 2300 年前献给生育女神的一份祭品。这是一个约 34 岁的男性,人们将他带到一个水塘边上后,有人用一把短刀从他的一耳割到另一耳,将他的喉咙切开后推入水塘。在他的体内发现了数百万个鞭虫卵,可以想象他生前经常会受肚子阵痛的折磨。

古代遗留的粪便也能够提供有关寄生虫和病毒的信息。在秘鲁洛

---

① C. Roberts and K. Manchester: *The Archaeology of Disease*, New York, Ithaca, Cornell University Press, 3rd edition, 2005.

斯·伽维兰尼斯约6000年前的粪便中,考古学家发现了绦虫的卵,这可能是因为当地的先民生吃海洋鱼肉,因此容易染上这种疾病。在美洲其他地区发现的粪便中,还发现了各种寄生虫如绦虫、蛲虫、尖头虫、臭虫、螨和虱子的卵。美国病理学家还从秘鲁900年前的木乃伊肺部中,分离出肺结核细菌的DNA片段,证明该疾病并非是由欧洲人带到美洲的。我国湖南马王堆一号汉墓的古尸出土后,医学专家也对这具罕见的女尸进行了全面研究,了解到墓主人软侯夫人生前曾患有各种疾病,如冠心病、多发性胆石症、全身性动脉粥样硬化、血吸虫病等,为我们了解西汉时期人类的疾病和健康状况提供了珍贵的资料。

但是,像木乃伊和古尸毕竟非常罕见。所以,从骨骼上来研究古病理也能提供一些十分有用的信息。骨骼外表可以呈现由于暴力原因、疾病或先天因素造成的痕迹。对伊拉克沙尼达尔洞穴中出土的尼安德特人头骨的研究表明,当时已经采取了头骨刻意变形的措施,这种风俗后来在世界范围内都有所见。美国考古学家蒂姆·怀特(T. White)对出土于埃塞俄比亚的距今约30万年的一具男性颅骨进行分析,发现该颅骨曾被剥掉头皮,头上有两道砍痕,很可能是其致死的原因。前哥伦布时代的印第安人也有在埋葬之前,为祭祀而将死者头皮剥去的葬俗。从骨骼上可以分辨的疾病包括麻风病和某些癌症,而且学者成功地从以色列1400年前的骨骼上分离出麻风病的DNA,从法国菲拉西I号遗址的老年尼安德特人骨骼上分辨出可能由肺癌引起的病变。著名的小法老图坦卡蒙有两个随葬的小木乃伊被诊断患有先天性畸形,很可能是这两位小公主夭折的原因。对罗马时期英格兰许多骨骼的分析,发现当时大部分的青壮年男性都患有关节炎。而这一时期居民骨骼中的铅中毒十分常见,造成这一现象的原因是他们的铅质容器或食具对食物的污染,以及化妆品中过多的铅含量。

牙齿也能提供食物、行为和风俗方面的信息,比如经常使用石盘碾磨的谷物因掺入了沙粒会导致牙齿磨损严重。人类从狩猎采集经济转向谷物栽培,主食淀粉类食物会造成龋齿发病率的上升。水中含有过多的氟化物会使牙齿变黄,造成牙齿的损伤。我国山西阳高县许家窑遗址出土的 10 万年前早期智人就患有氟斑牙症和氟骨症,目前这种疾病在当地居民中仍很严重。史前人类和现代土著常常有一种拔牙风俗,比如 4000 年前日本绳纹文化的居民中盛行拔牙风俗。澳大利亚土著在成丁礼时常常要拔掉一两枚上门齿,这在新南威尔士和大洋洲西部出土的 6000—7000 年前的头骨上都有所见。

人类骨骼还能提供医疗行为的信息,其中最令人难以想象的是史前的开颅术。这种开颅手术在中外考古案例中都有所见,在欧洲、非洲、美洲、亚洲和太平洋地区发现有 1500 多例,其中最多的在中美洲,有 1000 例。我国史前开颅头骨见于新疆、青海、甘肃、陕西、河南、山东和黑龙江等省份,其中以新疆、甘青地区较为集中。时代大约分布在 2000—5000 年前,大约从新石器时代晚期到铁器时代。这种手术的目的除了从死者颅骨上截取骨片以外,其他原因可能是创伤、巫术和治疗疾病。史前的巫和医是合一的,开颅可能是为了治疗头痛或头部创伤所导致的颅压过高。从许多伤口炎症、骨质疏松和再生愈合的情况来看,有一些患者在手术后存活下来,说明这种危险的手术确实有一定的成功率。比如,秘鲁发现的 400 具开颅头骨中有 250 具有愈合痕迹。美国收藏的 214 个古代秘鲁开颅头骨中有 55.6% 表现为完全愈合,16.4% 为早期愈合,只有 28.0% 为未愈合。最令人匪夷所思的是,一个古秘鲁人在头上挖了 7 个大小不同的洞后,居然仍活了下来。在中美洲开颅用的器具主要是锋利的黑曜石刀片,而古代中国的开颅器具也是燧石一类的锋利石刀,到青铜时代有可能会利用金属刀具。开颅手术大多采用刮削和刻槽,也可能用环锯。从这些开颅手术的部位来看,这种手术并没有现代理念的外科解剖知识,把它视为一种盲目的巫医法术可能更为合理。①

此外,考古发现还包括医疗设备,比如庞贝遗址出土的大量成套医疗器具、意大利沿海沉船上出土的罗马时代医疗箱、英国沉船玛丽·罗斯号上出土的包括烧瓶、药罐、刮刀、尿道注射器、刀和锯的 16 世纪医

---

① 韩康信、谭婧泽、何传坤:《中国远古开颅术》,复旦大学出版社,2007 年。

疗器械等。秘鲁公元前450—750年前奇穆时期的遗址出土了成套的手术设备,包括解剖刀、镊子和棉花绷带。①

考古学家还将许多病理现象与环境和食谱联系起来,了解社会文化的演变。比如人群寿命长短和骨骼病理反映了饮食营养状况,以及个体的发育成长。比较明显的案例是美洲土著随着对玉米的依赖加大,蛋白质摄入不足,健康状况下降,相关的疾病日趋严重。由于玉米缺乏铁质,人们开始出现贫血和牙齿病变等症状。

当然像任何一个研究领域一样,古病理研究也有一定的局限性。由于古病理学研究的是古代的死者,所以不能代表活体的整体状况。对墓地的部分发掘和个别死者的研究难免会造成观察上的偏差,比如有的墓地并不掩埋夭折的儿童。还有,古代的感染性疾病往往会马上置人于死地,在死者的骨骼上不会留下明显的病变痕迹。许多影响软组织的病变也无法在骨骼上留下可供观察的迹象。再有,有些骨骼的变异很难判断究竟是死者身前患病所致,还是由于埋藏过程甚至发掘过程中的破坏,所以需要综合考虑和分析各种因素来进行研究。

五、农业起源

对史前技术、生态环境和食谱研究的一个重要目的就是了解农业的起源,它被柴尔德誉为人类历史上的第一场革命,是世界考古学的战略性研究课题之一。当然我们现在已经知道,这一革命并非突发的事件,而是漫长的过程。从狩猎采集转向农业是史前期人类生存方式最重要的转变,而且这一转变于更新世末和全新世初在世界各地的许多地方独立发生。开始,考古学家只是描述从狩猎采集向粮食生产的转变过程,后来他们试图了解这一转变为何发生。以前人们认为,农业经

---

① 科林·伦福儒、保罗·巴恩:《考古学——理论、方法与实践》(第六版),陈淳译,上海古籍出版社,2015年。

济比狩猎采集经济来得优越，是生存方式的改善，因此这个转变是再自然不过的了。人们还进一步认为栽培作物和驯养家畜是一种观念的革新或智慧的发明。但是，现代农业的明显优势在其初创阶段并不存在。民族学研究也显示，相对于狩猎采集，农业是一种更为辛苦的生存方式。美国民族考古学家在调查非洲的昆布须曼人时曾询问他们为何不种植庄稼，他们回答："世界上有那么多坚果，我们为何还要种它？"而对美国大盆地努玛和肖肖尼印第安人的调查发现，他们的栖居地在英国殖民者引入牛羊群后发生了重大变化。当问起他们为何种植庄稼，他们回答："我们再也无法狩猎和采集了。"所以只要衣食无忧，史前先民一般不会主动采取农业这种生存方式。所以，必须重新认识农业起源的动力和原因。

农业起源大概主要有四个原因：(1)气候变迁；(2)哺乳动物大量绝灭；(3)海平面上升；(4)人口增加。美国考古学家马克·科恩(M. H. Cohen)认为，整个更新世阶段，狩猎采集社会的人口缓慢地增加，人口压力在更新世末触发了粮食危机，开始引发了动植物驯化的过程。① 所以，这个过程是由环境变迁和人口压力的合力所促成。农业起源的过程，往往伴随着人类对环境的改造以及对驯化物种的刻意操纵。这种改造包括毁林开荒、开渠引水灌溉等措施。而驯化则包括选种、控制动物性别和阉割等步骤。

美国考古学家布鲁斯·史密斯(Bruce Smith)提出了"低水平食物生产"的概念，认为狩猎采集与农业两种生计形态之间存在一个广阔的中间地带，其转变过程极为复杂多样。这种生计既非典型的狩猎采集，也非真正的农业，表现为逐渐广泛干预或操纵动植物种的繁殖和生命周期，而且人类行为表现为从被动适应向主动干预的逐渐转变。于是，农业起源探究不只限于判断驯化物种何时出现，或根据驯化物种与野生物种的比例来分辨某社会的经济究竟属于狩猎采集还是农业，而是要深入了解人类社会在这片中间地带对环境和物种进行操控和管理

---

① M. H. Cohen: *The Food Crisis in Prehistory*, New Haven: Yale University Press, 1975.

行为的多样性。为此,"低水平食物生产"强调这一中间地带生计形态转变的多样性和复杂性,侧重了解人类行为在判断社群生计经济性质中的核心作用,把传统上流于注重物质表象的推断引向可以透物见人的生态学视角。①

农业一般首先出现在气候适宜并具有适合驯化物种的地区,比如在我国华北,最早驯化的作物为粟和黍,动物有狗和猪。长江流域则为水稻、狗和猪等。在近东,最早驯化的作物有大麦和小麦,动物有山羊、牛和狗。在中美洲,驯化的作物有玉米、豆类、南瓜等,而除了火鸡和狗外,几乎没有驯化过什么家畜。动植物驯化是一个漫长而复杂的过程,它的发生和发展既要有基本食物供应的保证,又要有一种食物定期短缺的压力,使人们认识到控制食物供应的重要性。而人口的缓慢增长和资源波动所造成的季节性食物短缺压力,会促使人们加大对驯化动植物的投入。经过漫长的发展,当驯化动植物的产量和稳定性超过野生资源之后,农业才会成为人类主要的经济方式。而美国考古学家肯特·弗兰纳利对墨西哥瓦哈卡圭拉那魁兹的农业起源研究发现,那里的人口压力并不明显,而且食物也没有明确短缺的迹象。早期对西葫芦和菜豆的驯化和栽培应该是当时先民应对不可预测的气候波动和食物资源年度变化所采取的一种觅食策略。植物栽培是一种无意识的过程,而农业起源的原因在不同地区和环境里可能很不一样。②

---

① 布鲁斯·史密斯:《低水平食物生产》,陈航、潘艳译,陈淳校,《南方文物》,2013 年第 3 期。

② Flannery KV ed.: *Guilá Naquitz: Archaic Foraging and Early Agriculture in Oaxaca, Mexico*. Walnut Creek, California: Left Coast Press, 2009.

第九章 聚落形态与社会分析

聚落考古学研究人类栖居形态的特点和演变。人类的聚落形态反映了人类对自然环境的适应及二者之间的相互作用,是人类居址或聚落在地形上的反映。它是人类根据实际的政治、经济和社会的考虑来安置其房子、村落、城镇以及宗教建筑的结果。因此,聚落考古不仅为考古学家提供了一种方法来研究社群对某特定生态环境的适应,而且可以观察不同社群之间的相互关系、社会结构和社会发展层次。

一、聚落考古

聚落考古学是20世纪中叶兴起的一项研究,主要分析人类栖居形态的演变。开始它受文化生态学的影响,主要关注人类对不同生态环境的适应。后来,考古学家发现人类栖居形态的特点和变化反映了社会的结构和组织形式,因此,聚落考古成为考古学家研究社会演变的重要手段。从栖居形态分析人类的物质遗存,考古学家所观察的是一种由不同的功能性遗址组成的栖居网络中的人类行为。其中有的是大型的、较为固定的营地或村落,有的则是小型的、季节性的临时活动场所,通过对这些遗址网络结构及其出土遗存的整体分析,考古学家有可能较为清楚地了解某一地区史前人类在特定生态环境中的生存方式和历时演变。

人类的聚落形态取决于各种因素,比如环境、技术和经济实践,而人类的文化特点和行为方式对某些社会的聚落形态也起着很大的影响。比如,卡拉哈里沙漠的桑布须曼人的营地分布是由水源供应和植物资源决定的,而中美洲古典玛雅的聚落形态是按照政治和宗教考虑来安排的。聚落形态研究分为三个层次:(1)个别建筑,比如房子、庙宇、要塞、墓葬和其他特殊功能的建筑物。个别建筑反映了当地的气候环境,以及技术和建筑材料所能达到的水平。另一方面也反映了社会发展的特点,比如在简单社会里只有非常单一的房屋类型,没有为特殊目的而造的建筑物;但是在复杂社会里,建筑物有明显的多样性:房屋的大小可以反映家庭结构和组织形式,甚至社会等级制度,各种特殊功能的公共建筑也开始出现。(2)社区布局。一般来说社区相当于一个聚落或村落,社区规模很大程度上受制于生态环境因素,但是其布局则受家庭和亲属制度的影响很大。在复杂社会中,不同社会阶层生活在仔细划定的区域里,不同的宗教群体和族群可能也如此。拥有财富的多少明显可以从这些不同群体所居住的房屋反映出来。(3)区域聚落形态。在简单社会中,遗址的分布形态一般依自然资源和环境条件而定,比如狩猎采集群的遗址一般集中在接近水源和食物资源比较集中的地方,而农业村落则多取土壤肥沃和便于灌溉的位置。在复杂社会中,聚落的区域布局会越来越多地取决于经济和政治因素而非生态因素,聚落因为其重要程度不同而表现出明显的等级差别。特别到了国家社会,城市成为管理和维系周边农村的中心,而首都则可以从其规模和奢华程度来予以分辨,这种政治经济中心内的宫殿和庙宇能反映政治组织的规模。一个区域里一个大的中心和周围一大批中小型聚落的分布,反映了后者对于前者的从属地位。如果要研究一个区域里社会的复杂化过程,可以将聚落形态的同时性和历时性特点进行整合研究,从而追溯其演进的具体轨迹,并判断其社会发展的层次。①

狩猎采集群的栖居形态主要受制于生态条件,由于野生的土地资源载能很低,无法供养较多的人口,而且狩猎采集群还必须保持较小的群体结构和较大的流动性来维持生存。因此,这种生活所反映的栖居形态大都是季节性的临时营地。由于受到技术的制约和利用时间的限

---

① 布鲁斯·G.特里格:《时间与传统》,陈淳译,中国人民大学出版社,2011年。

制,这些营地一般都没有刻意建造的建筑,或仅以非常简陋的窝棚遮蔽风雨,它们搭建比较方便,废弃也比较随意。因为营地临时性的特点,不可能让群体的成员在建筑上花费太多的精力和时间。这种聚落形态反映了1万年前人类原始社会结构的普遍特点。

早期农耕社会的经济开始依赖栽培作物,至少部分的食物来源有了保障,人类可以定居下来,形成规模不等的寨子和村落。农业社会的居址选择很大程度上取决于地形和土壤条件,地形的平坦度、侵蚀度以及排水和洪涝威胁都会影响到居址的选择。同样,土质也非常重要,如易耕性、含砂石量、肥力和盐碱度等。村寨的布局远不止是一个社会对气候和环境的适应过程的反映,也是社会结构的缩影,其内部可以反映家庭和氏族的大小和结构,外部可以反映它和其他社会的关系。在新石器时代早期,农业社会多为封闭的、自给自足的农业部落。这一时期的聚落形态多为大小比较匀一、分布较为孤立的小型村寨。但是到了新石器时代的中后期,随着人口的增加,社会日趋复杂和开放,群体之间对资源和土地的竞争也日益加剧,社会开始应付资源和人口的压力,处于关键资源分布和交通枢纽位置的聚落规模会逐渐扩大,加上市场、贸易和冲突的增加,人类的聚落会形成横向的网络和纵向的等级。

当社会发展到酋邦和早期国家,以农业为基础的村落依然存在,但是出现了一些专司管辖、贸易、祭祀功能的政治、经济中心,镇或城出现了。随着社会日趋复杂化,一个区域中的一批村落之间会出现交换和贸易的需要,其中个别村落因其地理位置上的重要性会变成商业中心。此外,部落首领居住的村落也会因其地位的显赫而发展成一处管辖、祭祀和再分配的中心。这种居址功能的复杂化会使一些村落变成城镇。由于城镇的独特功能,其位置的分布不再完全受制于生态环境,而更多地受制于政治、经济乃至军事的因素。国王所在的城往往成为首都,其中居住着贵族和特权阶层,并建造有大型的宫殿和祭祀建筑。

聚落考古学的鼻祖戈登·威利对玛雅低地的聚落形态研究提供了一个玛雅社会复原后的详细图像。玛雅社会的基本居住单位——一处单独台基或房基的居址,被认为居住着一个血亲家庭。而3—6个台基围绕着一个庭院的居址,则为几个血亲家庭的群居之所。这种居址形态与现代玛雅人相仿。这种社会实行从夫居,血缘制度按照父系。在较大的庭院组合中,往往会有一座壮观的大房子,是家族首领的"殿堂"或"办公室"。玛雅低地另一类建筑就是以金字塔和庙宇为代表的"中心",尽管这些"中心"是否是"都市"或"城市"仍有争议,但是它们是宗教领袖和其他贵族的聚居地、工艺品生产和分配的场所,也是大量人口集中的地方。威利发现,像蒂卡尔这样的中心,密度较高的房址主要分布在半径 6 公里的范围内,大约每平方公里 100 座。因此,在面积大约 120 平方公里范围内大约居住着 72000 人。塞伯尔是一处较小的中心,主中心只有 1 平方公里,大约在古典期晚期,其周边 25 平方公里范围内居住着 10000 人,蒂卡尔和塞伯尔的聚落不但有大量的民居,而且还有几处小的次级中心。玛雅的农业一般被认为是采用刀耕火种的方法栽培玉米,但是调查显示,无论人口估算如何保守,刀耕火种会长期休耕,其产量无法维持根据聚落规模计算出来的人口。考古调查发现,在河流沿岸的湿地上分布着大量抬高的地块,是用河流中的淤泥筑成,上面可以长年种植各种庄稼。在玛雅低地的丘陵及坡地上也发现了复杂的石砌人工梯田,这表明玛雅人采取了各种改造措施来增加土地面积和作物产量,并利用各种策略来维持较高的人口密度,他们的食谱不仅有玉米,还包括甜薯、豆类、南瓜、果树以及各种陆生和水生动物。对于古典玛雅究竟是一个统一的地域国家,还是山头林立的城邦国家一直存在争议。根据已解读的象形文字结合聚落形态分析,考古学家最终确认,玛雅低地的国家形态是政体林立,它们的疆域都很小,可能只有 30—50 公里,每个政体由一个单独的中心统治。比如,从东南部的坎昆到西北部的阿尔塔,沿帕森河流域长达 100 公里的区域内,分布着至少 25 处遗址,其中至少 11 处是独立的"小国"。因此,聚落形态研究为我们了解古典玛雅文明的具体细节提供了新证据。①

---

① 戈登·威利:《玛雅低地的聚落形态》,《南方文物》,陈洪波译,陈淳校,2007 年第 3 期。

二、遗址域分析

遗址域(catchment area)分析是通过了解遗址和聚落内包含物的所有成分以及它们的来源,以研究一个遗址和聚落周边被居民所开发的程度和范围。这一概念最初为剑桥大学的克劳德·维塔-芬兹(C. Vita-Finz)和埃里克·希格斯(E. S. Higgs)于1972年首创,早期的遗址域研究一是更加细致地了解遗址的生态环境条件,二是深入了解遗址利用的经济行为,主要涉及生存资源如水、食物、柴火、石料和建材等的采获范围和区域。[①] 维塔-芬兹和希格斯在此前提的基础上运用成本—收益原理,辅以各种民族志和历史学案例,区分了不同生计人群所需的日常活动半径。受格拉厄姆·克拉克(G. Clark)《史前欧洲的经济基础》的影响,由希格斯和加曼(M. R. Jarman)等人组成的古经济学派充分运用了遗址域分析,研究了欧洲狩猎采集者和农业遗址中的动物利用方式以及聚落与土地利用。[②]

狩猎采集群所开发的遗址域一般为以2小时步行时间(可能为10公里)为半径的范围,大多数农业群体的遗址域通常是在5公里或1小时步行的半径范围内,限定因素是时间而非距离。因此,调查遗址域可以带着问题从遗址或聚落向外步行1—2个小时,以分析区域内的土壤和地形。狩猎采集遗址的遗址域评估相对容易,其中包括地形的分析、水源、原料的位置、狩猎的路径等。对农业村落的遗址域分析较为复杂,不但要考虑土壤的种类和肥力,还要考虑耕作方式和技术。比如,黄土区土质疏松便于耕耘,所以很早就开始被人们开发和栖居;而黏土就不易耕作,所以在欧洲直到铁犁普及之后才被开发。

---

① 杰夫·贝利:《遗址资源域分析》,科林·伦福儒、保罗·巴恩编:《考古学:关键概念》,陈胜前译,中国人民大学出版社,2012年,232—236页。
② E. S. Higgs ed.: *Palaeoeconomy*, London and New York: Cambridge University Press, 1975.

美国考古学家弗兰纳利采用遗址域分析了解墨西哥瓦哈卡河谷公元前1150—前850年的史前村落生存方式,他发现像储藏的玉米、火鸡、水果是直接从村落周边和内部获得,草类、沙子、鱼鳖等资源从1公里以外的河流获得,玉米和其他谷物从5公里以外的高地上种植获取,房屋建材、动物和柴火从5—15公里内的山区获得,盐、燧石、陶土等从50公里外获得,而海生贝类、淡水贝类、翡翠和其他材料来自超过200公里远的地方。所以,通过遗址域分析可以知道当时人们的生存方式:2—5公里的范围可以满足其粮食需求,15公里范围可以满足动物肉食和木材的需求,生产工具的原料和装饰品要到50公里甚至更远的地方获取。当弗兰纳利将每个村落或遗址的遗址域在地图上标出后,他发现每个村落的内圈(2—5公里)从不重叠,外圈的范围有所重叠,50公里以外的资源被所有村落的人们共同享用。在遗址域外圈生产战略性资源如木材、动物和贸易品的地方,一些村落在那里设置季节性的营地,使其成为主要村落的附属结构。

三、居住面分析

20世纪40年代,路易斯·利基夫妇(L. S. B. Leakey与M. Leakey)在奥杜威峡谷的发掘中率先进行居住面揭露和分析,成为标志旧石器田野发掘和研究变革的一个转折点。居住面是考古学的一种微观分析,是对诸如狩猎采集者营地、洞穴遗址生活面和房屋住宅的水平揭露,根据上面各种遗物的特点来了解古代人类的活动。美国考古学家宾福德观察阿拉斯加纽纳缪特因纽特人营地男人废弃垃圾的方式,发现当他们围坐在火塘边敲骨吸髓时,在他们前面是一片小碎骨的散落区,而大的骨头则被抛到身后,形成一片"抛掷区"。宾福德用这一民族考古学的观察来重新评估对15000年前法国平斯旺遗址火塘和帐篷位置的解释。①

肯特·弗兰纳对圭拉那魁兹洞穴居住面的分析,是这项分析的典范。他分辨出前陶期7个居住面,对其中遗存比较丰富的4层进行了分析。由于各种动植物碎屑、石制品和其他文化遗存数量不一,而且混杂在一起,从直观上根本无法看出什么特点。于是,在对13种比较多的碎屑进行三维定位的基础上,弗兰纳利采用轮廓线方法,将这13类文化和动植物碎屑用轮廓线来表现不同的分布位置和密度,然后将它们的分布特点进行比较。对不同碎屑的分别处理和观察,令他发现了每层居住面上穴居者的各种活动,包括加工植物、烘烤龙舌兰、咀嚼龙舌兰、生吃果实、工具制作、屠宰、炊煮、食用动物和丢弃垃圾。分析还分辨出男女工作区、睡觉区、储藏坑、进出洞穴的走道和火塘周围的各种活动。他甚至可以看出某个男人坐在某个位置上一面打制石器,一面咀嚼龙舌兰或吃生果的迹象。②

因此,聚落考古、遗址域和居住面可以被看作是考古学发掘和研究在宏观、中观和微观三个层次上的分析。聚落或栖居形态研究某社群对一个区域不同栖息地和资源的利用和聚散方式;遗址域考察某遗址先民对生存资源的采办和利用的方式;而居住面则分析一个遗址中活动区、人工制品、动植物遗存之间的共生关系,了解一个家庭或某个小型群体的日常行为。

四、人　口

关于人口,在前面谈农业起源问题已有涉及,这是考古学家极为关心的一个课题,因为它和土地使用、生存方式、聚落形态、技术发展、社

---

① 路易斯·宾福德:《追寻人类的过去》,陈胜前译,上海三联书店,2013年。
② Flannery KV ed.: *Guilá Naquitz: Archaic Foraging and Early Agriculture in Oaxaca, Mexico*. Walnut Creek, California: Left Coast Press, 2009.

会结构、经济交换和社会演变等问题的关系非常密切。所以,目前在考古学中已经发展出古人口学这一领域,即从考古材料中来研究社群人口的各个方面,包括人口数量、密度和增长速度;同时还关注人口在文化演变中的作用。具体来说,古人口学主要从骨骼遗存来分析人口结构、性别比例、出生率、死亡率、平均年龄和寿命。

从旧石器时代晚期开始,全球开始了缓慢的人口增长,这个因素后来成为经济和社会演变的一个重要变量。考古学上的一些经典课题和主要争议都和人口有关,现在学界基本认同,像农业起源和文明与国家的起源,人口即使不是决定性的变量,也是关键的变量之一。但是,人口很难从考古学上予以直接观察。尽管如此,借助与民族学资料的类比和模拟的统计学分析,许多学者仍然努力来推断史前和历史阶段的人口规模,任何有关古代人口估算上的进展,都会受到人们的极大关注。

现在考古学家还没有一种完美的方法能从考古证据估算古代的人口和密度,因为涉及其他一些相关因素,所以很难做到十分精确和可靠。但是,有一个约略的估算总比没有要好。一种办法是从聚落分析来估算人口,因为人群规模和遗址大小或面积有一定的关系。对于个别遗址,可以从住房的面积和数量来进行推算。弗兰纳利提出,新石器时代早期社会大多为圆形房屋,面积大约为 10 平方米。由此可知许多新石器时代聚落中的圆形茅屋并非一个核心家庭的居所,而是单人的宿舍。人口学家纳罗尔(R. Naroll)根据当代 18 个土著文化的研究材料,提出史前人口数量是居住总面积平方米的十分之一。后来一些学者对估算模式加以改进,卡斯尔贝利(S. Casselberry)对新大陆多家庭长屋的分析得出了一个公式:"人口 = $\frac{1}{6}$ × 居住面积总平方米",由此推测每个房子居住大约 20 人。这种估算公式在推算时,需注意民族志资料必须与考古材料中的居址相近。福克斯(A. Fox)以新西兰毛利人的民族学资料推算,每 6 个成年人拥有 2 个窖穴。因此一处发现了 36 个窖穴的村落遗址,估算人口在 108 人。根据非洲卡拉哈里和大洋洲土著的民族学资料,狩猎采集社会的游群一般在25人左右,而一个部落在500人左右。有些考古学家从聚落墓地的面积来估算人口,由于这些墓地的使用延续了很长时间,所以只能反映整个时段内人口的累计,无法了解某一时段的人口。另一种是从某个环境里季节性动植物资源丰富程度,结合当时所采用的技术来推算所能供养的人口。比如美国考古学家根据加州一处贝丘遗址中废弃的贝壳和磨光石器的数量,估算公元前5500—前3500年的采集群为30人左右。

世界人口的经典理论是由英国马尔萨斯(T. R. Malthus,1766—1834)在18世纪下半叶提出的,他认为人类的繁殖能力远远高于食物供应的能力,因此人类必须通过竞争而生存,于是导致了战争、饥荒和灾难。他还认为,土地和技术是限制人口增长的重要变量。[①] 丹麦经济学家博塞罗普(E. Boserup,1910—1999)对这一理论做了补充,她认为人口压力会促使人们改进技术和经济形态来应对人口的增长,导致了社会从狩猎采集向农业的转变。[②] 农业和定居村落的出现是人类社会发展最重要的一项成就,粮食生产增强了人类控制自然的能力,使得人口能够以成倍的比例增长。除了粮食和人口的增长之外,早期的农业经济还刺激了技术的发明,并导致了社会结构的变革。稳定粮食生产的一个直接结果是社会群体可以大规模定居下来,固定和永久性的居址得以出现。流动性减少使得婴儿出生间隔大大缩短、夭折率降低,食物结构的变化,比如补充了面糊能使婴儿更易存活。虽然农业出现前后的人口规模不易估算,但是有学者推算1万年前,全球人口大约在500万—1000万。农业起源后,人口的增长率大约在年平均千分之一。虽然增速不大,但是累积效应十分可观,几千年后足以引起人口的激增。

至于人口密度,狩猎采集群体的人口分布除资源集中的情况外大约是每平方英里0.1人。早期旱地农业的人口约为每平方英里4人,

---

① T. R. Malthus: *An Essay on the Principle of Population*, London, J. Johnson, 1796.
② E. Boserup: *The Condition of Agricultural Growth*, London, Allen and Unwin, 1965.

灌溉农业为 16—25 人。新几内亚纳莱古-秦布和尼日利亚伊博两例刀耕火种农业分别可以维持每平方英里 250—400 人和 150 人。至于寿命,根据对安纳托利亚地区的估算,男子的平均寿命在旧石器时代晚期为 32.4 岁,中石器时代为 31.5 岁,新石器时代为 38.2 岁。哈桑(F. A. Hassan)提供了一种原始社会人口出生率和平均增长率的估算结果,旧石器时代的出生率可能在 0.0007%—0.0015%;农业经济出现前后为 0.03% 和 0.024%;旱地农业为 0.08%,灌溉农业为 0.12%,因此新石器时代的出生率平均为 0.1%。原始社会人口平均年增长率则为 0.4%—1.3%。[1]

美国考古学家卡内罗(R. L. Carneiro,1927—2020)将人口压力和由此导致的战争和冲突,视为早期国家产生的主要动力。他指出,在耕地被山脉、河流、沙漠和海洋包围的区域,人口增长的压力无法通过开拓新的耕地来缓解,而只能靠对有限土地进行强化耕作以增加产量。当增长的人口受到环境条件或其他敌对社群的包围而无法向外扩散时,战争便成为解决人口压力的唯一途径,并由此把区域内的社会纳入一个国家政体之中。[2] 虽然现在学界对文明与早期国家起源的动力的解释倾向于多种因素的合力,但是人口无疑是其中最重要的因素之一,像北极因纽特人和澳大利亚沙漠土著那样稀少的人口中不可能形成国家。

五、分子人类学

当今的技术发展已经能够从分子水平来研究过去,遗传学家或分子人类学家运用 DNA 来分辨古代人类的性别、遗传关系并追踪人群之

---

[1] F. A. Hassan: "On Mechanisms of Population Growth during the Neolithic", *Current Anthropology*, 1973, 14(5): 535-540.

[2] R. L. Carneiro: "A Theory of the Origin of the State", *Science*, 1970, 169: 733-738.

间的亲缘关系。虽然这个领域的研究历史不过二十来年,但是分子人类学所获得的成功却令人瞩目。我们的遗传信息都保存在我们的细胞核里,这种核 DNA 使得每个人都相互不同。但是,分子人类学家对另一类 DNA 感兴趣,这就是线粒体 DNA(mtDNA),与核 DNA 不同,线粒体 DNA 保存的时间比较长,容易从人类遗骸中提取。线粒体 DNA 通过母亲传承,因此可以帮助来追溯母系的谱系树。线粒体 DNA 还有一个特点,与核 DNA 相比,它进化比较快,每 3000—4000 年会发生突变。如果这类突变速率是基本恒定的话,那么相关线粒体 DNA 之间的差异就可以被用来追溯它们之间分化的时间。

20 世纪 80 年代下半叶,美国加州大学伯克利分校的一批分子人类学家根据对 147 名各大洲不同人种妇女胎盘细胞中线粒体 DNA 的分析,将所有现代人的起源追溯到 20 万年前生活在非洲的一位妇女。这一被称为"夏娃理论"或"走出非洲"的假设对学术界产生了巨大的冲击。这意味着人类起源和进化的主干在非洲,其他各大洲的古人类代表都不过是进化中的旁支。

1997 年德国莱因汉斯博物馆和慕尼黑大学的分子人类学家联手,采取聚合酶链反应(PCR)分析方法,确认欧洲典型尼人的线粒体 DNA 序列处在现代人类序列的变异范围以外,因此不可能是我们的直系祖先。这一进展被列为当年世界十大科技成就之一,一些西方媒体甚至认为其意义可以和人类登陆火星相媲美。

中国分子人类学家根据对中国 56 个民族中 28 个民族群体基因样本的分析,认为现代中国人的祖先大约在 4 万—6 万年前从非洲出发向东经印度洋,取道东南亚进入中国华南地区。这意味着,原来科学界所公认的中国人自北京中国猿人和其他古人类类型进化而来的传统观点遇到了严峻的挑战。后来,用 19 项信息更为丰富的 Y 染色体指标揭示东亚人群父系传承的遗传学研究在美国斯坦福大学完成。通过对包括中国 21 个不同民族的人口、22 个省份的汉族人口、3 组东北亚人口、5 组东南亚人口,以及 12 组非亚裔人口在内的大量样本的分析,表明东南亚人口要比亚洲北部的人口拥有更大的变异。这意味着东南亚大陆应是东亚现代人群最早的定居点。根据 Y 染色体变异速率的推算，晚期智人进入东南亚的时间大约在距今 18000—60000 年前，紧接着开始了向北的迁徙过程。与此同时，另有一批晚期智人群体从东南亚开始向南迁徙，进入马来西亚和印尼并到达太平洋群岛。虽然分子人类学证据对中国人来源的解释目前并没有得到中国古人类学家和考古学家们的欣然认可，但是古人类学和考古学的发现最终可以对遗传学分析做出的解释加以检验。

从体质人类学证据来说，美洲印第安人属于蒙古人种，一般认为他们的祖先在最后冰期白令陆桥出露海面时从西伯利亚来到北美。一些分子人类学家认为，这些早期的迁徙者在穿过白令陆桥进入新大陆时需要通过几个瓶颈，这就会限制抵达美洲人群的多样性。而且，亚洲人群和美洲土著人群之间的遗传差异一般来说是在他们分离之后产生的。于是，衡量两者之间的遗传距离可以估计他们抵达美洲的时间。一个初步的估算是，亚洲人群和北美土著的先祖分手的时间是在 21000—42000 年前。不久前，美国埃默里大学的分子人类学家分析了中美洲现在在语言上相近的 7 个部落的线粒体 DNA，证明他们原来属于同一个部落，与另一个部落在 8000—10000 年之前分离。这个年代是根据线粒体 DNA 百万分之二点二的突变速率来计算的。这些分子人类学家还对全美洲 18 个部落的线粒体 DNA 进行分析，利用与上述相同的突变速率计算他们与最早先祖分离的时间，答案是 22000—29000 年前。对这项研究的批评在于，研究人员依赖一个无法确定的假设，这就是所有观察到的遗传差异是在这些部落来到美洲后开始出现的。是否有可能这些差异是在这些部落抵达美洲之前就已形成了呢？

将现在离得很远的美洲印第安群体的遗传学异同加以比较，可以确定他们都有一个共同的祖先，这些群体大约在 15000—30000 年前开始分离。有些分子人类学家甚至指出，美洲所有印第安土著的 95% 来自单一的共同先祖，很可能是在冰期一起跨过白令海峡的几个家庭。最新研究显示，Y 染色体的两种特殊变异被发现在新大陆印第安人与西伯利亚中部的 14 组人群中,这表明美洲印第安人很可能源自西伯利亚中部的一批原始人群。遗传学证据同样表明,今天主要生活在北美北极圈的因纽特-阿留申和纳代尼土著属于来自亚洲较晚的迁徙者,他们大约在 7500 年前到达北美。

1979 年,一位苏联地质学家在西伯利亚叶卡捷琳堡郊外的一座很浅的丛葬墓中发现 9 具几乎完整的人骨,还有 14 枚子弹头和一些残留的绳索。这一消息马上传遍全国,因为叶卡捷琳堡是沙皇尼古拉二世最后被流放和监禁的地方。长期以来,十月革命之后沙皇一家的去向一直鲜为人知。有谣传说沙皇一家可能逃离苏联,甚至有人说尼古拉二世舒服地隐居在波兰。通过对这些骨骸的 DNA 分析,沙皇一家的下落终于浮出水面。苏联解体后,俄国有关部门要求国内外的法医学家对骨骸进行分析,1993 年英国研究小组从骨骸中提取到了 DNA。由于沙皇一家为欧洲贵族,因此可以从姻亲关系追溯皇室家族的谱系。英国维多利亚女王是沙皇皇后的祖母,她的另一个孙女维多利亚公主是爱丁堡公爵菲利普亲王的祖母。因此,菲利普亲王的 DNA 应该和维多利亚女王、沙皇皇后及她的 5 个子女吻合。1993 年 7 月,菲利普亲王同意捐献他的血液样本以供 DNA 分析。通过对几段关键序列的仔细比对,菲利普亲王的 DNA 与骨骸中提取的 DNA 完全吻合。1996 年 2 月 25 日,沙皇一家的遗骸被重新安葬在圣彼得堡的皇家墓地中。

六、社会结构

人类物质文化的发展无法与社会结构相分离,这使得一些人类学家和考古学家都努力探究人类社会结构演变的规律和过程。早在 19 世纪,美国人类学家摩尔根就提出过一种三阶段依次递进的文化发展模式,分别为"蒙昧时代""野蛮时代"和"文明时代"。他指出,每个发展阶段中的社会各有不同的文化,呈现一种独具一格的生活方式,可以使我们对这个独特社会按其相对进步的状态进行研究。摩尔根的思想对马克思和恩格斯产生了很大的影响,促使他们来探究阶级社会的性质和发展的最终趋势。比如,马克思就提出:"大体来说,亚细亚的、古代的、封建的和现代资产阶级的生产方式可以看做是社会经济形态演进的几个时代。"① 摩尔根和马克思的社会进化思想最后被斯大林总结为一种人类社会直线递进的发展模式:原始社会被分为氏族前、母系氏族、父系氏族三个阶段;后继为三个形态的阶级社会,分别是奴隶社会、封建社会和资本主义社会;最后为两个无阶级社会,分别是社会主义和共产主义。②

到了20世纪60年代,美国人类学家萨林斯(M. D. Sahlins,1930—2021)和塞维斯(E. R. Service,1915—1996)利用民族学资料建立起一种推测性和高度一般性的直线发展序列,来表述人类社会自游群(band),经部落(tribe)、酋邦(chiefdom)向国家(state)发展的模式。人类学家通过现代不同发展阶段观察的总结,为考古学家从物质遗存来分辨不同发展阶段的社会以及它们的演进过程,提供了非常有价值的依据和可供参照的框架。

1. 游 群

在漫长的史前期,特别是更新世的旧石器时代,人类一直以小型的社会结构维持生存,它由一个或几个核心家庭组成,人数不会超过25—60人,并以密切的血缘关系维系在一起。这种社会结构的生存方式对狩猎采集经济特别有效,至今仍保留在非洲昆布须曼人和大洋洲的土著人群中。这种游群鼓励合作的狩猎采集,分享收获的资源。

2. 部 落

当人们定居下来,开始采取农耕经济,这种生存方式和经济形态就

---

① 马克思:《政治经济学批判》序言,《马克思恩格斯选集》第 2 卷,人民出版社,1972 年,第 83 页。

② B. G. Trigger: *Sociocultural Evolution: New Perspectives on the Past*, Oxford, Blackwell Publishers, 1998.

会促成较大的社会聚居,部落就是比游群来得大且复杂的一种社会结构。部落也以密切的血缘关系维系,所有成员都源自共同的祖先。部落是一种平等社会,一般通过家族的长老或某种形式的部落委员会来领导。部落首领一般通过威望和能力进行领导,在地位和生活上并不高于其他成员。部落也可能由超越血缘关系的不同家庭或部落单位组成,比如北美狩猎野牛的部落因合作狩猎所需,常以松散和缺乏血缘关系的不同部落随机聚散为特点。部落在经济上基本自给自足、享有很大的自治性。它以共享生活资源为特点,没有发达的专业手工业,也没有组织化的贸易。然而,部落要比游群更容易分裂,需要有比游群更强大的凝聚力。

3. 酋　邦

酋邦是在部落社会的平等原则被新的秩序和组织机制所取代时产生的,其中不同的血缘集团在社会内部形成了一种等级制。一些血缘集团取得了主导地位,不但因为它们源自一个显赫的祖先(往往与神祇有关),而且它们拥有的非凡功绩,并被视为拥有不同寻常的宗教和统治能力。这样独特的谱系地位使这些集团在社会中获得一种特殊的地位,它们被赋予领导权力为整个社会谋福利。人类学家认为,当酋长成为社会结构中的一个职能时,社会不平等就成为酋邦社会的特点,它最终导致消费的不平等。酋长地位的提高同时也使其家庭成员具有了超越一般家庭的地位,最终导致其整个血缘群地位的提高。酋邦区别于部落和游群之处不只是在经济和政治结构方面,而是在社会等级上。部落和游群是平等社会,而酋邦从根本上说是世袭的等级社会,它常常表现为一种神权性质。酋长往往是具有超自然能力的祭司,其权威来自他们背后的一种神圣力量。他们的一个重要特点在于能够计划、组织和调动公共劳力营造大型的纪念性建筑,制作和拥有非凡的奢侈品,频繁进行祭祀活动与神祇进行沟通。所以,相对于部落而言,酋邦以拥有在大量精致的奢侈品和艺术品为特点。这使得史前酋邦留下了大量明显的考古遗迹,比如灌溉渠道、梯田、庙宇、土墩、金字塔和其他类似的公共建筑和纪念性建筑物。

但是,酋邦社会的政治还是很原始的。总的来说,它还是家族情感型的社会,虽然已非平等社会。它没有政府,但是出现了权威和集中的管理;它没有私有财产和商业市场经济,但是却出现了不平等的物品和生产控制;它存在等级差别,但是还没有明确的社会经济或政治阶级。战争对于酋邦的形成也有重要作用,部落之间的竞争和频繁的战争应该是酋邦形成的重要条件,也可能是导致酋邦崩溃的重要因素。融合、扩展然后又解体的这种轮回,被学界公认为是酋邦社会的主要特点。总的来说,酋邦是介于部落社会和国家之间的一种过渡型社会,但是并非所有酋邦都能进化到国家,只有少数强大酋邦能够克服轮回的命运而发展到国家。

4. 国　家

国家自酋邦发展而来,但是要比酋邦更大、更复杂。国家已经具有行使强制性制裁的合法权力,具有完善的政治结构、明确的阶级分层以及专门化的手工业。国家由一种成熟的统治阶级所管辖,由等级制的世俗和宗教官僚体制所维持;至少存在一种司法系统,存在由贵族、武士、商人、官僚、农民和奴隶组成的社会阶级。统治者享有极大的财富,并常被视为半个神祇。例如,古埃及的法老是拥有决定权力的神圣君王,国家的土地和宗教管理都集中在他的手中。法老依几百年的法定先例,通过复杂的官僚等级体制进行统治,代表了特定的世袭王朝。玛雅和印加帝国都按照严格的谱系组织,有贵族、工匠、平民和奴隶等严格的社会等级,只有少数具有非凡作战能力或献身宗教的人士才能破格进入社会的最高阶层。中国晚商国家的运转建立在宗教、政体和血缘紧密结合的基础之上,商王通过占卜、决策、牺牲和祈祷等祭祀活动,以祖先神灵愿望的名义使政治权力集中化和合法化。商有复杂的官僚等级体制,有繁缛的礼仪和宗教制度。国家政体可以被视为个人权力和血缘联盟的结合,下属的部落和群体首领通过多种形式,以纷繁复杂的血缘关系、宗教信仰及各自利益与商王维系在一起,在商王直接控制下担任着领导职能。占卜在商王的政治和宗教权威上具有战略性的地位,商王通过一系列的汇报与祖先保持接触,生人与死者共同生活,通过祭祀进行沟通。

首先,从考古证据来研究不同发展层次的社会结构,可以综合许多方面来进行分析。墓葬是非常重要的信息来源,对尸体的处理有时可以反映其生前的地位。随葬品的多少和奢华程度,是社会复杂程度的一个标尺,墓葬的劳力投入和规模往往反映社会等级的森严和墓主的社会地位。其次,建筑也能指示社会结构,聚落形态的分化是社会复杂化的重要标志,房屋的大小、质量、位置往往可以体现社会内部的结构。国家阶段以存在中心城市或首都为特点,这种城市有精细的布局、宫殿和庙宇、宏大的祭祀中心和防卫建筑。再次,手工业生产的规模往往也能反映社会发展的层次,比如部落社会一般都以自给自足的方式生产各种日用品,即使存在一些奢侈品也只是个人的饰件,没有显赫物品;但是,到了酋邦和国家,手工业,特别是奢侈品的生产成为社会的一个专职部门,专职工匠出现,并出现大量珍稀的舶来品。国王、酋长和贵族就以这些奢侈品来体现自己的地位、财富和权力。像我国商代,青铜器、玉器和骨器等的生产成为国家控制的部门,体现了国家动用全国劳力、资源和财力的能力。目前,考古学基本上可以从考古证据的综合研究来了解社会的不同发展阶段,但是这四类社会类型毕竟是人为定义的,而实际上社会的发展应是一个连续的过程,所以发展特点比较明显的社会比较容易确认,而在那些处于过渡时期的社会就难以把握,比如发达的酋邦就很难与早期国家区分开来。

七、贸　易

在早期发展阶段,大部分人类社会处于自给自足的经济状态之中。人类在定居后,许多生活和生产的必需品无法从居住地附近获得,必须通过交换和贸易。当社会日趋复杂化,一些贵族人物为了显示自己的地位和等级,热衷于用珍稀的舶来品装饰自己,以显示一种神秘和非凡的能力,因此,交换和贸易更为频繁。到了商品社会,高度相互依赖的贸易成为经济的主要特点。贸易被称为"群体之间互利的物品流动",当人们在自己的土地上无法获得某种物品或服务时,就需要贸易网络和交换系统来满足其要求。交换和贸易可以在一个社会内进行,也可以跨越社会的边界与外界交流。从事贸易有两个要素,一是用于交换的物品或服务,二是从事贸易或提供服务的人。

平等社会的经济是一种典型的平均主义经济,被称为"互惠经济"。互惠经济有两种,一种叫"一般互惠",也即所谓的"各尽所能,各取所需",这种机制不需要平衡和回赠。谁能付出就继续付出,谁想获取就随意获取;另一种叫"平等互惠",这是一种等量或等值交换,类似于礼尚往来和物物交换,是原始的交易、买卖和货币方式。等级社会的经济仍是一种互惠的交换,但是形式可能更加固定,其中一个主要的过程就是再分配。一些最高分配者地位的取得不是因为他个人的成绩,而是在于不等平互惠中的积累。礼品交换是一种常见的加强个人和群体社会关系的行为,个人和群体之间的这种零星交换减少了人群的自我依赖和自给自足,最终使社会凝聚起来,形成大型的功能性社会,使得社会不但必须依赖别人提供基本的用品,还要求助于社会的服务。

个人之间的互惠交换可以每年在同一地点进行,它可以是一处住所。但是当一个村落参与和其他社群的生产和交换时,它很可能成为一处重要的中心。物品或贸易品的交换需要某种形式来保证其公正性,于是这种再分配可以由一位酋长、一位长老或一个管理机构来进行控制。由不同社群的酋长或长老之间进行谈判来进行互惠的交换,可以促使社会政治和经济制度逐渐变得复杂化。从事贸易的决定,特别是远程贸易,取决于对物品要求的迫切性,也取决于物品获取和运输的难度。像牲畜和奴隶要比矿物容易运输,因为前者可以自己行走。贸易,特别是远程贸易一般不会由个别家庭来从事,一般由酋长和专门的商人来操控。对贸易的控制,往往会促使经济和社会管理机构的发展。

有的情况下,贸易对社会的生存和发展起着非常大的作用。比如,玛雅低地缺乏许多基本的生活资源,如碾磨玉米的石头、食盐、制作工具的黑曜石,所以需要通过远程贸易从北部高地、墨西哥河谷和危地马拉等地获得。个别的家庭或部落一般无法独立从事这样的贸易活动,必须由一个等级形态的网络进行组织。这种贸易网的运作和发展,以及互惠和再分配的经济形态的成熟,促使玛雅成为国家社会。同样,苏美尔人所需的各种原料如金属、木材、皮革、象牙和一些珍贵的宝石需要从美索不达米亚北部和东部遥远的地区和山地获取,这使得大美索不达米亚成为一个互惠的交换系统,美索不达米亚南部发展成复杂商品加工和出口的中心,而北部成为原料的供应地。

对贸易和交换的研究往往需要了解整个生产、分配和消费系统,可以从考古遗址和墓葬里的舶来品分析它们的来源,除了器物本身产地的信息(比如海贝)和传统的器物风格分析之外,物理和化学的分析现在也变得很流行。比如,从石器原料的产地来了解它们的开采和贸易,从陶土的成分分析可以了解陶器是否为本地生产。对消费的研究仍不多见,这需要了解物品的废弃过程和原因,计算物品的数量,分辨不同遗址和墓葬中存在的差异,然后了解这些物品在不同社会阶层和范围内的使用和消费方式。

伦福儒和巴恩提出了交换和贸易的三种形式,这就是互惠交换、再分配和市场贸易,并提出了贵重物品和一般商品之间交换的不同,前者是非常珍贵之物,是财富和地位的象征。互惠交换可以被视为平等社会中流行的交换方式,再分配则是酋邦社会中常见的交换方式,而市场是国家社会流行的交换方式。因此,只有了解物品在社会中的角色及物品的交换方式所代表的社会关系,我们才能够理解物品交换的重要性。他们还提出,人类的交换不只局限于物品,思想也能交换。这是以前传播论所关心的问题,但是我们要避免简单化的解释。当社会日趋复杂,对等政体会表现出许多方面的交流和互动,包括模仿、竞争性对抗、战争、发明传播、象征共同体、贵重物品的仪式交换和商品的流动。① 我国良渚和商周时期玉器和青铜器广泛的传播和分布,可以从贵族之间的模仿和竞争来观察。一些新生贵族需要象征身份的物品来确立和巩固自己的地位,往往会从其他发展层次较高的社会中获得甚至模仿这些显赫物品。而玛雅低地小国林立,竞相建造巨人的纪念碑以超过对手,可视为竞争性对抗的例子。

八、宗教与信仰

宗教和信仰是考古学研究最后也是最为困难的一个领域,因为许多考古遗迹明显代表了当时人们的宗教信仰,但是我们很难通过它们来了解古人的想法。对于远古时代的人们来说,宗教信仰在他们生活中的重要性几乎与生命一样重要,所以我们无法避开这个问题。宗教产生的基础在于人类发现在种种自然现象背后隐藏着某些不可知的力量,从根本上说,宗教是人类与自己现状及最终归宿进行斗争的一种感情与心智的基本手段,它通过对神灵的膜拜以应付人类畏惧和无法抗拒的现实,而这种现实也是无法操控的。社会文化系统的复杂化进程常常和宗教体制的复杂化同步,当社会越加变得复杂,宗教体制和信仰特点也会趋于多样化、差异化和专门化。不同的社会发展阶段常常可以与不同宗教类型相对应。美国人类学家迪克逊(D. B. Dickson)将人类社会的宗教形态分为四类,分别是个人宗教、萨满教、群体宗教和教会宗教。② 在人类早期社会中,萨满非常流行,也常被称为"巫觋"。巫觋或萨满借助超自然和神秘力量尝试使某种现象得以发生,这是一种原始宗教信仰。通过宗教活动,萨满借助某种仪式和道具与超自然的神灵接触,直接获得神的"召命"。在古代和现代的原始部落中,人们

---

① 科林·伦福儒、保罗·巴恩:《考古学——理论、方法与实践》(第六版),陈淳译,上海古籍出版社,2015年。

② D. B. Dickson: *The Dawn of Belief*, Tucson, The University of Arizona Press, 1990.

通过巫师的帮助与神灵、祖先沟通,这种沟通神灵的活动包括占卜、治病、见神视鬼、施展咒术等等,因此控制着这种通天手段和特殊知识的人,是真正执掌权力的统治者。萨满是一种较为简单的宗教形式,普遍见于部落和酋邦社会,但是萨满教的世界观在早期国家甚至今天工业化的社会仍然继续存在,并与其他复杂宗教形式并存。比如,我国商代青铜器的纹饰就被认为充满了萨满的特点。今天在我国许多民族群体中,萨满仪式和艺术仍然是民众中经常举行的活动和表现形式。

在史前社会和早期历史阶段,宗教、礼仪和艺术常常密切交织在一起,因此史前和早期的艺术表现可以反映社会的宗教、礼仪和人们的世界观。在这些社会里,人们用艺术形式来创造和表现自己的信仰,这些艺术品和图像被视为超自然的象征,而不仅仅是人类心智的产物。它们被看作神灵显形的直接形式,有时甚至被视为自然发生的奇迹。因此,原始和古代社会中的艺术表现,绝不是"为艺术的艺术"。在早期文明社会中,令人瞩目的奢侈品或艺术品的消耗和宗教建筑的营造是确立统治阶层的地位和厘定等级的手段。统治阶层和贵族通过赞助这些生产强化了自己的政治权力,即便这些奢侈品和宗教建筑是由普通民众所造。对这些奢侈品和宗教建筑的公开展示能够使下层民众产生敬畏和顺从。

在考古学中我们可以见到远古宗教的各种产物,比如,法国与西班牙洞穴里的旧石器时代壁画一般被视为"狩猎的魔术",是当时的狩猎群为保证自己猎物供应定期举行仪式而创造的。欧洲旧石器时代晚期的各种"维纳斯雕像",被认为是多子和繁衍的象征。西欧的巨石阵被认为是新石器时代晚期祭司举行宗教仪式的地点。墨西哥特奥蒂化坎的太阳和月亮金字塔也明显是举行宗教仪式的地方。埃及和两河流域的金字塔虽然功能有所不同,但是同样是当时社会宇宙观的反映。

与此同时,墓葬也能反映宗教信仰。比如尼安德特人、中国的山顶洞人、欧洲新石器和青铜时代的许多墓葬都用赤铁矿粉陪葬,反映了一种对生命再生的希冀。灵魂不死的信念所促生的木乃伊技术成为古埃及人宗教信仰的核心表现之一,为了顺利抵达来世,古埃及人必须将尸体保存在圣洁的环境里,死者的名字必须被祈祷者念诵。同时,复杂的木乃伊制作技术在古埃及极为兴盛,这种对遗体的精心处理是他们对灵魂关心的表现,是灵魂冥界之行的准备工作。中国先秦时期流行的是一种"出世"灵魂观,也就是人神异型,神仙鬼怪所过的生活是"绝世离俗",因此墓葬只不过是一种纳尸之所。从西汉到东汉,人们的葬俗发生了变化,东汉流行的砖室墓按照人们生前的方式来布置,使墓室从幽闭的纳尸之所变成了死者在另一空间里的"家"。这是因为人们的灵魂观发生了从"出世"到"入世"的转变。儒家"事死如生"的观念,使得人们对身后世界有了类似人世的期待。由于解读的难度,从考古证据研究宗教信仰需要非常谨慎,最好结合文献、民族学类比或社会整体的特点来进行分析,避免先入为主的猜测或漫无边际的想象。

小　结

从前面的介绍来看,考古学的进展不仅体现在大量的考古新发现上,更重要的是不断更新的技术和新的研究领域的拓展。遥感勘探技术、测年技术、环境食谱分析、分子人类学测定方法的采纳,使得考古学研究从开始的纯物质文化研究扩展到了人类生计、经济演变、社会结构和意识形态的各个方面。由此来看,考古研究信息的提炼比材料的积累更重要。古代考古遗存可能是重复出现的一些习见东西,但是考古学的探索手段和领域是在不断拓宽的。我们可以相信,随着科学技术的发展和学科交叉的深入,考古学能够在技术方法的不断发展中帮助我们加深对自身历史的了解。

第十章　探索与阐释

考古发掘和材料分析与我们所要探索的问题有关,如果没有想了解的问题,发掘和研究也就没有目的。有人可能认为,考古发现本身可以直接告诉我们过去的信息,可以自己说话,所以找到东西就能取得成果。其实,考古发现和考古探索还是不同的。考古发现有偶然性,但是考古探索是有针对性的。考古探索是有目的地去解决一些未知的问题,并从杂乱无章的材料中提炼古代的各种信息。所以,这种探索以及对分析结果的阐释,成为科学考古学的主要特点,并且和理论的发展密切相关。在许多人看来,考古学理论是一种缺乏事实的空谈,考古学就是一门实证的学科,它凭发现的材料说话。其实情况并不如此。英国考古学家约翰逊说,事实和现象是重要的,但是没有理论,它们不会吐露真言。考古学家和废铜烂铁收集者之间的区别在于,我们要用一套法则将那些事实和现象转化成对过去有意义的解释。过去和现在之间有一条鸿沟,需要考古学家建立一座连接的桥梁,这座的桥梁就是用来阐释的理论与方法。[1] 伦福儒曾说过,真正意义的考古学史是考古思想的发展史。这说明考古学的发展并不仅仅以发现材料的增加为标志,分析上的进步和理性、观念上的发展更为重要。这一章,我们将简介考古学阐释的发展和理论的进步。

---

[1] M. Johnson: *Archaeological Theory*, Oxford: Blackwell Publishers, 1999.

一、文化历史学的途径

前面对文化历史考古学的特点做了简单的介绍,它于20世纪上半叶流行于欧美考古界,目前仍是中国考古学的基础。它有以下几个特点:(1)它主要为一种编年学导向的研究,将发现的考古资料用"考古学文化"这个分析单位加以归类,并以区域分布和时代早晚将它们以纵向的序列和横向的联系紧密地安排在一起。在时间的框架上,考古学家将不同考古学文化的先后和同一考古学文化内部的分期编排在一起。比如,在环太湖地区的新石器时代,就以马家浜文化、崧泽文化、良渚文化和马桥文化这样一个年代序列来安排。在空间的范围内,用文化圈和文化区来定义它们的分布范围。比如,中国考古学家苏秉琦(1909—1997)就以六大考古学文化区系类型来编排中国境内的新石器时代文化。(2)将文化视为一种人类行为规范,考古学文化概念被视为支配一个特定社会群体行为的一种规范,它由习得的授受而代代相传。考古学家采用的文化的概念就像语言学家用方言来区分人群的界限一样,因此特定的考古学文化就相当于民族学中的民族群体。某个考古学文化的延续和分布就代表了史前某社会群体的兴衰历史。(3)用传播迁移论来解释文化的变迁,追溯文化的来源和去向被视为考古研究最有价值的目标,发现新的或年代更早的考古学文化,被视为具有重大的历史意义。

现在,文化历史学方法虽然仍然流行,并被视为考古研究的基础,但是它被认为具有许多缺陷:(1)它是一种描述性的研究,只知其然而不知其所以然。(2)考古学文化概念有两个主要的缺陷:第一,它基本是以少数代表性的器物来进行定义和分析,只见器物不见人;第二,它比较适合于研究小规模的、相似的、较为定居的史前简单社会,而不适合研究高度流动性的游群和内部分化明显的复杂社会。流动性大游群之间的频繁接触,会使广阔地理范围内分布的文化遗存看上去十分相似。而复杂社会因为内部的分化和对外的交流,文化面貌会变得十分繁杂,这使得建立在共同规范和典型文化特征基础上的文化概念失去了分辨群体身份的作用。总之,社会内部的分化和复杂化,会使文化同一性消失,而外部交流增强会模糊不同群体之间的界限。(3)传播迁移论被批评为一种懒汉的解释,它常将无法解释的现象归为某个未知的来源。其实文化的发展是非常复杂的,并非只有传播一个动力,也有可能因内部的因素而发生。而且,一些相似的文化特点在追溯它们之间的传播或联系时,必须排除趋同的可能。比如,有些器物如箭镞和石斧,因石料可塑性有限而在加工方式与功能上表现得相近。(4)考古学文化研究常常将文化差异视为不同传统,基本不考虑它们的适应。生态环境被认为是与文化没有关系的外部因素,其实环境会影响文化,而文化也会改造环境。更重要的是,一类文化迁徙到一个完全不同的环境里,不可能不发生巨变。因此,了解一个文化的特殊适应要比追溯其传承更加重要。

英国考古学家柴尔德除了用文化历史学方法来编排欧洲的史前史外,还尝试用马克思主义思想对史前文化的演变做出一般性的阐释。其中最具代表性的就是他解释农业起源的"绿洲理论"或"新石器时代革命",还有解释文明起源的"城市革命"或"第二次革命"理论。今天,这些理论虽然受到了学科发展带来的质疑和挑战,但是仍然对考古学的阐释产生着重大的影响。

对于农业起源,柴尔德认为粮食生产经济确立的时期正值气候危机对干旱的亚热带地区产生明显不利的影响,驯化谷物和家畜的祖先也生活在这些地区。欧洲大冰盖的融解和冰原上高气压的收缩,导致带雨低气压的通常路径自大西洋向北推移,致使北非和阿拉伯变得干燥起来。雨量减少带来了破坏性的变化,使连绵草地与沙漠之间点缀着一些绿洲。为了获得食物和水,食草动物不得不集结在日趋萎缩的绿洲周围。为了同样原因,猎人们也频繁来绿洲旁边。猎人和猎物由此发现,在努力战胜干旱的致命威胁上,他们是一致的。如果猎人同时还是一个种植者的话,他会为饥饿的野兽提供一些食物:他们刚收割过的田地中的残株,可成为绿洲中最好的草食。一旦谷子入仓,种植者可让半饥牛羊进入他们的园子。这些野兽太虚弱,无法逃跑,且因太瘦而不值得屠宰食用。人们可能会转而研究它们的习性,也许还会用贮存的剩余谷子喂它们。如果人们认识到这些动物作为食物储备的好处时,它们就会走上驯化之路。伴随着农业起源,人类新的居住方式和生产工具如村落、房屋、磨光石斧、陶器、纺织、历法乃至新的宗教信仰也随着出现。

对于文明与国家起源,柴尔德认为农业经济的发展使人类能够控制和掌握自己的粮食供应,于是可以生产出较其消费需求更多的剩余粮食来,这种生产的发展可以应付人口增长之需,于是新石器时代革命带来了人口的大量增长。这种新的经济形态标志着人类社会的成功和巨大进步。到了青铜时代,手工业发展造就了经济专门化和广泛的商贸,社会必须生产更多的粮食来供养那些专职工匠,并用于原料和产品的运输。于是在近东的青铜时代出现了许多城市,在那些城市里存在相当规模和较高水准的手工作坊和对外贸易。城市里生活着由工匠、商人、运输工人,以及官吏、祭司、文书和士兵组成的社群,他们需要农牧业生产的剩余产品的供养,于是便出现了第二次革命。城市革命或第二次革命把许多自给自足的小型农村变成了人口众多的城市,并最后组成了国家。① 所以,柴尔德将农业生产效率的提高和剩余粮食的积累视为手工业专门化和社会等级分化的原动力。虽然,后来的深入研究使大家认识到一个事实,这就是农民在没有外界压力或经济诱惑的情况下不会自动生产多余的粮食,他们宁可选择休息而不愿意辛苦增加粮食产量。但是,柴尔德的这个阐释在20世纪上半叶极其流行。

在1950年发表的《城市革命》一文中,柴尔德列举了城市社会的10项特征:(1)城市的规模和密度要比任何先前的聚落来得大,虽然它可能比现代的许多村落要小得多。比如,像苏美尔城市的人口在

---

① 戈登·柴尔德:《人类创造了自身》,安家瑗、余敬东译,上海三联书店,2008年。英文版为 G. V. Childe: *Man Makes Himself*, London, Watts, 1936。

7000—20000人之间。(2)城市人口的结构与任何村落不同,很可能城市的主要居民还是耕耘周边农田的农民,但是所有城市存在自己不从事粮食生产的专职工匠、运输工人、商人、官吏和祭司。(3)每个基本的生产者都必须以向神祇和国王进贡的形式交付一定的税赋,后者成为剩余产品的集中管理者。(4)出现了庙宇、宫殿、仓库和灌溉系统这样的纪念性公共建筑和大型劳力工程,以区别于一般的村落,它们也是社会剩余产品集中的象征。(5)出现了一个完全脱离体力劳动的宗教、政治和军事的特权统治阶级,阶级社会成型并实施对社会的组织和管理。(6)为了提高管理效率、记录税收,文字被发明。(7)农业和宗教活动的需要导致数学、几何、历法和天文学等科学技术的产生。(8)由专职工匠生产的标准化的和高度发展的艺术品,成为体现地位的象征,也体现了美学意识。(9)生产专门化和交换扩展到城市范围以外的地区,导致长途贸易的出现。(10)出现了按居住方式或职业特点而定的社会政治结构,国家机构取代了基于血缘关系的政治认同。柴尔德在诸多因素中,把手工业专门化和土地灌溉系统的出现视为促成城市或国家形成最重要的因素,因此他的理论又被称为"手工业专门化与灌溉"模式。他认为,专职工匠早在城市和国家之前已经出现,他们以流动方式提供手艺。当像埃及和美索不达米亚等大河流域的农业社会的粮食生产可以积累充分的剩余产品之后,专职工匠得以集中在一处固定的地点工作。此外,灌溉农业促使了城市的形成,因为水道运输和轮车驮兽的利用可以在一些聚居中心储备大量的粮食,而灌溉系统将有效的耕地和大量人口集中在河流与运河附近。在这里,柴尔德的分析主要是列举了城市和国家出现的技术条件,而不是刺激城市起源的主要因素。①

在柴尔德的时代,考古学还处于材料积累的初级阶段,大部分考古学家仍埋头于材料的积累和描述,潜心于类型学的年代学研究,无暇顾及对材料的阐释。但是,柴尔德能够凭借他过人的记忆力和理论素养,

---

① V. G. Childe: "The Urban Revolution", *The Town Planning Review*, 1950, 23: 3-17.

利用他所掌握的大量考古资料,对西欧和近东史前社会的演变提出了一般性阐释的理论,对考古学如何探究文化演变产生了巨大的影响。他所取得的非凡学术成就,使柴尔德成为20世纪最有影响力的考古学家。

二、文化过程研究

20世纪60年代,考古学的研究范式发生了显著的变化。欧美考古学界一些具有创新意识的学者和年轻新锐开始对文化历史考古学的缺陷提出批评,推动这门学科从器物和年代学研究扩大到对人类行为的研究,并从现象的经验性描述转向对社会文化演变动力的解释,新考古学由此兴起。新考古学又被称为"过程考古学",过程(process)就是指动力机制(dynamics),它意在探究某种文化的组成部分如何在某个时段作为一个整体运作,或各种文化如何随时间流逝而演变。它的终极目的不在描述文化发展的历史,而是要解释文化的进程,也就是文化发展的原因和动力机制——既包括特定文化内部运作和变化的原因,又包括促成空间上更广阔的文化交流和历时变迁的动力。这种新的范例导致了考古学在理论和方法上的一系列变革,考古学的术语、概念、分析手段也发生了显著的变化。下面对过程考古学的一些关键思维和学术概念做一下简单的介绍。

1. 文化适应与文化生态学

在文化历史考古学的范式中,"文化"这一概念是指同一人群规范特征的集合体,它以相似的物质文化来定义。于是,石器、陶器、装饰品、墓葬等物质遗存的类型学描述和比较成为研究的主要方法。然而,过程考古学将文化视为某一人群适应于特定环境的方式,是人类超肌体的适应手段。这种对文化适应功能的研究视野,受到了美国民族学家斯图尔特的启发。斯图尔特将文化看成是一块三层"蛋糕",经济在下层,中间是社会结构,上层是意识形态。他在这块"蛋糕"下加上了一层"生态环境",并将它视为影响文化演变的重要因素。由于人类的文化因素与自然界相互作用,所以这种文化因素会和生态环境形成相互制约的复杂系统。但是他强调,文化生态学并非是"生态决定论",生态环境对文化发展的影响取决于文化本身的复杂程度,换言之,原始的文化要比进步的文化更受制于生态环境。①

根据斯图尔特的定义,文化生态学研究社会对其环境进行适应的过程,并探讨这种适应是否激发了社会内部的革命性变化。文化生态学大体上用类似于生物生态学的方法,观察一个社会与环境的相互作用。但是,文化生态学并不将社会特征等同于生物学特征,它认为社会对某种环境的适应有赖于技术、需求和社会结构的协调。对人类的早期社会来说,自然生存仍然是基本的考虑。不同的社会采用特定的生产技术来开拓特定的环境。一种技术的发明改善了人类控制和调节环境的能力。所有的社会文化组成了一个完整的系统,其中技术、经济、社会、政治结构、宗教、语言、价值观以及各种特征都是密切相关的。

从文化生态学角度来研究人类文化立足于以下的基本原理:

人类作为生物界的一员是整个自然界生命网络的一部分,但是人类并不像其他生物那样以自己的特定器官来适应环境。人类有超肌体的文化因素,因此文化会影响整个生命网络,也受制于这一网络。人类的文化特征不是遗传的,因此它们的变化和关系不可能从生物学角度来解释。文化演变的探究是要了解人类社会为适应环境是否需要一种新的行为方式。整个文化可以被视为人类社会与特定环境相互作用的一种生存系统。构成文化的各种特征在适应生存系统中的功能是不同的。文化生态学主要是了解那些与环境作用关系最为密切的文化特征。

原始文化的发展是缓慢的,但是经过长期的发展,不同环境中的文

---

① J. H. Steward:"Cultural Ecology", in D. L. Stills ed., *International Encyclopedia of the Social Science*, New York:The Macnillan Company and the Free Press,1968,pp. 337-344.

化可能会变得差异很大。这种变化主要是由技术和生存方式的重新适应所造成的。一种新的技术和文化特征的价值取决于社会发展水平、文化功能以及环境条件的潜因。环境条件不但会促成,而且会阻碍某些技术特征的采纳和传播。此外,拥有相同技术和文化特征的社会可能会因环境不同而出现不同的适应方式。环境条件决定了原始社会的生存方式、群体大小和相互关系。比如,在资源贫乏的环境里,人类只能以最小的群体单位活动,而且分布十分稀疏。种子采集、小动物的狩猎只是个人和单个家庭的行为。在刀耕火种和早期农业时期,群体合作的程度也不会很高。而开拓数量密集的资源,猎取大群有蹄类动物,以及灌溉农业则需要大规模的群体合作。①

　　文化生态学的流行为传统考古研究促成了一系列反思和新认识:(1)史前考古学的研究应当从纯器物的类型分析扩大到对生态环境信息的了解。像动物骨骼、孢粉、种子、坚果、贝壳等生态物的采集和分析,是文化分析不可或缺的重要部分。于是环境考古迅速成为考古研究最重要的一个领域。(2)器物分类不能等同于文化分类。器物分类是对个别标本的鉴定、排列和组合,而文化分类是对器物类型重新组合(如排除功能类型)来分辨群体身份。特别应当避免单凭一种或几种典型器物来定义文化和建立文化关系。(3)一类文化中心和分布范围在不同时期会发生变动。在某一阶段中,一类文化可能与同一地区的祖裔文化都不相同。同一遗址上下叠压的文化关系可能并不反映历史的延续性,同一区域早晚分布的文化也不一定是直接的祖裔传承。(4)在环境稳定的漫长岁月里或在环境变化剧烈的短时期里,历史关系密切的文化都可能发生不同的变化。应当仔细分辨适应差异和历史传统差异之间的区别。(5)文化分类不一定与群体的身份完全吻合。没有一群人会在一个地点从事全部的生产活动;同一群体在开采不同的资源时会使用不同的技术与工具;相邻的不同社会群体开拓相同的资源时也会拥有相同的技术和工具。社会愈是开放,流动性愈大,从器

---

① J. H. Steward, *Theory of Cultural Change*, Urbana, University of Illinois Press, 1955.

物来分辨它们的社会和文化界限就愈困难。①

斯图尔特的文化生态学理论极大地推动了考古学的发展,并影响到聚落考古学这一新方法的诞生。考古学家认识到,分析研究不应该局限于研究一群人留在一个地点的遗存,或仅着眼于典型遗址或文物丰富的大遗址。史前人类以不同的策略来对应资源有异、季节波动的环境,因此应该从人们不同活动地点的废弃物中提取生态、文化和社会结构方面的信息,也就是说从人类栖居活动的形态来研究文化遗存。要从事聚落形态研究,考古学家应当确定一群人活动的时间和范围,了解他们的活动规律,然后从有代表性的地点中采集考古材料,这些材料代表了他们的"活动组合"。从某种意义上讲,这种聚落形态和活动组合相当于我们习惯上定义的"考古学文化"。

另一位对文化适应思维有重大影响的是美国人类学家莱斯利·怀特。怀特视自己为摩尔根思想的继承者,他提出"一般演化"的概念,力图了解和解释社会文化演化的一般特点和发展主线。这条主线以人类历史上每个相继阶段中最先进的文化为代表,不管这些文化发现在何处,与其他文化有没有关系。怀特将人类文化中的工具、器皿、装饰品等以及行为和宗教信仰视为一种复杂机制,认为是人类超肌体的适应方式和手段。他将文化比喻为一种热动力系统,每一种文化系统由技术、经济、社会和意识形态等亚系统所组成,技术位于最下层,社会结构在中间,意识形态在最高层,其中技术力量是整个文化系统的决定性力量。他用一个公式来表述这一文化演变模式:

$$C = E \times T \quad (\text{文化} = \text{能量} \times \text{技术})$$

怀特说,文化进化的基本规律是:如果其他因素保持不变的话,文化随每年人均利用能量的增长而演进,我们可以从这种观点来概述文化发展的历史。如果是一种狩猎采集社会,它便会使用一套与该生存方式相关的技术,于是必然具有一种特殊类型的社会系统。依此类推,

---

① 布鲁斯·G.特里格:《时间与传统》,陈淳译,中国人民大学出版社,2011年。

农业生产者、商人和产业家采取不同的生存方式,他们的社会也必然有各自不同的系统。一个民族的社会系统,本质上是由维持生计和军事攻防所使用的技术手段所决定的。①

2. 多线演进与新进化论

过程考古学除了强调文化的生态适应和功能分析之外,再次强调了研究社会一般进化规律的重要性。这种重要性在 20 世纪上半叶因德籍美国人类学家博厄斯大力倡导文化特殊论而遭到冷遇,博厄斯反对进化概念,反对摩尔根的文化进化论,强调每一种文化都是一种独特的实体,必须从它们本身来了解和评估。在 1949 年发表的一篇论文中,斯图尔特对博厄斯的研究导向提出挑战,再次强调社会发展规律研究的重要性。他说,尽管半个世纪来对文化规律的总结饱受怀疑,但是他仍然坚信发现文化的法则是人类学的终极目标。

斯图尔特提出,有必要构建一种世界性的文化发展框架或一套放之四海而皆准的法则。文化的比较研究可以激发对重复发生和独特事件的关注,人类学认为合理的和最终的目的,是要通过文化差异来看共性,探究文化进程中独立重复发生事件的机制。任何规律的总结,只要程序是经验的,从对事实的解释来提出假设,并在新的事实允许的条件下予以检验和修正,那么对文化材料的系统总结就是正当的。他强调,收集事实本身并非一种完整的科学程序,事实上,只有当它们与理论相联系时才有意义,而理论并不会被事实所消灭,它们只会被那些能更好说明事实的新理论所取代。②

斯图尔特认为对生态的适应在影响社会文化的发展方面起着关键的作用,他试图确定社会文化是如何在不同环境条件中发展的,为什么在世界上完全不同的生态环境里,如热带雨林、干燥的河谷和北方林地

---

① 莱斯利·怀特:《文化的科学——人类与文明研究》,山东人民出版社,1988 年。
② J. H. Steward: "Cultural Causality and Law: a Trial Formulation of the Early Civilization", *American Anthropologist*, 1949, 51(1):2-28.

中会独立演化出基本相似的社会文化特点,遵循相似的发展轨迹。另一方面,不同自然环境中的文化也会沿着不同的道路发展。他把这种社会文化演变称为"多线演进",和以前的进化学者如摩尔根等提出的直线演进或平行演化有所不同。[①] 斯图尔特声称,进化人类学的目的应该是解释所有或大部分处于相同发展阶段中文化的那些共同特征,而不是去解释那些由历史偶然性所造成的独特事件和非重复发生的特点。他强调,如果人类学是一门科学的话,就应该从解释特定事件转向解释跨文化演变的规律。

斯图尔特提出五种依次递进发展的社会文化类型来对美索不达米亚、埃及、印度、中国、秘鲁北部和中美洲的古代文明进行比较研究,他认为这几个地区是文明的摇篮,虽然这些社会文化相互隔离,文化特点迥异,但是都在原始技术的基础上发展起来、应对相似的问题、造就了相似的发展轨迹。受斯图尔特的影响,美国文化人类学家萨林斯和塞维斯利用民族学资料建立起一种推测性和高度一般性的直线发展序列,来表述人类社会自游群,经部落和酋邦向国家发展的四阶段演进模式。他们试图将社会一般演化和特殊演化区别开来。特殊演化注重社会文化适应特定环境时所发生的变化,而一般演化以关注社会持续性为宗旨,他们认为这两种方法的互补能使我们对社会文化的发展有更好的了解。[②]

虽然将全球的社会形态加以比较,会发现事实情况要比他们所确立的四个阶段或形态要复杂得多,但是这一演化序列被国际学界广泛接受,并被视为一种对社会文化重要差异和发展进程的准确描述。这种和文化生态学一起产生、从文化适应来构建社会文化演变一般性规律的理论,被称为"新进化论"。与 19 世纪以摩尔根为代表的文化进化论相似,新进化论相信社会文化中所有重要的不同特点是社会从简

---

① J. H. Steward: *Theory of Cultural Change: the Methodology of Multilinear Evolution*, Urbana, University of Illinois Press, 1955.

② M. D. Sahlins and E. R. Service eds.: *Evolution and Culture*, Ann Arbor, University of Michigan Press, 1960.

单到复杂的发展过程所造就,因此文化的差异和发展是需要阐释的主要内容,而文化适应被认为是社会演变过程中造就文化差异的主要因素。斯图尔特对促成这一研究导向起了关键作用。他强调只有文化之间的共性而非差异才是科学值得探索的目标,并声称世界上不同地区早期文明的起源可以由少数几种因素予以阐释,并认为所有其他文明只是这些文明的次生现象。[①]

3. 系统论

由于文化生态学将考古学文化视为人类一种超肌体的适应手段,因此文化和环境构成了一种互动的系统。这就是我们所说的"人地关系":人和环境相互影响,相互制约,形成了一种动态的因果链,因此文化的不同特点和演变过程可以从环境的特点和变化来予以解释。后来考古学家认识到,文化不仅和环境起作用,它也会和周边的其他社会起作用。于是,文化的发展成为社会与环境、社会与社会之间一种复杂的运转系统。只有对这种运转系统的关键因素和过程有所了解,考古学家才有可能解释文化发展的原因。

系统论原先是其他自然科学和社会科学领域所采用的一种方法。这一理论的核心是建立在这样的前提下,即系统和系统关系十分重要,它存在于许多生物和非生物的现象中,大到天体和太阳系的运转,小到人体和生物体的循环,都属于不同的运转系统。主导这些系统的法则有时不但类似,甚至可以十分相近,因此对一种现象的关注可以延伸到另一种现象中去。系统论的阐释要比考古学家在分析描述中所采用的一对一的因果机理解释更加合理。

与文化历史考古学传统的器物类型学研究不同,系统论的理论视野特别强调器物特征和分布状态与这些器物生产和使用行为之间的关系。从系统论的观点来看,考古学文化并非是社会共享原则的集合体,

---

① J. H. Steward: *Theory of Cultural Change: the Methodology of Multilinear Evolution*, Urbana, University of Illinois Press, 1955.

而是相互作用的动力系统。它所要研究的是不同系统之间的相互作用、它们的适应意义以及对系统演变的影响。最重要的是关注器物衡量、分类以及人类行为方式之间变异的敏感性,因果关系应当是多变量的,多维变异可以同时发挥作用。系统论的主要概念包括系统、开放系统、封闭系统、环境系统、分布系统、平衡系统、热动力系统、形态发生系统、反馈系统和偏离系统等,这些概念可以帮助考古学家观察和分析各种问题。

系统论早期的一些出色研究就是从变化中的经济、人口和其他社会特征,和某一环境在漫长时期里的相互作用来研究人类社会系统的演变。系统论为考古学家提供了一个宏观角度来观察社会与社会、社会与环境之间互动和发展的过程。①

如果将"系统"取代"文化",或从环境和文化的互动关系来分析考古学文化,那么我们就必须对许多传统的研究方法加以反思或进行深入的检视。比如,以工具和器物定义的考古学文化是否要考虑它们是一种文化传承或传播,还是不同文化对相似环境的适应?是否需要在确定它们的文化关系之前排除功能适应上"趋同"的可能性?还有,一种文化在发展了几百年后会变得差异很大,所以同一文化内部的差异可能因环境变迁,在几百年后会变得比同一时期中相邻的两个不同文化之间的差异更明显。考古学又如何解决文化异同观察时所必须加以分辨的历时性和同时性问题?再有,文化历史考古学的文化分析和衡量尺度主要是立足于一批典型器物,这种研究一般是采用分类详述的方式。如果不了解器物工具变化和兴衰的原因,那么考古学的文化分析充其量只不过是一种表面形式上的比较,它无法为社会历史的发展提供令人信服的解释。系统论分析的潜力在于它将文化视为一个各组成部分相互关联的功能系统,这使得考古学能够通过动态和功能结构从局部分析整个文化现象,进而深入探讨和推论考古学证据不足的那

---

① F. T. Plog: "Systems Theory in Archaeological Research", *Annual Review of Anthropology*, 1975, 4:207-224.

些社会文化方面,比如社会结构和宗教信仰等。这正如天文学和物理学理论将宇宙视为一个相互关联的运转系统,天文学家因此能从一小片宇宙的尘埃来分析宇宙的发展及其结构。

这里,我想介绍美国考古学家弗兰纳利结合文化生态学和系统论对位于墨西哥南部高地上的瓦哈卡谷地和美索不达米业农业起源及国家起源的分析和阐释,他为这种理论方法的运用提供了具体的实例。在墨西哥瓦哈卡谷地的研究实例中,弗兰纳利将这里的文明起源视为环境系统、农业系统和社会系统之间的互动。瓦哈卡谷地有四种不同的环境生态区,首先是谷底的冲积平原,其次是比邻的河流堆积高地,再有就是河谷周围的山麓与外围的山脉。谷地土壤侵蚀较弱,降雨量虽少,但是地下水位较高,适合水井浇灌,再加上无霜的气候,使得瓦哈卡要比周边其他地区更适合农业实践,这里也的确最早开始农耕的实践。随着谷地中人口的增加和不同环境生态区被占据,河谷中对优质高产土地的占有和竞争日趋激烈。在适于农耕的粮食高产地区,剩余产品的积累促成了河谷中不同群体之间财产和地位的分化。当水渠灌溉引入到河谷中时,资源的竞争和财富地位的分化进一步加剧。同时,通过贸易获取的舶来品被那些富有群体用来标志身份和地位。他们吸收和采纳了奥尔梅克文化的历法、象形文字和象征系统,使贵族阶层与其他社会群体的分化更加明显。在内外各种作用下,酋邦在瓦哈卡河谷5万平方公里的范围内形成。到了公元纪元初,这里出现了一个真正的国家,并成为墨西哥南部高地最主要的政治中心。①

在美索不达米亚的案例中,弗兰纳利从文化生态学来解释农业起源,用系统论方法探究动植物驯化的动力机制。他把位置相邻而气候不同的自然环境区域看成一个整体的环境系统,并不将动植物的利用和驯化视为孤立发生的事件,而是整个区域中不同环境区域之间长期适应和互动的结果。他不但讨论物种驯化的性状演变,还分析了人群

---

① K. V. Flannery, A. V. T. Kirkby, M. J. Kirkby and A. W. Jr. Williams: "Farming System and Political Growth in Ancient Oaxaca", *Science*, 1967, 158(3800):445-454.

与物种之间、人群与人群之间、物种与物种之间、物种与环境之间的互动关系。弗兰纳利提出，正是居住在不同环境中不同人群的互动导致动植物的驯化。这一系统论阐释把纷繁复杂的物种演变及其与人类社群的互动综合为一个内在动因环环相扣的适应过程，展现出其动态的历时演变。

他研究的地区包括四个主要的环境生态地带：伊朗中部高原边缘、扎格罗斯山脉林地、亚述疏林草原以及美索不达米亚冲积平原。伊朗中部高原的狩猎者主要利用成群的野羚羊和野驴。这里没有灌溉，对农业而言是非常贫瘠的地区。扎格罗斯山脉向底格里斯-幼发拉底河盆地逐级下降，海拔600—1350米有分散的高山草场。夏天干热，冬天湿冷，随海拔和地形差异，年降雨量从250—1000毫米不等。山坡上生长着橡树、枫树、刺柏、山楂、开心果和野梨。降水丰富的坡地上长着一年生草类，如野生二粒小麦、野大麦和野燕麦。亚述疏林草原位于海拔150—300米处，这里拥有很肥沃的草原土，形成宽阔而可耕种的洪积平原。亚述草原夏季炎热干燥，冬季则因250—380毫米的降雨而转变为富庶的草场，有成群的野羚羊、野驴和野牛，河里有鲤鱼和鲶鱼。良好的流域环境后来促进了从旱地农业向灌溉的重要转变。美索不达米亚南部在海拔150米以下，为底格里斯河、幼发拉底河与卡伦河的下游流域。这里年降雨量低于250毫米（该雨量对旱地农业常常是不够的），较高处是冲积沙漠和风成沙丘，低洼区域是边缘长有芦苇的沼泽。大河流过这里，周期性地发生洪水和改道。

动植物驯化前，不同地区的人类采用一种灵活的"广谱经济"，随季节波动利用局部环境中不同的野生资源，并伴有必要的移动和迁徙。海拔在450—900米、降雨量400—1000毫米地带的扎格罗斯山脉林地，是驯化物种的潜在"最佳"区域。早期牧人把疏林草原当作冬季草场，山地作为夏季草场，随季节迁移其畜群。史前采集者可能在三月从亚述草原收获一次植物，四月或五月向上移到600米处收获一次，六、七月则到1500米处再收获一次。这些迁徙的采集者在600—1200米之间收获的一年生草籽很可能就是驯化小麦、大麦和燕麦的始祖，这些谷物依赖400—750毫米的年降雨量。大多数重要物种都不会只生长在一个区域,而且它们可利用的月份在不同海拔略有不同,从人类生态学的观点来看这是关键因素。狩猎采集者可利用的食物极为多样,他们知道每个生态区各季节可以利用哪些动植物;物种集中在哪类小生境中,哪些物种可以储藏,以及有哪些最适宜狩猎和采集的物种。公元前4万—前1万年,人类形成了一种开发该地区自然资源的方式,这种方式与农业起源的关系非常密切。

农业出现前的1000年是自然资源开发日益强化的时期。从生态学的观点来看,最重要的一点是开拓不同环境的群体之间资源交换方式的确立。正是这种方式为某些关键的栽培作物从其原生环境向异地生境的迁移创造了条件。野小麦七月落在土里,次年二月在山坡上发芽,如果采集者五月抵达,就能够收获了,他还可以将收获的谷物与山羊狩猎者进行交换。

在整个美索不达米亚地区,主要有三批从事不同经济活动的群体。第一批群体由定居农耕者组成,他们在河流洪积平原上从事强化灌溉农业,种植一年两熟的作物,而且从不向更高的海拔处迁移。第二批群体在同一洪积平原地区种植一年一熟的作物,但是其成员还是每年一次带着他们的畜群通过五个季节性营地向上迁移到高山草场。第三批群体由游牧者组成,他们作为一批特殊的"牧人"被融入强化农耕者的社会,贡献奶和肉以交换谷物。因此,美索不达米亚的农业革命在此并非是某一人群的卓越发明或单一环境中发生的事件,而是居住在不同海拔和不同环境中人群与当地可利用动植物之间的生态关系漫长演变的结果。在使每个环境区域的自然资源能为整个区域群体利用的过程中,人类会将许多作物和动物从其原来的生存环境中移出来,运到远离其原产地的群落生境中。

从"食物采集"向"粮食生产"转变,从生态学观点来看,重要的一点不是人类"种植"了小麦,而是三项重要改变:(1)人类将它移植到它原本不适应的生境中;(2)人类去除了某些自然选择的压力,使更多正常表现型变种能够生存;(3)人类最终选择那些在自然条件下并不有利的特征。所以莱斯利·怀特指出,我们不要以为农业起源是源于偶然发现掉下来的种子发了芽,其实人类在植物栽培之前几万年对此就了如指掌。植物栽培不是常识或知识的更新和发明创造,它只不过是人类与其熟悉的植物之间建立起来的一种新关系。①

成功的栽培强化了自然资源和栽培作物在不同群体间的交换,证据表明,环境的多样性反而使社群对某些产品的专门化生产成为适应这一地区的最佳途径。约公元前4000年,再分配的经济方式导致了庙宇与市场、城镇的产生,和一种经济生产的网络系统的形成,其中有强化耕作的农人、季节性迁移的牧人,还有从事黑曜石、铜、盐、沥青、鱼和水果贸易的商人。②

对于文明与早期国家的起源,弗兰纳利提出了一种清晰的系统论观点。他没有从国王、军队和官僚体制等具体的政治社会特点来讨论,而是用系统论的动态过程来分析社会结构的分化和集中。他认为这个社会系统由许多亚系统组成,其运转和演进由许多条件和因素构成,包括人口、地理环境限制、战争、灌溉、贸易等变量。他将国家起源的动力用社会内部不断"分异"和"集中"的过程来表述。"分异"是指社会系统内部的不断分化和专门化;而"集中"是指社会内部各亚系统之间的联系和控制机制的不断强化。弗兰纳利认为,各种因素比如战争、人口压力、大规模的贸易以及其他任何社会与环境条件的组合都可能提供一种适应动力来刺激社会演进。他提出了两种重要的社会结构复杂化机制,一是"提升",二是"一体化"。"提升"是指某种机构从一种控制等级关系中衍生出来,形成一个更高层次的控制机构,它的功能会从以前服务于比较特殊的目的转向较全面的控制,以管理下面分异较大的多种机构。比如一个军事集团中的首领成为国家和政府的统治者,这就是"提升"。"一体化"是指较低层次的控制被较高等级的控制机构

---

① L. A. White: *The Evolution of Culture*, New York, McGraw-Hill Book Company, 1959.
② K. V. Flannery: "The Ecology of Early Food Production in Mesopotamia", *Science*, 1965, 147(3663): 1247-1256.

所涵盖或永久取代,比如,政府将地方的灌溉管理权收归国有就是"一体化"的表现。面对环境压力产生的"提升"和"一体化",社会演变会出现三种系统症状,使得系统的压力进一步增大,反过来又促使"提升"和"一体化"进程加剧,这三种系统症状分别为"干预""篡夺"和"超凝聚"。"干预"是指原来由较低层次控制的功能直接纳入较高级别的控制之下;"篡夺"是指一个亚系统的功能提升到一个涵盖面更广的系统地位;"超凝聚"是应对一个大型系统中各小型亚系统中可能存在的不稳定条件而形成高度的集中机制,使得各亚系统团结得更紧并直接受一个集中等级制的控制。国家社会就是在这些多种因素和变量的相互作用下,通过社会系统运转的互动和促进,向着社会日趋分异和集中的方向发展,最终导致了一个集中政府管理的国家机构的产生。[①] 弗兰纳利的系统论模式使我们的注意力从机构和事件转向了过程,从努力发现最早出现的特殊文化现象转向努力了解它们的演变,从对那些单凭考古观察较难解释的事件的构建转向对我们所处理的材料中更有敏感性的事件进行构建。[②]

系统论为考古学阐释从现象描述转为内在动因的分析提供了一种全新的视野,但是也存在一些值得探讨的问题。首先,系统论从一种功能和运转的角度来分析文化系统,但是并不能告诉我们这种功能系统是如何形成的,而一般是将文化功能和它的适应联系到一起,这种解释类似于达尔文生物适应的选择理论。其次,文化的运转和发展可以有不同的选择和多种的可行途径,可是系统论无法对文化为何采用某种选择而没有采取另一种提供可信的解释。而这种不同的适应抉择很可能取决于不同的文化传统的影响。再次,系统论主要观察和解释一个文化系统如何维持稳定和运转,对如何"演变"却往往力不从心。最后,系统论视文化为一种和谐与整合的系统,忽视了冲突和矛盾也是社

[①] K. V. Flannery: "The Cultural Evolution of Civilization", *Annual Review of Ecology and Systematics*, 1972, 3: 399-426.

[②] F. T. Plog: "Systems Theory in Archeological Research", *Annual Review of Anthropology*, 1975, 4: 207-224.

会发展的一种动力。

尽管存在缺点,但是文化生态学和系统论为考古分析提供了一种全新的分析概念和观察视野,在我国考古学开始运用聚落考古和环境考古的方法来分析材料时特别有用。目前,我国学者虽然认识到聚落分析和环境分析的重要性,但是在具体研究中如何运用考古材料来分析人类的适应和社会变迁,如何从环境变迁来分析文化演变仍然进展有限。这需要我们的研究从环境分析的纯技术性观察中引入文化生态学的理论和理念,并从系统论的角度对人地关系进行动态的分析。否则,环境研究得再好,如果不将其视为分析文化特征和变迁的要素,那么环境分析数据只是考古报告的一份附录而已。

4. 中程理论与研究

过程考古学对文化历史考古学从经验和常识来解释考古材料,而在重建历史时普遍缺乏可行的方法论持批评态度,认为这种缺乏检验的结论极有可能扭曲对过去真实情形的认识。由于考古记录是过去人们留存到今天的证据,它们仅仅是一些静态的遗存,造就这些遗存的人类早就逝去。因此,如果没有一种推理的方法,我们就无法从观察现象的表述转变成对过去的科学阐释。

作为过程考古学的一项发展,美国新考古学创始人路易斯·宾福德（L. R. Binford, 1930—2011）提出"中程理论"（the middle range theory）或"中程理论建设"的概念。他把这个概念视为一种可信赖的认知手段,是考古学家能够将静态的观察转变成有关动因阐释的"罗塞达碑"。他提出,如果考古学要获得进一步的发展,关键在于建立一种范式,创建种种认知手段来分辨过去的特点或判读考古记录,赋予考古记录以真正的含义。而这样的阐释取决于对静态和动态、对考古遗存与社会动力系统之间的关系有一个完整、正确和清晰的认识。"中程理论"这一术语来自于社会学,新考古学借用这一术语是想建立一座理论的桥梁,从考古学静态的现象来解释过去消失已久的动态原因。换言之,"中程理论"为考古记录和人工制品所涉及的物质现象提供解释的概念工具。

宾福德进而对"中程理论"的研究机制进行了解释。他说,考古学家处理的是保留在静态物质结构中的信息,由于它们运转的动力已经消失,所以从考古记录中无法观察到它们原来相互之间的动力作用。这种作用存在于过去,当文化系统停止运转时,它们也就处于一种静止的状态。所以,在考古学家的眼里,考古记录必须被视为一种复杂动力系统的产物,而我们的任务就是要分辨它们之间的因果联系。

就复原历史的推断而言,我们首先应当分离造成某种物质形态的原因和动力,然后在现在的条件下对这些原因和动力进行研究,以建立分辨的标准。这好像是建立一种通过足迹来分辨动物的方法,如果我们想从动物的脚印来了解动物,那么我们就必须在动物和脚印同时存在的情况下确认它们之间的关系。有了现实世界中一种有控制的观察,以及正确分辨动物和足迹之间对应关系的标准,那么以后在遇到动物的足迹时,先前观察的标准就能够被用来作为判断的依据。

宾福德还指出,我们解释考古记录的理论,以及为我们提供观察语言和为考古现象赋予科学含义的工作,必须完全独立于我们以往对过去的看法。中程理论首先必须在现生系统中予以检验,总结动与静、行为与物质文化之间的关系。它对于考古学的进一步发展是必不可少的,没有这一步骤我们就无法理解过去,也无法对我们有关于过去的认识加以评估。[1]

中程理论研究的一个途径是从事所谓的"民族考古学"(ethnoarchaeology)研究,民族考古学也称为"活的考古学"(living archaeology),这种方法意在使用民族志的材料和对现代土著人的观察来解释史前人工制品和考古遗址。宾福德首开这项研究的先河,只身前往阿拉斯加,与纽纳缪特因纽特人生活了十年。宾福德对这些人群感兴趣的原因是,他先前在欧洲研究过法国的莫斯特文化,旧石器时代中期的尼安德

---

[1] L. R. Binford: "Middle-Range Research and the Role of Actualistic Studies", in L. R. Binford ed.: *Working at Archaeology*, New York: Academic Press, 1983.

特人主要以狩猎驯鹿为生,而今天的纽纳缪特因纽特人也以狩猎驯鹿为生。那里的极地环境也非常类似他所研究的法国遗址所处的冰期环境。宾福德跟随纽纳缪特猎人进行各种狩猎活动,关注猎人在每个地点所做的事情,以及他们在那里留下的可供考古学家研究的废弃物。使他感到意外的是,在他所观察的狩猎活动与猎人遗留在狩猎地点的器物之间一般缺乏明显的相伴关系。他发现,纽纳缪特人的技术是非常精致或设计周全的(curated),也就是说他们的工具都可以反复利用和携带,极少遗留在它们制作和使用的地点。考古学家面临的一个问题是,人们活动差异很大的地点留下的物质遗存有时十分类似。从遗址中区分人类活动差异的方式主要是研究遗留的器物,可是这些器物很少在使用中因损坏而废弃在现场。工具加工得越精致,就越会被经常携带在身上,也就越难遗留在使用的遗址中。宾福德还注意到,从事不同活动的遗址会使用不同的工具,一个地点的工具组合更多反映了人们活动的性质,而非他们传统文化的特点。出于这样的认识,宾福德对法国考古学家博尔德根据不同的莫斯特石器类型确定的四类莫斯特文化传统提出了质疑,认为这四类不同的文化传统并不代表四个相对独立的群体,而只不过是代表了尼安德特人从事不同活动的地点或不同的季节性营地。

美国考古学家约翰·耶伦(J. Yellen)在20世纪70年代在博茨瓦纳从事对昆布须曼人的民族考古学研究,他观察他们的活动,并直接向他们采访。他主要关注昆布须曼人在每个营地到底居住多久,分别从事什么活动,以及这些活动如何反映在考古记录上。耶伦观察和记录了16个营地,总结出一些认识。昆布须曼人的典型营地为圆形,帐篷围成一圈,门向内开,帐篷里面只存放个人杂物,从事的活动很少。只是在下雨的时候,人们才睡在帐篷里。帐篷门口各有一个火塘,家庭活动一般都在火塘周围进行,包括炊煮食物以及天冷时取暖。所有营地的废弃物都分布在火塘周围,包括坚果壳、果核和水果皮、鸵鸟蛋片、动物碎骨、制作绳索的纤维等。少数拳头大小、用来砸坚果的石头是当营地废弃时遗留在现场的工具。他们最有用的工具——铁刀、斧和锛从不遗留在现场。在两年的研究中，耶伦只发现一件这类遗失的工具。昆布须曼人的营地分为公共区域和私人区域两部分。公共区域包括圆圈中心及周边部分。私人或家庭区域为火塘、帐篷以及周边部分。有时活动区会受一些因素的影响，比如有些营地的炭屑和坚果壳分布在帐篷的东面和北面，因为那里是背阳的阴凉处；同样，干燥皮革以及烤肉也常放在阴凉处。于是，耶伦将他们的营地分为四个部分：(1) 社群活动区，这里缺乏活动的证据，没有物质遗存；(2) 中心活动区，包括帐篷、火塘，有各种物质遗存，是家庭活动的范围；(3) 阴凉区；(4) 皮革干燥区。后两个区域为特殊活动区。这表明，有时候不同的活动在同一个地点进行，比如加工食物和用鸵鸟蛋皮制作饰珠。而有时某种活动会在不同地点进行，比如在火塘附近和背阳的阴凉处都会有坚果壳。这说明，相同考古背景中的人工物品很可能有不同的形成过程。

特里格对民族考古学在建立中程理论研究范例中的作用做了如下的解释：民族考古学是用来了解物质文化是怎样从其有机系统的位置过渡到考古学位置上去的。对这种物质转化过程的分析，能够使考古学家了解正常运转的文化系统中物质的废弃过程，通过对土著群体和部落社会中物质的废弃率、废弃地点、缺失几率以及废弃实例的观察来了解活体社会文化中物质保留下来和不能保留下来的原因，从而建立起一套关系法则，使得考古学家能够更正确地从物质遗存推断其所代表的文化系统。[1]

此外，实验考古学也可以被视为中程理论建设的一部分，比如复制石器和陶器，模仿史前的条件用石斧种植古老的农作物以观察这样是否有好的收成，模仿遗址废弃过程的实验和居址破坏与物质材料毁损实验等等，都被考古学家用来进行对考古遗存形成过程和文化动力问题的研究。有了这些观察和规律的总结，考古学家可以获得比单凭自己常识性想象更丰富的可能性解释。实验考古学的方法在考古学研究

---

[1] B. G. Trigger: *A History of Archaeological Thought*, Cambridge: Cambridge University Press, 1989.

初期就被用来了解石器的制作方法,到了过程考古学阶段,这种方法的目标更明确,实践更严谨。

从事考古学实验必须制定一些基本的程序规则,比如实验所采用的原料必须与古人所用的材料相同;用来复制古代器物的方法不应超越当时社会的生产能力;不应用现代技术干扰实验结果,但是可以用现代技术来进行观察和比较,以增进我们对古代技术和方法的了解;防止盲目将某一种结果当作是唯一的可能;等等。

石器打制实验是考古学家比较常用的一种手段,它能使考古学家熟悉打制技术、原料以及个人技巧,以及这些因素对石器形制的影响。石器生产中各种主观和客观因素都可以通过实验充分体验出来,并能帮助我们分析考古遗存中的具体现象。对于石器打制实验在考古研究中的意义,美国考古学家唐·克雷布特利有这样的评述:复制史前石器工具可以提供有关生产方法、工艺技术,甚至石器时代工具用途的信息。毫无疑问,实验复制能帮助类型学家,而功能实验能为了解工具如何及为何这样使用提供了关键的证据。通过实验,我们不仅能定义工艺技术,而且也能评估一件工具的完成要经过多少步骤,考虑那些工具破损、畸变和再加工的意义。[1]

在农业生产方面,实验考古学发现,人类早期的刀耕火种,一块土地在种植一年的作物后,要有1—4年的休耕期。如果土地耕种了2年,则需要3—8年的休耕期。因此,每个人需要大量的耕地以供轮种。据估算,刀耕火种的方式每人需要的耕地约为1.6—1.8公顷。这意味着,每平方英里土地的人口密度为150—200人(或每公顷1000人)。

1956年,丹麦考古学家对公元前3000年的一处新石器时代的房屋进行实验重建,这座面积为15×6平方米的房屋需要9吨黏土,用干草和水混合揉匀。墙骨材料大约需要2000根柳树和榛树的枝条,70余根长度为4米的橡木,100根盖屋顶的杆条用220捆芦苇和灯心草

---

[1] D. Crabtree: "Comment on Lithic Technology and Experimental Archaeology", in Swanson E. H. ed.: *Lithic Technology*, The Hague, Mouton Publisher, 1975.

制成。建造这样一座房子需要 12 个人工作 10 天,但是准备和收集建筑材料大约需要 150 个工作日。

在漫长的史前期和历史阶段,人类在世界各地竖立起许多用巨石堆砌的建筑,成为考古发现中最为壮观的遗迹。所有这些巨大的石制品都必须从坚硬的岩石上开采出来,然后用人力运到目的地。如何运输和将它们竖立起来一直是考古学家们感兴趣的问题,因为从中可以窥视到当时社会的结构和组织能力。实验表明,在复活节岛,6 个石匠用石镐、大槌和水润湿的石头加工一具 5 米高的石像大概需用一年时间。一个在阿斯旺采石场进行的实验显示,一个石匠敲砸花岗岩一个小时可以从块料的工作面上去掉 5 毫米。从这个小实验进行推算,埃及方尖碑需要大约 400 个人的团队工作 15 个月。①

1972 年,英国考古学家皮特·雷诺兹(P. Reynolds)在英格兰建立了一个模仿公元前 300 年铁器时代农业社群的模型,占地 6 公顷。里面的所有一切如建筑、手工业作坊、农耕和饲养动物都依考古遗址出土的证据按史前期的方式重建。他们建造木屋,以了解所需木料的用量和坚固程度,发现这种房子能够抵挡飓风和暴雨的侵袭。他们用原始的方式种植小麦,发现铁器时代小麦的产量远远超出原先的估计。他们还从事不同的耕作制度,比较施肥和不施肥对农作物的影响。对一种与已绝灭的凯尔特牛相似的牛加以驯化,并训练它犁地。这个实验场生动复原了铁器时代的生产生活方式,提供了对这一时代遗址生动的解释。

三、后过程研究

过程考古学关注文化的适应,将文化的差异和变化视为对环境差异和变化所做的反应,这种思维基本不考虑人类本身的能动性和创造

---

① J. Cole: *Archaeology by Experiment*, New York, Charles Scribner's Sons, 1973.

力,完全将文化发展视为一种被动的适应过程。所以弗兰纳利也曾批评过程考古学的视野过于狭窄,认为人类生态系统只是以物质、能量和信息互动为特点,这类研究的主要精力集中在技术、生计方面。阅读生态学家的文章,让人觉得开化的人类只不过是吃、喝、拉、撒而已。[1] 20世纪80年代,后过程考古学的兴起开始弥补生态学方法的不足,转向关注被忽视了的人类思想意识、价值观、群体和阶级冲突以及个人和性别差异对文化的影响。后过程考古学的思维提倡一种人类自身在文化演变上起主导作用的分析模式,从社会文化的基本单位如个人、家庭和群体来剖析文化行为,并试图从文化创造者的角度解读古人的想法、世界观和认知能力。

在文化历史考古学阶段,考古学家们认为他们只能研究物质遗存本身,无法了解这些遗存之外的内容。过程考古学家有了很大进步,他们通过文化生态学的解读,研究物质文化与环境互动的关系,对文化的环境适应获得了前所未有的了解。过程考古学的文化唯物论导向,使得新考古学家认为实证研究才是考古学最擅长的领域,人类思想完全处于考古学研究能力之外。路易斯·宾福德就说过,如要研究古人的思想,我们就变成了"古心理学家",我们所受的训练实在难以胜任这项工作。[2]

意识形态和宗教信仰是困扰考古学家的最后一个探索领域,其研究的难度在于其不够直观,对它的解释也不可检验,不像一把石刀或一件陶罐,常识性类比就能提供其生产和使用比较可信的信息。然而,一件良渚玉琮或三星堆青铜面具却无法提供关于古代人类心理活动和世界观的准确信息,因为史前的良渚和三星堆文化对我们来说完全是一种异己的社会文化,他们的世界观和心理活动可能和我们差别很大,我们无法用自身社会的经验类比对这些陌生的器物和现象做出可信的解

---

[1] K. V. Flannery:"The Cultural Evolution of Civilization", *Annual Review of Ecology and Systematics*, 1972, 3:399-426.

[2] L. R. Binford:"Data, Relativism, and Archaeological Science", *Man*, 1987, 22(3):391-404.

释。因此,要像用研究石刀和陶罐那样的类型学方法来提炼玉琮或青铜面具内涵的信息可能是徒劳的。一般而言,对前者的研究有人类普遍的行为法则为前提,但是对后者的探究没有普遍规律可循。与语言和风俗的多变性和独特性相似,每个社会都有它特有的、有关世界如何构成的思维模式以及信仰体系。所以,英国考古学家霍克斯(C. F. Hawkes)在20世纪50年代所确立的考古学研究的三个难度级别仍然没有过时,这就是:研究宗教信仰和意识形态要比研究经济技术和社会结构更为困难。①

早在20世纪60年代,美国考古学家宾福德倡导从人类学角度来解读物质文化中人类行为的信息,他将人类的产品根据在社会活动中不同的功能分为技术、社会和宗教三大类,认为必须将这些不同功能的物品放到特定的社会背景中去研究。② 由于新考古学信奉环境决定论的文化生态学,认为了解了一个社会所处的环境,就能了解这个社会的组织结构和意识形态,没有意识到意识形态并不像它的技术和经济那样受制于环境条件。所以,新考古学的主要成就还是反映在低层次的社会和经济的重建上,在高层次的意识形态和宗教信仰方面建树较少。

20世纪70、80年代,以剑桥大学为代表的一批考古学家对新考古学的理论提出了批评,其主要的论点是,社会的各个组成部分和演变的动力并不完全受生态环境和人类的生存方式制约,人类的意识形态和宗教信仰也会对人类社会的适应和发展起决定性的影响。比如,墓葬和陶器的形制和纹饰就很少受生存环境的影响,而主要是人类意识形态的反映。而且在复杂社会中,僵化的宗教信仰和刻板的神权体制会遏止社会的发展。因此,物质文化除了其适应意义之外,还有其特有的象征意义。

考古学家意识到,人类与其他动物的根本区别是人类会应用"象

---

① C. F. Hawkes: "Archaeological Theory and Method: Some Suggestions from the Old World", *American Anthropologist*, 1954, 56: 155-168.

② L. R. Binford: "Archaeology as Anthropology", *American Antiquity*, 1962, 28: 217-225.

征"，所有的语言和思维都基于象征，人类所创造的许多物质文化也都具有象征意义。于是，人类能够创造不同的符号来表达他们自己的思想和认识，并逐渐形成一种类似程序的象征方式。从象征考古学的角度来了解物质文化所具有的符号含义，需要有一种独特的解读方式。我们不能够单单根据图像和物体的形似来推测它们在特定文化和群体中的意义，我们必须注意和了解物质文化或物体符号的出土环境及与其他物质的相伴或共生关系。单一的器物所能提供的信息很少，而组合的遗物之间密切的相伴关系可以为我们提供某一符号在它所处文化背景中所蕴含意义的启示。伦福儒和巴恩提出，符号的意义存在于符号之间的联系上。于是，他们提出了如何了解符号以及解读它们在社会生活中作用的六种途径：(1)通过划定个人或一个社群的范围来确定它们的领地，这种领地常常会由有象征意义的符号和纪念物来标志，由此可以建立一个方便理解的地形图。(2)衡量符号所代表的时间、长度或重量单位，它们可以帮助我们了解人与自然界的关系。(3)符号体现在对未来世界的设计上，如城镇的布局。(4)符号常常被用来处理和规范人与人之间的关系，货币、军衔徽章都属于此类。一些物品被赋予符号意义之后，便拥有了更高的价值。(5)符号用来表现超自然的世界，它与迷信和宗教信仰密切相关。(6)符号一般通过图像，如雕刻、绘画来表现这个世界。在文明社会中，文字就成为最重要的象征符号，成为人类描述世界的最直接的方式。但是在史前社会，人类描述世界的方式往往是各种图像和符号。①

美国史前学家亚历山大·马沙克(A. Marshack)长期从事对旧石器时代晚期鹿角和骨骼的显微观察，从法国中部距今大约12000—13000年前的马格德林遗址出土的一件褪色和变质的鹿角上发现淡淡的刻痕与线条。马沙克开始用低倍显微镜观察鹿角。这些鹿角原来是一种工具，被用来校直箭杆，当它断裂后经过再修理，成为一件修理石

---

① 科林·伦福儒、保罗·巴恩：《考古学——理论、方法与实践》（第六版），陈淳译，上海古籍出版社，2015年。

器的工具。但是,比它实际功能更令人感兴趣的是它表面的划痕。在鹿角的下端刻有两匹马,一匹完整的是怀孕的母马,腹部鼓起,而且这匹母马有三只耳朵、三只眼睛、两排鬃毛及两条背脊。这究竟意味着什么?根据线条的刻痕,马沙克发现,这匹母马的三只耳朵是用不同的雕刻器,而且可能是在不同时间刻的。在鹿角的其他部位布满了很小的刻痕,好像是一批刻痕积累起来的一种序列。它们既不像随便的刻画,也非装饰,而好像是一种计数符号。一位研究者推测这些符号是狩猎的符木,而另一位研究者根据 7 这个数字的重复,认为这是早期祭祀的数字。马沙克推测,这些符号有可能是根据对月亮的观察来记录时间的流逝,于是他将鹿角上的刻痕与月历进行对比,发现符号的数目与月历惊人地接近。这件鹿角面上所见的 23 行刻痕中,只有 4 行与月历上的起止时间不符。根据这一解释,鹿角上的刻痕记录了 7 个半月的时间。

于是问题来了,为何马格德林猎人要观察和记录月亮的周期呢?参考了北美印第安土著和西伯利亚文化的民族志材料后,马沙克注意到在大部分情况下,萨满教采用阴历来安排祭祀或经济活动。于是,他推断这件旧石器时代晚期的鹿角上的刻痕计数可能是当时的巫师所为。如果这套计数是始于 3 月底解冻开始的时候,那么大约止于 11 月中旬开始下雪和封冻的时候。这个标记的序列无须复杂的数学知识就能掌握,所以马沙克认为,这套计数可以反复使用以安排每年的活动。他还用许多马格德林动物壁画的季节性特点来验证他的研究,认为这件鹿角很可能被用来作为跟随月亮的周期记日的工具。马沙克认为,这件鹿角计数所体现的认知策略不同于后来定居村落中所发现的记录方法。他认为,旧石器时代晚期的雕刻符号只是被个别人用来作为安排日程的一种装备。当后来的文化日趋复杂,更加正式的记录系统会发展起来,最后导致用于农耕、庙宇和经济活动的文字系统的诞生。[1]

---

[1] A. Marshack: "Implication of the Paleolithic Symbolic Evidence for the Origin of Language", *American Scientist*, 1976, 64(2):136-145.

墓葬是人类对死后意识的反映,是人类认知能力的一面镜子。葬俗一方面意味对死者的尊重和情感,另一方面也反映了人们对来世的观念,甚至暗示地位的高低和世袭。到目前为止,考古证据没有发现任何直立人有埋葬死者的习俗,对死亡的意识要到早期智人或尼人阶段才出现。死亡概念是人类认知能力飞跃的一项重要标志,史前期的墓葬可以被视为人类意识到死亡不可逆而试图加以改变的一种愿望。根据对死亡的三个特征——普遍性、不可逆性、无功能性的理解,儿童心理学家们发现,人类个体要到 12 岁时,对死亡概念的理解才会达到初步成熟的水平。[①] 由此我们可以这样认为,直立人的认知能力不会超过 12 岁的儿童。

人类最伟大的墓葬可能要首推埃及法老的金字塔,而灵魂不死的信念所产生的木乃伊技术也成为古埃及人宗教信仰的核心。法老营造金字塔来存放他的灵柩,不仅是为了保护他的尸体安全抵达来世,金字塔还有一个不可或缺的内涵,这就是它代表了太阳最先升起的地方——太古土丘。太阳每天运行的路线由这些山脉所限定,埋在金字塔里的法老一定能像太阳神那样进入来世。为了来世的复活,古埃及人发展出复杂的木乃伊技术。入殓的仪式也非常讲究,棺椁被制成人的形状,上面写满咒语和图文以保佑生活在来世中的死者。陵墓中还放置了死者再生所需要的一切。

灵魂不灭的观念在中国的传统文化中源远流长,儒家倡导"事死如生,事亡如存"。秦汉是中国墓葬制度发生重大转变的时代,商周以降的竖穴椁墓转变为横穴式的砖石墓,意味着墓葬象征意义的转变,也昭示了新的意识形态体系的形成。从秦代开始,出现了从"出世"到"入世"的转变,在这一观念转变的影响下,世人对神仙生活和死后世界都有类似人世的期待。也正是这一观念的出现,使墓葬从幽闭的纳尸之所逐渐变成了死者在另一空间里的"家"。秦始皇陵的地宫设计和兵马俑的安置显然和秦始皇相信灵魂不死和神仙鬼怪存在有着密切

---

① 陈英和:《认知发展心理学》,浙江人民出版社,1996 年。

联系,秦始皇生前屡遣方士入海求仙访药,以求长生不死。同样,秦始皇制作兵马俑的动机,也被认为是用来抵御在阴间或来世他将会面临的征服六国时所杀害的军队。因为当时的人们可能相信,今生的所有遭遇将在来世再现,所以大量使用陶俑可以被解释为抵御来世所有危险的万全之策。灵魂观念的转变引起了墓葬象征意义的转变,也决定了必须发明一种不同于传统木椁墓的新形制来满足这一象征意义。日本学者曾布川宽从先秦"魂气归于天,形魄归于地"(《礼记·郊特牲》)的观念入手,认为先秦时期的灵魂观是人死后魂魄分开,由于魂会游离于肉体之外,所以需要有招魂之术;且因为魂不停留在墓室内,所以没必要兴建盛大的地下建筑。但从秦开始,魂不再升天而滞留于地,所以产生了规模空前的始皇陵。秦代灵魂观体现在两个方面:墓葬形制和防御设施。秦始皇陵将地上宫殿搬入地下,并用兵马俑守卫自己的灵魂以防备他人(敌人)灵魂的侵袭。①

除了墓葬形制随灵魂观变化而改变外,随葬品也会同时发生变化。与三代随葬品以青铜礼器为主不同,从秦汉(西汉)开始,出现了以俑作大规模陪葬的形式。之前,春秋战国时期不论是山东齐国的陶俑还是楚地的木俑在形态、尺寸、数量等各方面都无法与之比肩。西汉俑以大型陵园型陶俑为特色,晚期出现与场景模型结合配置的小型俑塑组群,这在东汉成为主流。后来,东汉时期以俑随葬的风俗在上层社会逐渐衰落,民间陶畜禽俑(宽泛意义上的"俑")逐渐普及,俑的多寡与精致程度不再是不同等级墓葬的显著区别。秦汉之际是社会大变革、新思想观念形成的重要阶段,而俑作为秦汉时代一个独特的丧葬现象,可以成为了解当时人精神信仰的切入点。

另外一种独特的随葬明器是东周楚墓中的镇墓兽,它们多为漆器,形制有单头、双头、变形龙面饰和变形人面等。这种镇墓兽始见于春秋中期,盛行于战国中期。这批独特的随葬品被一些学者解释为山神、土伯、辟邪、龙、死神、灵魂看守者等等。镇墓兽最明显的特点就是头插鹿

---

① 曾布川宽:《陵墓制度和灵魂观》,苌岚译,《文博》,1989年第2期。

角,在楚墓中常见随葬有大量的鹿角,除了将鹿角安插在镇墓兽的头上,它们还被安插在虎座飞鸟、木鹿形器上或单独随葬。在一些楚墓墓道中,甚至出土有两两相对跽坐的墓俑,头插鹿角。楚人相信鹿有神性,是仙人的坐骑,象征着神驾。① 从萨满教的民族学资料也可以发现,许多民族群体的巫师在举行宗教仪式时会戴上插有鹿角的帽子（有的用树枝或金属条仿制）,以显示通天的能力。而且,鹿角上分叉的多少标志了巫师资格和能力的不同,资格越老、能力越强的巫师,头上鹿角的分叉也就越多。所以,鹿角在萨满中就像一种通天阶梯的象征,帮助巫师灵魂出窍,进入天界与神灵和祖先沟通。通过这样的分析,我们可以认为,楚式镇墓兽应该是引导墓主灵魂进入天界的座驾象征,而其恐怖的兽面和变形人面很可能是用来阻吓升仙途中遇到的各种鬼怪。长沙马王堆一号汉墓軑侯夫人第二重棺的黑色底板上饰有升腾、飘逸的云气,云气中点缀着大量神怪鸟兽,画中形象除了神怪和羽人之外还有一种头有双角、似羊似马的动物,这些图景应该意味着墓主灵魂升天或进入地府的中间过程。中华民族的象征——龙的头上也有一对鹿角,大概是神通广大的龙也需借助鹿角才得以在天上遨游。

考古发现中的许多珍品被认为具有很高的艺术价值,但是从这些文物的生产和使用看,它并不纯粹是一种艺术品,而是一种表现社会结构和思想意识的符号。比如,玉璜是长江下游史前时期出现最早和使用较长的一种玉器,从出土随葬品的共存关系来看,它主要是女性的佩饰。而且,从崧泽时期女性墓随葬品明显多于男性墓的现象来看,女性在氏族中具有相对较高的地位。另一方面,由于男女随葬品总体来说差异不大,说明当时的社会还是处于地位和财富分化不明显的平等社会。步入良渚时期后,琮、璧和钺开始超越个人饰件的范畴,成为社会、宗教和权力的重要象征,标志社会复杂化进程加速,社会成员的地位、等级和财富分化明显加剧。此后象征神权和世俗权力的琮、璧和钺开

---

① 杨怡:《楚式镇墓兽的式微和汉俑的兴起——解析秦汉灵魂观的转变》,《考古与文物》,2004年1期。

始流行,并主要为男性所拥有,这表明男权成为社会结构的重要特点;而璜作为女性的象征仍然没有太大的变化,表明女性地位已退居于男性之下。长江下游新石器时代自河姆渡至崧泽的这段时间里,从妇女普遍拥有玉璜和其他贵重玉饰件和随葬品,而男性一般用简单的生产生活用品随葬的特点来看,当时的社会结构似乎应该是从母居的母系社会,妇女地位较男性为高。但是,女性受到尊重可能并不是由于经济活动中的重要性,也不能由此推定当时是一种女权社会。上述考古学文化中随葬品所反映的性别差异可能表明,当时的女性在血缘社会中发挥着维系社会稳定和凝聚力的纽带作用。美国人类学家塞维斯指出,原始婚姻关系是一种群体之间的联盟形式,而不单单是男女两个人之间的结合,它类似一种政治契约。① 如果我们把从女承嗣视为史前社会的一种组织体制和维系方式,那么妇女就相当于这一体制所必须遵循的契约中的法人代表,女性地位高于男性也就不难理解了。②

青铜器在殷商是厘定地位、区分尊卑的标识和道具,它们复杂的组合和搭配,被用来规范不同人物在社会中的身份和权力,是一个王朝统治国家的方式。妇妌和妇好是武丁的两位王后,妇妌和武丁同葬一个墓地,而妇好则被葬在河对岸,两位夫人的地位明显有别。妇妌应为第一夫人,而妇好居其次。从墓葬形制看,在西北冈大墓中,妇妌的墓只有一条墓道,相对于其他大墓,其规格最低,但是与其他王妃相比却规格最高,比如妇好墓就是一个竖穴墓,没有墓道。从随葬品看,虽然妇妌墓被盗,但是出土的司母戊方鼎高 1.3 米,重量近 1 吨;妇好墓出土的司母辛方鼎,风格和设计与司母戊方鼎非常接近,但是高度和重量显然不如前者。此外,妇妌墓在破坏后还发现了 7 种雕刻骨器,251 件骨镞和 38 个殉人,而未盗的妇好墓只有 5 种雕刻骨器、29 枚骨镞和 16 个殉人。妇妌随葬的箭镞竟然比以军功闻名于世的妇好多 8 倍以上,两

---

① E. R. Service: *Origins of the State and Civilization*, New York: W. W. Norton & Company, 1975.
② 陈淳、孔德贞:《性别考古与玉璜的社会学观察》,《考古与文物》,2006 年 4 期。

人等级地位之差可见一斑。① 同样,妇好墓出土的青铜器与同时代的18号墓出土的完整的青铜器群相比,也表现出了地位的悬殊。妇好墓有220件青铜器,其中有觚53件、爵40件、斝12件;而18号墓只有觚5件、爵5件、斝2件。

然而,同样的青铜器在商代周边的其他社会和后来朝代中的象征意义却十分不同。比如四川广汉三星堆遗址出土了罕见的青铜人头像、面具、人立像、有立鸟的神树、青铜兽面、盘形法轮以及与中原商文化相似的尊和罍等酒器,此外还有许多玉石器、象牙、海贝和黄金权杖。从这些青铜器的特点和它们与其他共生器物的组合结构来看,它们和殷商青铜器的象征意义判然有别。通过对出土于二号坑内的一件人身形铜牌饰的观察,我们发现上面的纹饰是5个头戴突目面具,身披羽衣的舞人。因此,三星堆的青铜器体现了强烈的巫觋特点。萨满教是世界范围内原始社会乃至早期文明社会的特点,常常用表现为"以舞降神"的祭祀活动达到通天和降神的目的。这些社会中的巫师平时与常人无异,但是被认为有沟通人神的超自然能力。在宗教仪式上,巫师戴上面具,穿上服饰,吸食致幻药物或酒类之后便灵魂出窍、神鬼附体,这样巫师就可以转换身份来执行传递天意、与祖先沟通、预卜凶吉和替人治病等功能。② 同样,被学界认为是扶桑若木、图腾或摇钱树的两件青铜树,通过民俗学资料的对比,可发现它们与萨满树非常相似。萨满常常用树代表宇宙的"中央之柱"。宇宙一般分为天界、人界和地界等若干层次,每层有神灵的统治者和超自然的居民。萨满往往要借助动物精灵达到通天的能力,鸟类是最常见的象征动物之一。所以,三星堆的青铜树显然是巫师或祭司在祭祀仪式上用以沟通天地的道具。以一号大型神树为例,这棵萨满树分为三层,应该代表天界、人界和地界的三层宇宙,每层树枝上的小鸟代表沟通各层上下界的信使与精灵。最耐

---

① Ying Wang: "Rank and Power among Court ladies at Anyang", in K. M. Linduff and Yan Sun eds.: *Gender and Chinese Archaeology*, Walnut Creek, Altamira Press, 2004.
② 陈淳、韩佳瑶:《从青铜器看三星堆的"巫"与殷商的"礼"》,《中国文物报》,2004年2月13日。

人寻味的是,另一件小型神树上的鸟与大型神树不同,鸟头直接铸成了人面,暗示其造型就代表了萨满或巫师,表现出祭祀仪式中萨满和巫师在魔力作用下进行身份转换,以便进入天界,达到沟通神灵的境界。①

相传大禹将天下分为九州之后,收九牧之金,铸九鼎置于都城以象征对天下的统治,于是列鼎制度成为三代统治者雄霸天下的象征。据说周武王灭纣克商,进入殷都,首先派人查验九鼎,然后迁鼎于周都洛邑。其实,用鼎制度在殷商并无规则,这种制度最早出现在西周早期,到西周中期才趋成熟。在列鼎制度中,一般鼎和簋配套使用,但列簋皆为偶数,每一等级比鼎少一个。然而到了秦始皇统一天下,获得九鼎才象征得到国家统治权的观念已经淡漠。从东周时期开始,青铜器就逐渐失去了过去那种标志地位和祭天祀鬼的象征意义。青铜礼器转变为日常的生活用具,商代和西周盛行的酒器锐减,尊、觚、爵、角、觥、斝、觯、卣、彝已全部消失,烹饪器和食器增多。与青铜器功能世俗化的趋势同步,这些器物上的装饰也发生了显著的变化。商周时期青铜器纹饰大致有饕餮纹、夔龙纹、鸟纹、动物纹、火纹、几何纹和人物画像纹等几类。饕餮纹又称为兽面纹,主要流行于商代,以一种狞厉恐怖、神秘怪异的形象,营造"有首无身,食人未咽,害及其身,以言报更"的警示和冲击。夔龙纹和兽面纹相似,以旋转屈曲、繁缛交缠的兽头体图案,给人以一种眩目怵魂和威慑心灵的感觉。这些纹饰可以强化祭祀礼器神秘和威严的视觉效果,渲染神祇超自然的主宰力量。鸟纹则以它华丽多变的冠饰和羽毛,表现神鸟作为人神沟通中介的能力。西周中期以后,青铜器纹饰的象征符号发生了变化,各种华丽的几何纹,如云雷纹、斜条纹、曲折雷纹等原先主纹的陪衬图案开始流行。这种纹饰一改前期纹饰刻意营造的震慑和敬畏形象,转向追求一种抽象朴实的风格。这类纹饰废弃了饕餮纹和夔龙纹那些恐怖成分,但保留了原来纹饰那种繁缛华贵的特点,虽然不免流于刻板,但是显然可以使器物的外表更具亲和力。春秋中期以后,青铜器纹饰开始流行写实的内容,比如征

---

① 陈淳、殷敏:《三星堆青铜树象征性研究》,《四川文物》,2005年6期。

战、狩猎采集和宴饮等场面。商周青铜器纹饰的变化反映了其象征意义从抽象变为具体、从神灵转向世俗的过程。

到了西汉,青铜容器已经完全世俗化,鼎虽然仍然存在,但是其式样和功能已变得与前代完全不同。西汉的鼎朴实无华,简单实用,成为日用的食器之一。其他日用器也蓬勃发展,最常见的有灯、熏炉、钱币和铜镜,还有案、文具用书刀、砚盖、计时的漏壶、熨斗、带钩、勺,以及度量器的尺、量、权等。青铜器在经历了大约2000年的发展历程后,到东汉基本完成了它的使命。这不但因为统治者的权力已经无须再以对青铜器的拥有来象征,也因为其他更加有效和实用技术和器物的发明,如铁器、漆器和瓷器等。①

人类早期的绘画也不是为艺术的艺术,而是人类世界观的反映。欧洲旧石器时代晚期的洞穴壁画被解释为"狩猎的魔术"。古埃及的陵墓、棺木、卷轴上绘制着大量有关创世、诸神和再生的神话故事,这些绘画是了解古埃及人精神世界和宗教信仰的重要内容。先秦战国时期的绘画由于年代久远和朝代兴废早已荡然无存,但是一些墓葬和遗址出土的零星发现可以让我们窥视到当时的辉煌。例如,湖北随州曾侯乙墓是战国中期的一座大墓,墓主的棺椁饰以繁缛诡谲的图案,以表现神秘幽冥的灵异世界。内棺先以黑漆作底,主要部位又涂一层朱漆,然后再以黑色和金色绘出各种图案。足挡正中绘有一扇窗,两侧板后段各有一扇门,每个门旁绘有 10 个神灵,两侧共 20 个神灵。神人均执戈,形象分人面鸟足、虎面人躯和人面兽足 3 类。棺表其余部分通绘种种神人、灵怪、禽鸟、异兽共 1 千多个。画面密不透风,图案交织。整个内棺被装饰成一座大房子,象征墓主在阴间的居所。棺上的门窗图案,既是墓主阴间居室的象征,又是灵魂出入的通道。②

马王堆一号汉墓中出土的帛画,可以说是反映汉代社会宇宙观的杰作。对于帛画的意境,虽然有学者认为表现了一种灵魂升天和不死

---

① 高蒙河:《铜器与中国文化》,汉语大词典出版社,2003 年。
② 贺西林:《古墓丹青——汉代墓室壁画的发现与研究》,陕西人民美术出版社,2001 年。

的思想。但是也有学者持不同看法,结合图像的解读和棺椁的结构与装饰,艺术史学家巫鸿认为该帛画应反映了当时"幸福之家"的宗教信仰,即天国是极其危险的地方,死者最安全的地方就是她的坟墓。①

墓葬壁画或画像石是我国古代葬俗中的一个重要现象,墓葬装饰壁画其实是作为随葬品起作用的,有些壁画的主题不仅是对生前实际生活的描述,而且是更具有实际意义的一种随葬品。就一般而言,墓葬壁画的观众就是墓主自己。因此,壁画的题材应当是为墓主利益考虑的,而不是家属和工匠为了要表现他们自己的"宇宙观"的作品。这种壁画的主题或内容往往是社会经过长时间发展而逐步形成的,反映出的宇宙观和社会伦理价值是社会文化的结晶。汉代以后的墓葬在长斜墓道两壁绘制壁画,描绘宏大的仪仗场面。这些图像更多的是用于运送灵柩时为送葬者提供一种观瞻,与早期墓葬中的一些绘画相比,可能已有了不同的功能。②比如,唐代贵族的墓葬壁画流行波澜壮阔的出行场面,渲染醉生梦死的奢华生活。到了宋、辽、金、元时期,墓葬壁画则有了新的追求,开始流行墓主夫妇"开芳宴"的题材,其正面的角度和宗教偶像一样可以增强祖先与后人的心灵交流。③

对于这些绘画的意义,蒲慕州认为,古人可能相信,凡是可以说出、写出、画出的事物,在一定宗教仪式魔力的转化下,可以变成另一个世界中的真实存在,这是古代宗教中再生仪式和灵魂观的信仰之所以能够成立的根本原因。④

除了从象征、认知、性别和结构等角度来探究人类的思想意识和宗教信仰之外,后过程考古学的另一个流派是马克思主义考古学。从科学原理而言,马克思主义是一种唯物主义哲学,它认为物质比思维重要。用马克思自己的话说,不是人们的意识决定人们的存在,相反,是

---

① 巫鸿:《礼仪中之美术:马王堆的再思》,《考古学的历史·理论·实践》,中州古籍出版社,1996年。
② 郑岩:《墓葬壁画,画给谁看?》,《文物天地》,2002年第9期。
③ 郑岩:《古人的标准像》,《文物天地》,2001年第6期。
④ 蒲慕州:《墓葬与生死:中国古代宗教之省思》,台北联经出版公司,1992年。

人们的存在决定人们的意识,但是马克思主义考古学也试图表明,这门学科的实践如何在受制于它所处的社会和经济条件的同时无法不受价值观的左右。

上面提到,过程考古学对考古记录多样性的解释是采取一种生态学的观点,将人类的文化视为超肌体的适应方式,因此考古记录中所见的异同被视为社会功能系统自动平衡所造成。造成文化演变的动力和原因被认为来自于文化系统以外,它首先造成某个功能部分的失调,然后迫使整个系统必须采取响应的协调措施。由于人类的文化被视为由自动平衡规则制约、功能上组合的一种适应系统,在过程考古学家来看,人类的意识形态仅仅是社会群体用来对其生存环境进行适应和调节的信息系统。但是马克思主义考古学强调考古记录中的意识形态解释,认为人类的意识形态并不是对适应被动的反应,它也会影响和主导社会群体的生存适应,促成社会文化的演变。换言之,人类的思想也能被用来改造世界!一种完整的马克思主义意识形态观点将思想体系视为竞争阶级和利益群体表述自己的观点、体现自己的合法性并对其他群体进行控制的一种手段。伦福儒和巴恩列举了马克思主义考古学的9项关键特征:(1)采取进化论,试图了解人类历史发展的普遍规律。(2)提倡唯物论,着眼于人类存在的具体现实。(3)强调整体性,认为社会各部分作为互相关联的系统运转。(4)建立了社会发展阶段的不同类型,并将其与不同的生产方式相对应。(5)认为社会演变的动力主要来自社会内部生产力和生产关系的矛盾,是这种矛盾的冲突促进了社会文化的演变。(6)传统的马克思主义认为上层建筑受制于经济基础,但新马克思主义认为两者是互动关系,经济基础未必起主导作用。(7)认为社会信仰系统会随物质条件和经济基础的变化而变化。(8)社会结构由下部结构与上层建筑构成,下部结构是生产力和生产关系,而上层建筑为政治法律与意识形态。(9)分析方式与过程考古学的系统论相似,但是更倾向于从斗争而非协调来看待系统的运转。

在分析社会演变的路径上,马克思主义考古学倡导社会矛盾和冲突是社会演变的重要动力,这与过程考古学的文化生态学观点十分不同,后者视复杂社会的首领为一种高层次的调解者,他们的活动主要是给整个社会群体和他们的臣民带来适应上的好处。但是,马克思主义考古学觉得这种说法无法解释为何这些首领在为私利攫取大量剩余产品,并没有给社会带来任何回报的情况下仍能维持他们的地位。马克思主义观点认为,复杂社会中贵族地位的保留只能从贵族阶层从其臣民攫取剩余产品的能力来解释,这种能力被认为是建立在首领对区域交换的控制或对农民的剥削之上。比如,欧洲考古学家在研究中欧铁器时代社会等级的形成时,从当地酋长从地中海输入奢侈品入手,分析这些酋长可以从对这些奢侈品的垄断确立他们的地位,将最好的东西留给自己,并用其他舶来品笼络自己的随从。所以,根据马克思主义的模式,酋长并不像过程考古学所描述的那样,是为集体谋福祉的智慧父母官,而是偷窃社会财富的作恶者。①

　　美国考古学家安东尼奥·吉尔曼(A. Gilman)指出,用功能观来解释贵族和阶级的形成,以及将统治阶级视为社会秩序的调解者有一个很大的缺陷,这就是世袭制度的形成。因为功能观无法给出社会群体凭借出身来选择有效管理者的理由。这种世袭制度显然是统治阶级维护自身既得利益,而非为社会大众谋利的表现。吉尔曼通过对欧洲青铜时代社会分层现象的研究,发现不同区域社会分层复杂性的程度和当地传统谷物的产量有密切的关系。比如在一些地区如丹麦,在引入了犁耕的农业技术后不但造成了较高的人口密度,还促成了更大的社会不平等。同样在西班牙西南部,那里在红铜/青铜时代是伊比利亚半岛最富庶的地区,这使得当地的贵族墓葬拥有更多、更精美的奢侈品和舶来品,并伴有永久性的防卫性聚落和城堡。吉尔曼赞同罗伯特·亚当斯的观点,认为农业生产的专门化会加剧的社会不平等。他认为,欧洲史前期未见有明显的人口压力,在新石器时代,当地的耕作、橄榄树栽培和灌溉方式日趋强化而稳定,为了维持资本强化投入和回报的稳

————————
① 科林·伦福儒、保罗·巴恩:《考古学——理论、方法与实践》(第六版),陈淳译,上海古籍出版社,2015年。

定性,为了社会生产的安全需要强有力的保护者,最终导致永久性统治阶级的产生。①

显然,这种阐释观点早在半个世纪之前就已经被柴尔德所提出。在城市革命的理论框架里,柴尔德认为,像尼罗河、两河流域和印度河流域地区拥有大量而永不枯竭的水源及肥沃的土地,能够保证粮食供应并有盈余,并允许人口的增加,这样在那些冲积平原上,对于排水、灌溉以及保卫家园等公共工程的需要,就自然会将社会组织起来,把经济制度集中起来。民众被迫建立起某种贸易或交换制度,以换取重要的原料供应。这样农民必须牺牲掉一种经济上的自给自足,以维持一批从事贸易和管理的群体和专职工匠,并需要武力来保卫运输和支援商人,最后需要国家来调和冲突和矛盾。② 尽管早期复杂社会的再分配机制具有相当的合理性,但是面对社会复杂化进程中所表现出的日益强化的垄断、不平等和世袭趋势,马克思主义的冲突论解释要比过程考古学系统适应的平衡模式更具有说服力。

马克思主义还深刻反思考古学家在解释历史时受其自身价值观影响的问题,认为知识分子做学问无法与政治的学术思维分开。受马克思主义影响的考古学家密切关注考古学与政治的关系,认为考古学的实践与解释本质上是政治的一部分。考古学从根本上说是一种在国家层次上进行的独特的研究领域,只有国家才能支持这项研究,并要求考古学家所创造和控制的过去为现在的利益服务。马克思主义考古学也试图表明,这门学科的实践如何受制于它所处的社会和经济条件,且无法不受价值观的左右。③

从后过程考古学的发展来看,考古学的探索已经开始超越物质现象,而试图去了解和阐释古代人类的思想。然而,考古学研究是否能够

---

① A. Gilman: "The Development of Social Stratification in Bronze Age Europe", *Current Anthropology*, 1981, 22(1):1-23.
② 戈登·柴尔德:《人类创造了自身》,安家瑗、余敬东译,上海三联书店,2008年。
③ A. Gilman: "Marxism in American Archaeology", in C. C. Lamberg-Karlovsky ed. *Archaeological Thought in America*, Cambridge:Cambridge University Press, 1989.

胜任这项工作显然是一个重大的挑战。这是因为科学研究无法从物质现象的实证研究去检验思想。人类行为心理学家认为，我们永远也不知道现在的人心里在想什么，我们只能观察和记录他们的行为以判断他们的动机。因此，要发现古代人类的思想显然更加困难，实际上它处于科学研究的范畴之外。但是，无论对这一领域的研究有何非议，一个不争的事实是，考古学家在进行研究时都在试图探究古代人类的思维，这是考古研究无法回避的课题。面对许多考古现象和物质文化，不管描述罗列如何细致，如果不涉及这些材料背后的人类思想，这些研究的阐释和结论实际上将毫无意义。

四、能动性研究

能动性研究关注人类所做的对世界有影响的任何事情，从某种意义上，所有考古记录都是人类能动性的产物。但是，能动性研究更侧重于关注以前被学界所忽视的个人或随机行为对文化发展的影响，并从其他制约文化演变的动力中探究由个人能动性所体现的因素和作用。

美国考古学家帕特里夏·克朗（P. Crown）从能动性来研究美国西南部两个陶器传统中制陶技术授受方式的不同对文化发展的影响，提供了一个如何从社会认知过程来认识能动性对文化演变产生影响的案例。这两个陶器传统是公元前700—1500年间西班牙征服时期之前的霍霍坎（Hohokam）和明布勒斯（Mimbres），前者以黄皮红陶为特点，后者以白底黑陶为特点。在这两类传统的陶器中，大约有5%属于制作明显缺乏技巧的标本，表现为制作粗糙、器形笨拙、不对称、彩绘低劣和烧制较差等。一般认为，这些产品是儿童或学徒学习制陶过程中的产品。克朗建立了40项评判标准来分析包括设计能力、制作技巧、认知水准、成型能力、运动能力和技能等在陶器制作上的表现。除了认知水准一般会受年龄影响外，其他大部分标准都反映了熟练技术的训练和掌握。克朗认为，在前工业社会的制陶业中，陶器技术的传授一般通过模仿、口授、操纵演练、言传身教以及自己领会等。在美国西南部的这些社会中，陶器基本上只生产家用产品，因此制陶术多限于社会内部学习和传授。

霍霍坎的制陶术采用较厚的泥条盘筑，然后用木拍和石砧拍打，将器壁修匀变薄。而明布勒斯的陶器采用较细的泥条盘筑，陶工用刮削工具将陶器修整成型。克朗发现，这两个陶器传统中，熟练陶工花了很大的精力来训练儿童和学徒，比如一些制作完美的陶器上绘有非常粗劣的纹饰，表明熟练陶工让儿童在成品上练习绘画，有时熟练陶工和儿童或学徒同时完成一件陶器上的纹饰，或分别完成陶器上不同部分的纹饰。霍霍坎熟练陶工制作的陶器中大约有41%由儿童或学徒进行了彩绘，有的陶器上还有明显的图案影线，可能是用以指导学生如何入手。这些彩绘学习最大的难处是，需要掌握在器物凸起的表面上均匀绘制图案，如果缺乏技能最后留下的空间可能会不够，只能将衔接处的图案挤缩进空当里。彩绘习作均表现为图案大小不匀、不成比例，有的十分潦草。运笔上的不熟练表现为绘画的线条较粗、起伏不平，而且经常提笔停顿。

两个传统训练和学习制陶的过程十分不同，霍霍坎的儿童一开始用最简单的手捏来制作小型陶器作为练习，制作大型的陶器时也不使用木拍和石砧。要等他们掌握了器物生产的其他技能之后，才开始模仿熟练工匠制作的13种器型中的5种。然而，明布勒斯的儿童从一开始就学习采用传统的盘筑和刮削工具制作陶器，很少采用手捏，他们模仿熟练工匠制作的8种器型中的5种。明布勒斯的儿童在学习彩绘上要比霍霍坎的儿童早，他们的发挥有较大的自由度，也有较高的失误率。而霍霍坎的儿童只是在掌握了其他生产步骤之后才学习最难的技巧，他们被允许做能做的事，因此失误率明显较低。从两种不同的学习方法来看，霍霍坎的陶器技术教授的方法和过程比较严格，儿童或学徒自由发挥的空间不大。两种不同陶器的授受方式，很可能是两类陶器技术发展轨迹不同的原因。霍霍坎传统的陶器在式样和设计上表现为在一种稳定技术基础上的延续，发展比较缓慢。而明布勒斯传统的陶器序列显示了技术和设计变化显著的特点。克朗认为，这是两个传统中儿童对制陶生产过程的参与明显不同而造成的。霍霍坎传统的学习过程比较严格,不允许儿童在学习中出错,这使得陶器的传统显示了稳定的持续性。而明布勒斯传统鼓励儿童自由发挥和探索,允许犯错误,于是导致陶器传统表现为更大的变异和多样性。①

小　结

在中国考古学界,理论仍是一个颇有争议的议题。早期古物学家卡农·格林韦尔(C. W. Creenwell)的名言可能仍被一些考古学家所信奉,这就是:"永远不要考虑理论,只管收集事实。"②这些学者认为,事实是铁证,理论只是主观想法而已。其实,考古学更像是自然科学的探索而不同于历史学的考证。所以,要探究纷繁复杂现象背后的原因和规律,必须通过理论的思维。理论与方法是密切相关的两个概念,如果理论是提出"为什么"的问题,那么方法就要设法"如何"来解决它。科学方法是人们为了认识研究客体而采用的手段和途径,在科学研究的程序上,理论和方法是一体的。如果考古研究缺乏理论,那么采用哪种方法合适,或者方法的优劣也就没有判断的标准。有了理论的指导,选择采用何种方法或者创造新的方法便有了明确的目标。考古材料保存的不完整性、解读的非直观性以及不同层次信息提取的难度,随着这门学科的发展,使得依赖直觉思辨、常识和经验的研究方法越来越难以胜任,从而必须创造新的方法来增进我们的认识。今天考古学研究已经不是解决"何物""何时""何地""何人"等问题,而是要探究"为何"的问题。如果要对考古现象问"为什么",那就需要以逻辑思辨和理论探索为基础的科学阐释。

---

① P. Crown: "Learning to Make Pottery in the Prehispanic American Southwest", *Journal of Anthropological Research*, 2001, 57(4):451-469.

② 见保罗·巴恩主编:《剑桥插图考古史》,郭小凌、王晓秦译,山东画报出版社,2000年,第61页。

第十一章　公共考古学

了解自身的历史是我们每个人与生俱来的权利,出于对自身来历的好奇,考古资料、出土文物便成为公众关注的内容,吸引着人们好奇的目光。然而,我们人类许多史前和历史时期的资料都埋在我们脚下的这片土地下。当今,世界正经历着飞速的变化,地下这些珍贵的历史记录时刻面临着被损毁的威胁。形势之急迫,保护工程之浩大,使得动员全民参与和支持这项保护工作势在必行,而公众的参与和支持也正是我们保存、发现、了解历史的唯一希望所在。这种参与和支持建立在他们对考古资源保护和考古工作意义了解和欣赏的基础上,当考古进入公众,当考古与公众开始互动,公共考古学便应运而生,并逐渐发展成为一个研究考古学与公众相互关系与相互作用的领域。

一、考古学的危机

所有的考古发掘都是一种破坏,这门学科的性质决定了它以摧毁研究对象来提炼信息。所以考古学不像历史学等社会科学,学者们可以重复查阅文献来研究过去,并运用相同的资料对历史结论进行重新检验;也不像物理学和化学等自然科学,可以反复进行实验,直到结果能够达到预先设定的要求。这个无奈的现实告诉我们,考古发掘好像是在读一本书,读一页就撕掉一页。如果我们没有读懂的话,也没有任何复读或查证的机会。

除了科学的发掘不断在摧毁古代遗址和墓葬之外,更可怕的是为了劫掠文物而进行的盗墓活动和各种工农业基建工程。盗墓和劫掠文物自古以来是社会的一个毒瘤,现代的盗墓活动大都发生在比较贫穷落后的地区和国家,从而形成国际性的文物走私和贩卖。此外,战争也给世界文化遗产带来巨大的负面影响。在前南斯拉夫地区,考古遗址、博物馆和考古学家们都面临一场悲剧,文化遗产的保护受到战争和国家秩序崩溃的影响。美国入侵伊拉克,使两河流域的古代文明在炮火中震颤,巴格达的国家博物馆也因此惨遭浩劫!

过去几十年中,经济开发对地下文物破坏和损毁也在加剧。农业深耕、高速公路的修建、水库大坝的工程以及空前的城镇改造,给文物保护和考古学研究带来了极大的压力。考古学赖以生存的考古遗址正在以前所未有的速度消失,人们赖以了解自身历史的重要信息来源从此永远不复存在。美国考古学家查尔斯·麦克基姆西(C. McGimsey)认为,我们现在活着的这一代人可能是最后一批可以见到未盗掘遗址的人了。① 加拿大考古学家布鲁斯·特里格预言,北美的考古遗址和地下文物将在今后的 50 年里告罄。② 这就是说人类几千年文明所积淀的地下文化遗产将在我们这一代或下一代人手中消耗殆尽,这是一个何等令人伤心的信号! 因此,有人把考古学家视为学术界中的"濒危物种"。

有些业内人士对我国地下文物所面临的威胁还缺乏足够的认识,认为中国有如此悠久的历史和丰富的文化遗产,地下的文物是"挖不完"的,因此破坏和流失一些也无足轻重,不足挂齿。但是,任何问题一经量化就可以看出差距。据介绍,迄今为止我国登记的馆藏文物数目约为 2000 万件,其中已经包括了全国文管所和文物商店所拥有的文物,而美国的馆藏文物为 3700 万件。一个拥有近 200 万年史前史和 5000 年文明的中国,和仅有 1 万多年史前史和 200 年历史的美国相比,收藏的文物数量差不多少了近一半③,着实使人汗颜。另一方面,

---

① C. McGimsey: *Public Archaeology*, New York, Seminar Press, 1972.
② B. G. Trigger: *Archaeology and the Future*, Faculty of Arts Distinguished Lecture, McGill University, 1986.
③ 雨桦:《文物保护——一个沉甸甸的话题》,《文物世界》,1999 年第 4 期。

市场经济的活跃和收藏活动的兴旺也导致了我国地下文物面临新的浩劫,其严重程度与"文革"时期愚昧无知的破坏相比,可谓有过之而无不及。据估计,在过去的 20 年里,我国至少有大大小小的 50—60 万座古墓被盗,500—600 万件文物被毁。在海关对出境货物 5% 抽查率中就有数百件走私文物被查禁,通过非法渠道出境的文物就更加难以计数了。①

1979 年,山西曲沃天马—曲村晋侯墓地的发现引起了考古学界的极大重视,北京大学考古系和山西考古所对该遗址进行了连续几年的发掘。这一发现也引起了盗墓贼的注意。自 1986 年起,他们对该遗址未发掘的部分进行疯狂的洗劫。盗墓者一天可达数百人,夜以继日进行盗掘。据不完全统计,三年里大约有几千座古墓被盗,数以千计的青铜器和玉器被劫掠并走私出境。目前,盗墓贼装备精良,常常得到境外古董商的赞助。有的专业盗墓贼在全国范围内搜寻遗址和古墓,使许多重要遗址在被考古学家发现之前就惨遭毒手,使珍贵的文化遗产和考古资料蒙受无法挽回的巨大损失。②

以前,世界各个博物馆对出土文物的收购是导致盗墓活动猖獗的一个原因。但是目前情况有所改变,大部分博物馆都保证遵守国际禁止文物走私和买卖的协议。个人收藏成为最大的问题,这些交易都是私下进行。我们不能过于责备私人收藏文物的动机,其实收藏者本人并不知道这种收藏所造成的后果。但是我们应当让大家明白,只要有公开和地下文物市场的存在,盗墓活动和文物走私就无法断绝。

根据有关调查,目前盗墓和文物劫掠已经可以用"史无前例"来加以形容。20 世纪 80 年代中期以来,山西侯马地区的晋国国君墓地惨遭劫掠,埋葬在此的 8 代 17 座晋侯及夫人墓葬有半数被炸开或炸毁,

---

① 褚馨:《地下文物保护现状的管窥与思考》,《文物世界》,2003 年第 1 期。
② Dashu Qin: "The Effects of the Antiquities Market on Archaeological Development in China", in N. Merriman ed., Public Archaeology, London, Routledge, 2004:292-299.

大批珍贵文物被盗。晋国遗址只要是发表过资料的地方，全部被非法钻探，出土青铜器和玉器的古墓全部被盗掘。侯马西南张遗址是保存比较完整的春秋祭祀遗址，被非法盗掘的祭祀坑达400余座，整个遗址千疮百孔，惨不忍睹。

20世纪90年代初，甘肃礼县永兴乡10万平方米的古代遗址被附近群众翻腾了三遍之多，自仰韶、寺洼至两周、秦汉的各时期文物被猖狂劫掠。之后，盗墓之风蔓延到5华里外相传为西峪国妙庄王的陵园遗址，两千多亩土地被翻了个底朝天，盗坑四处密布、遍地狼藉。盗墓者专门搜寻金、银、玉、铜等值钱的文物，而将认为没有什么价值的陶器等文物砸碎。这种盗墓狂潮，给中华文明造成了永远无法弥补的损失。①

以发展为名的破坏也同样令人触目惊心，随着一些公路建设、市政改造铺天盖地而来，各种文物考古遗址惨遭损毁的报道不绝于耳。出于政绩工程考虑，一些地方官员常把保护地下文物视为"死人挡着活人路"，是"妨碍现代化建设的毒瘤"。2000年2月17日，广州市北二环高速公路工程的挖土机扑向一处考古工地，将一处宋代村落的100平方米探方夷为平地。次日，挖土机又一次挖向200多平方米的先秦遗址，一小时内"遗址变通途"。② 2000年5月，舟山市有关部门无视全国历史文化名城专家委员会"刀下留城"的呼吁，无视国家建设部和文物局的双红头文件和浙江省人大决议，无视当地公民集体抗议和向法院提交的诉状，悍然拆毁古城定海明文规定的历史保护街区。③

从世界范围来说，文物保护一直是两难的课题，它必然会和现代的经济建设和社会发展发生冲突。因此，将保护文物的战略方针与提高政府官员和公民的素质密切结合，是现代化建设的一个严峻课题。参

---

① 陆建松：《无法挽回的损失——论盗掘活动对文化遗产价值的破坏》，《文化遗产研究》，第3辑，2003年。
② 孙秀丽：《国法不容践踏——广州考古遗址惨遭破坏纪实》，《中国文物报》，2000年3月31日。
③ 田远新：《古城定海向何处去》，《中国文物报》，2000年7月9日。

照国际上一些国家的成功经验,公共考古学的理念和研究也许可以为我们提供有用的镜鉴。

二、考古学的公共意识

什么是公共考古学？从最低层次理解,它是指向公众宣传考古知识,帮助他们了解人类的历史,认识文物的价值,提高其保护文物的自觉性。比如,有一位美国学者将公共考古学定义为"考古活动中任何与公众有互动和可能存在与公众互动的领域"。它的产生与文物保护的紧迫性联系在一起。1972年,美国考古学家查尔斯·麦克基姆西在《公共考古学》一书中提出了这个术语和理念,除了将公众的利益引入文物保护之外,还将担任公众代言人和利益保护者的政府包括在内。因此,公共考古学一定要研究如何保证政府在履行公共利益的时候能够听取公众的意见,对其所作所为向公众负责。因此,从术语所指的范畴而言,公众是指专业考古学家以外的社会群体,这两批人群有着相互交叉乃至截然相反的利益。为了保护人类的文化遗产和考古研究的可持续性,考古学界认识到,依靠他们的力量已经无法胜任这项工作,必须依赖全社会的支持,包括政府和公众。因此,公共考古学不单是面对公众的普及和宣传,还要求政府职能的协助甚至全面的介入。目前,"公共考古学"的概念是指由政府管理的从公众共同利益出发的考古学,即如何由一个形形色色而且互有竞争的大众群体以他们自己的方法来阐释过去。

为了保护文化资源,减轻各种经济活动对考古遗址的破坏,不可避免要让非专业的公众参与到考古学的服务中来,它需要这些非专业人士的支持和斡旋来说服立法者和开发商认识文化遗产保护的意义和价值。但是,考古学这种学术定位的转变存在着种种的不协调。一方面,考古学的日趋专业化使得文化遗产保护主要成为考古专家涉足的领域,而无法让公众直接参与大量的工作。另一方面,文化遗产保护的支出与收益并不对称,因此对主管部门、发展商和公众缺乏吸引力。因为,这种利益的回报并不表现为直接的效益回报和可以感受的巨大成就,而是指向"虚无缥缈"的未来,也即"为未来保存过去"。

近年来,欧美考古学家认识到公众无法在考古研究和文化遗产保护中获得相关的利益,于是设法提高公众对这门学科与个人利益之间关系的认识和兴趣。这促使专业考古学逐渐向大众开放,并努力吸引更广泛的公众,并使考古学家开始把公众与考古的关系问题作为学术本身的课题来研究。①

公共考古学还包含了在学校、公园和博物馆等公共场所进行的考古学公众阐释,重视向公众传递考古知识和信息。20世纪80、90年代兴起的教育考古则将这种趋势推上了更加正规化和专业化的道路。教育考古以前通常是指在正式课堂教育环境中所进行的考古知识的传递,亦可用于不太正式的教育环境。但是,教育考古学开始侧重于在非课堂环境中向普通公众传递考古信息的方法和技巧,主要是指通过博物馆、遗址公园、考古展览、文保人员的谈话、书籍、小册子、图片等环境和载体所做的考古知识和信息的公众介绍。教育考古和考古的公众阐释的目的是使公众有能力参与历史和考古阐释的判断性评估,并更好地理解过去怎样和为什么与现在相关。

然而,在公共考古学的普及教育方式上存在许多不协调性。首先,国家理论上扮演为公众代言和为公众利益服务的角色,主管公共事业机构和提供教育服务,比如博物馆和文物考古宣教。然而问题是,怎样才能确保国家在为公众利益履行职责时能考虑公众的意见,满足公众需求,并确保其行为对公众负责。其次,对考古而言,公众是指不以职业考古为谋生手段的人群,他们有时有许多共同之处,但经常并没有什么共同点。因此负责宣教的政府和职能部门在广大公众的教育问题上永远存在不协调的可能,相关的机构、设施无法全面反映公众的不同意

---

① 尼克·麦瑞曼:《公共考古学的多样性与非协调性》,周晖译,方辉校,《南方文物》,2007年第2期。

见和兴趣,不能体现所有群体的利益。特别在西方的多元社会中,不同种族和宗教信仰的人群,对于各种考古材料和知识有截然不同的认识。人们会追求他们自己不同的、与权威解释相悖的理解过去的方式。这种意识形态的问题,自然造成了考古宣教的复杂性和困难度。①

在公众和考古、考古学家之间需要搭起一座理解、合作的桥梁。阐释则是在公众考古实践中进行沟通的一种重要手段。要达成有效沟通的目的,考古学家必须努力理解公众的多样性,以及人们从考古材料中获取信息的方式。了解公众是理解的第一步,方法就是进行大量高质量的公众研究,在非考古职业的公众中进行对考古问题理解的经验调查,并进行分析、研究。考古学家与公众沟通需要认识以下几个问题:(1)考古学家通过科学研究对考古证据进行的阐释是初级阐释,这些阐释往往十分专业而且非常枯燥,只能在专业人员之间进行交流,无法为行外的公众所理解。所以为了普及考古发现的意义,将研究的成果变为通俗易懂的知识,必须进行二次阐释,将只有专业人士才能理解的内容变为公众喜闻乐见的陈列和展示。(2)有学者认为,考古学家和公众之间应该是对话,而非单向展示和教育。这就是说,当公众在理解考古发现或内容阐释的时候,重要的是能够将他们对考古发现的学习和认识与自身的生活相联系并从中受到启发,而并非要他们简单地接受考古学界的主流思想或阐释观念。以专家观点为主要框架的阐释,是一种"展品视角"。从公众和观众本身的兴趣和感受出发建立的阐释框架,则是一种"观众视角"。

在公共考古学新理念的指导下,英国考古博物馆改变了功能定位,从"考古专家的仆人"转向以公众为中心,将吸引和沟通各社会阶层的观众作为自己的任务。并对传统的博物馆展示方式进行改革。在一种被称为"体验过去"的活动中,英国博物馆打破长期的禁忌,允许观众亲手触摸、摆弄一些收藏品。博物馆的传统功能也向外延伸,从传统的

---

① N. Merriman: "Introduction: Diversity and Dissonance in Public Archaeology", in N. Merriman ed., *Public Archaeology*, London, Routlege, 2004, pp. 1-8.

静态展示和向其他博物馆出借展品发展为观众提供动态的展览服务,即前往农村、学校、社区等地提供服务,这就是"流动博物馆"的概念。另外,在遗址公园,考古学家们努力加强观众与遗址之间的有效沟通,通过与展示手段、阐释方式、参观程序、互动环节等各种专门设计的方法相结合来实现。所有这些举措的非凡之处在于,他们代表了对考古学崭新的认识,不再是传统上的强调公众能为考古做什么,而是强调考古能为公众做什么。①

考古学长期以来被公众视为象牙塔里的学问,而考古学家也习惯于用一般人难以理解的术语来表达自己的认识,并认为这是一种专业领域正常的现象。然而,从文化遗产保护的根本利益而言,公众确实有了解这一研究领域成果、分享探究自身历史和文明的乐趣的权利。所以,要让公众了解文化遗产的价值,不但对考古工作者有为大众服务的意识提出要求,也是对考古学家学术水平的挑战:不能深入,也就无法浅出。把枯燥乏味的考古材料变成公众能够理解的话语和其他学科可以利用的知识,应当成为考古工作一项任重而道远的目标。

三、保存理念

20世纪70年代,世界的能源危机和生态危机使西方社会意识到,人类的活动已经造成并正在加剧环境的恶化及自然资源和文化遗产的枯竭,严重影响到人类自身的生存和发展,必须加大力度拯救我们的生存环境和保护人类生存所必需的资源。而地下的文化遗存被视为和石油、煤炭一样不可再生的资源,必须加以妥善的保护和合理的利用。到20世纪80年代,欧美等发达国家以保护和管理为宗旨的"文化资源管理"已成为文物考古工作的指导方针。

---

① N. Merriman: "Involving the Public in Museum Archaeology", in N. Merriman ed., *Public Archaeology*, London, Routlege, 2004, pp. 85-109.

在"文化资源管理"产生前后,有几个新理念的形成值得一提,它们是文化遗产保护与管理的理论基础。第一是"保存理念"。在20世纪50—60年代,美国政府主持了几项大规模的抢救发掘,但是事先没有严密的研究设计,事后也缺乏高水平的分析成果。对这种结果的反思,使美国考古学界形成一种保存理念,就是要运用一切法律手段为未来保存现有的文化资源,尽量不对考古遗址进行仓促和草率的发掘。

保存理念的形成是因为考古学界认识到,考古遗存是一种有限的、不可再生的资源。古代遗址一经发掘就不复存在,因此应当尽可能为未来保护这些遗产,而非现在就将它们发掘和利用殆尽。因为,未来会出现新的理论框架、新的分析方法和新的研究技术,未来的考古学家能够从这些材料中获得比现在更多、更有价值的信息。所以,地下的考古遗址能不挖的就尽量不挖;为了个人兴趣而滥施发掘,破坏本来可以保存的遗址,现在已被考古学界视为一种不道德的行为。

第二是"整体意识理念"。过去,文物保护集中于个别的器物和古建,常常将一些具有特殊历史意义的遗迹孤立地加以保护。20世纪70年代形成的整体意识理念认为,这些器物或古建都是与特定的自然人文背景密不可分的,它们的价值也交织在与之共生的环境之中,因此,必须将周围的景观和历史遗迹整体地保留下来。

第三是"公众意识理念"。这就是说,文化遗产保护要有公众观念,国家在文物保护中投入了大量的资金,这些都是纳税人的钱,因此文化资源管理必须对公众有所回报。另外,公众对于文物保护能够发挥潜在的巨大作用,只有当他们理解到保护文化遗产的重要性,各种保护法规才能有效地实施。

过去,对基建施工中发现的考古遗址遗迹,考古学家们会进行抢救清理,这种做法比较被动。首先,在施工中发现遗迹时,它已经被破坏了。比如在意外发现古墓时,墓道或墓室往往已被推土机推倒或铲掉,其中的文物也会被扰动甚至损坏,因此文物和信息已无法被完整地保存下来。其次,进行抢救性发掘会影响施工进度,造成经济损失,从而激化文物保护和经济建设之间的矛盾。从应急的抢救性发掘转向文化资源的有序管理，是世界各国文物保护的发展趋势，也是解决保护与发展矛盾的一种有效措施。

20世纪70年代之后，许多国家纷纷立法以加大文物保护的主动性，把文化遗产的保护列为基建项目审批的重要部分，安排防患于未然的调查、试探与发掘抢在基建工程实施之前进行。比如日本的《文化财保护法》规定，在国家登记的遗址内进行建设，需提前两个月通知文化事务局。文化事务局调查后，再决定对遗址提前发掘，还是追加其为指定保护对象。美国也立法确立了一套"顺从程序"，规定涉及文化资源管理的有关政府部门，必须服从文物保护法规的相关要求。国家公园管理局、土地管理局、美国工兵部队等大量涉及基建的部门，都聘有专职的考古学家管理有关文物保护事宜。在加拿大，开发商或企业要买地基建，到政府部门注册登记时会被要求与考古机构联系，并签订合同，由这些机构对将征用的土地进行调查勘探，发现遗迹时先小规模试掘，如果该遗迹十分重要，由文物部门鉴定后再决定是否将其上报给国家进行注册，实行绝对保护，或者对它进行全面发掘。当考古机构完成这些工作后，基建工程才能开始动土。①

抢救性发掘毕竟是一种相对保护，国际社会对环境恶化和文化资源急剧减少而且不可再生的严峻现实有了更为深刻的认识。考虑到现有技术手段的时代局限，我们应当努力为未来的研究保存有限的文化资源，在经费、技术和人力不足的情况下避免轻率地动土发掘，留待以后有更先进的技术和研究方法时再利用它们，以便充分保护文化资源的价值。更重要的是，抢救发掘不能流于一种为抢救而抢救的形式。我们应当明白，没有任何研究目的和问题的抢救性发掘，写出的报告除了一份遗存的清单之外，可能也不会提供更多更有价值的信息。因此，只有带着特定研究课题进行发掘，才可能抢救出有价值的材料。"保

---

① D. D. Fowler, "Cultural Resources Management", in M. B. Schiffer ed., *Advances in Archaeological Method and Theory*, 1982 Vol.5, New York: Academic Press, 1-50.

存理念"正是这种认识的反映。在这样的背景下,不少国家越来越强调绝对保护的必要性,对发掘的态度可谓慎之又慎。

1990年10月通过的《国际名胜古迹联合会第九次会议决议》中的一段话可以作为发展与保护问题的小结:"经济发展项目是考古遗存遭受巨大威胁的首要因素。因此,必须在经济项目实施之前,考虑考古遗存的保护问题。务必制定这样一种法律,使经费预算保障考古研究。法律体现的原则是,完善经济发展规划,最小限度地影响考古遗存。"[1]

四、考古学的专业标准

考古学在许多国家已经由少数人从事的学术领域,迅速变为一个对公众日常生活有较大影响的学科。面对各种经济发展造成的越来越大的土地改造和扰动,考古学家必须为公共利益避免和补救这种行为对考古资源所造成的负面影响。对这个严峻事实的认识触及一个最关键,但是讨论很少的一个问题,这就是对抢救性考古发掘和研究的质量控制问题。在我国,随着大量基建工程的展开,抢救性发掘花去了地方考古专业人员的大部分精力。文物考古部门承担着巨大的工作量,即使全力以赴,仍然需要组织大量民工,才能仓促完成发掘任务。面对这种局面,虽然材料和数据在激增,但这种材料和数据的积累一般难以促进研究工作的提高。因为,对考古材料进行解读的关键信息往往不在于文物本身,而是有赖于对文物埋藏背景的细微观察和详细分析。

除了研究跟不上发掘外,发掘本身的成果也令人担心。为了保证发掘的科学性,各国都制定了控制发掘质量的标准,但是形式上的规定未必能带来高质量的报告和成果。许多考古学者把主要精力放在编写报告以应付上级的要求上,而并不考虑自己主持的发掘是否有益于学

---

[1] 国际古迹名胜联合会:《保护和利用考古遗存的宪章》,《文物工作》,1994年第4期,第36页。

术的精进。目前我国的抢救性发掘工作都缺乏事先制定的详细的课题设计与研究计划,很难在发掘中有意识地去收集某些材料和观察数据,而只是按常规收集受到威胁的文物和记录国家规定需留档的内容。

在欧美,随着公众参与力度的增大,学界认识到需要制定专业操作规范和从业人员的道德准则,并对违规者采取有效的惩治。在过去几十年里,许多国家考古机构对制定高要求的专业标准倾注了大量的心血。其中值得一提的是1976年美国"专业考古学家学会"(The Society of Professional Archaeologists)的成立,它制定了一系列操作规范和专业道德标准,以及为监督执行所设立的投诉程序。后来,美国四个主要专业机构——美国考古学会、专业考古学家学会、历史考古学会和美国考古研究所共同制定了考古工作者的注册登记制度,内容包括从业者的专业道德标准、专业水平以及违反规定的投诉程序。虽然其效果还有待于实践的检验,但是它对于督促考古学家坚持基本的职业道德和学术标准,提高文物保护与学术研究水平无疑是绝对必要的。

在此,我们将美国考古学会颁布的九条专业伦理标准介绍如下,以供学界同仁镜鉴。①

标准一 管理工作

考古记录,即原地出土的考古材料和遗址、考古学采集品、记录和报告,是不可替代的。所有考古学家的职责就是要通过践行和促进管理工作来长期保存和保护考古记录。管理者是为了所有人的利益而对考古记录进行看管和守护。当他们对考古记录进行研究和解释时,他们应该利用他们所获得的专业知识来增进公众对这种长期保存的理解和支持。

标准二 责任心

负责的考古学研究包括各个层面的专业活动,都要有一种对公众

---

① http://www.saa.org/AbouttheSociety/PrinciplesofArchaeologicalEthics/tabid/203/Default.aspx

负责的意识,并承诺尽一切合情合理的努力,真诚地与相关团体积极协商,以期建立一种有利于相关各方的工作关系。

标准三　商业化

长期以来,美国考古学会一贯认为,对脱离了考古背景的文物进行买卖,对美洲大陆和世界各地的考古记录造成了破坏。出土文物的商业化——它们被作为供个人欣赏或牟利的商品进行开发——导致了对理解考古记录至关重要的考古遗址及背景信息的破坏。因此,考古学家应该根据潜在会提高出土文物商业价值的代价,来仔细权衡某研究项目的效益。只要有可能,他们应该阻止并身体力行来避免那些会提高出土文物商业价值的活动,特别是那些没有被公共机构保管的,或可供科学研究、公共解释和展示的文物。

标准四　公众教育与推广

考古学家应该与其他对考古记录感兴趣的人士进行接触和合作,以改善对考古记录的保存、保护和解释。考古学家特别应该承担以下的工作:(1)争取公众对考古记录管理工作的支持;(2)解释和推动利用考古学方法和技术来理解人类的行为和文化;(3)传播对过去的考古学解释。考古学有许多公众,包括学生和教师;从考古记录中发现他们文化遗产重要内容的美洲土著和其他民族、宗教和文化群体;立法者和政府官员;记者、新闻工作者和其他媒体从业者;还有一般公众。无法直接对公众进行教育和推广的考古学家应该支持和鼓励他人从事这些活动的努力。

标准五　知识产权

作为通过考古资源研究产生的知识和文件所构成的知识产权,是考古记录的组成部分。因此,应该按照管理工作的伦理标准来对待它,而不应将它当作个人财产。如果有令人信服的理由,而没有法律限制或权益上的不妥,研究者可以在有限和合理的时间内优先得到原始材料和文件,之后必须将这些材料和文件供他人使用。

标准六　公开报道和发表

在合理的时间内,从考古记录研究中获得的知识必须通过可获取的形式(以出版或其他方式)呈现给尽可能多对此感兴趣的公众。出版物和其他形式公开报道所依据的文件和材料应该存放在适当的地方,以供永久保存。当发表和传播有关考古遗址的性质和地点信息时,必须考虑到遗址原地保存和保护的利益。

标准七　记录与保存

考古学家应该为考古学采集品、记录和报告的保存和长期使用提供各种方便而积极努力。为此,他们应该鼓励同行、学生和其他人,在他们的研究中对采集品、记录和报告负责地加以利用,以作为考古记录原地保存的一种手段,以及作为增强对已被移除并已纳入考古学采集品、记录和报告中的这部分考古记录加以关照和重视的一种手段。

标准八　训练与资源

考虑到大部分考古调查具有的破坏性,考古学家必须确保他们拥有足够的训练、经验、设备和其他必要支持,在他们启动任何项目时,能以一种与上述伦理和当代专业实践标准相符的方式从事研究。

标准九　安全教育与工作环境

考古学家在所有工作、教育和其他场合,包括野外工作和会议,有责任训练下一代考古学家。这些职责部分包括为学生和学员创造一个能给予支持和安全的环境。这包括了解他们本国和研究机构所在地涉及性骚扰和性侵、性别认同、性取向、族属、残疾人、国籍、宗教或婚姻状况的法律和政策。美国考古学会的成员应该遵守这些法律,并确保他们作为指导者在这些工作和教育场所负责任地发挥作用,以避免冒犯这些法律,并保持安全和受尊重的工作和学习环境。

五、考古与公众

公众在文化遗产保护与管理中的角色,越来越为各国文物部门所重视。公众参与文化遗产保护是出于两方面考虑:一方面,文化遗产保护所用的经费是纳税人的贡献,应对纳税人有所回报;另一方面,公众在文化遗产的保护中能起到无法替代的重要作用。因此,充分利用文化遗产资源向公众普及考古学的知识,成为文物保护不可或缺的一环。遗憾的是,总体来说,我国公众对考古学还比较隔膜,对其的印象基本停留在挖宝和文物收藏的层面。而媒体新闻对重大发现的炒作也在客观上起到了推波助澜的作用。如何使"考古学是了解过去人类活动和历史发展的一门学科"深入人心,还有待考古学家们把发现和研究转化成为公众能够理解的语言。

  缩短公众与文化遗产距离的另一个途径是书籍、报刊、影视等媒介。国际上普遍的问题是,对这种途径的利用还不够充分,有关文化遗产的出版物和影视作品都相当有限。而且媒体追求新闻的轰动效应,通常是在有考古重大发现时才加以报道,并且报道时着重渲染考古发现的历史艺术价值、神秘性和传奇性,把考古学家的科研工作简化为挖宝。这类宣传无益于公众认识文化遗产的重要性,反而会引起误解。

  考古学家在普及教育中有着义不容辞的责任。丹麦国民可谓是世界上最具文化遗迹保护意识的公众了,丹麦有关保护文化遗产的法律并不繁复,也没有定罪的细则,但文物犯罪极为罕见。据统计,几乎每一百个丹麦人中,就有一个订阅考古期刊。这种传统当然和该国上下酷爱文物和其民族主义传统有关,但不可忽视的是,从19世纪现代考古学诞生初期,丹麦的考古学家就从未懈怠过向公众做考古知识的普及。从创立"三期论"的汤姆森起,历任国家博物馆馆长都以大家手笔撰写普及读物,这已成为丹麦考古学界的传统。统计数据表明,1966—1976年间丹麦出版的考古书籍,有34%是普及性的。[①] 在这种持续而有力的推动下,丹麦国民人人深明保护文化遗产的大义,自然不足为奇。

  除了对公众日常开放的遗迹外,还有一种现场参观,是在考古发掘进程中向公众开放的。日本有这种现场参观的优良传统。早在1953

---

① K. Kristiansen: "Denmark", in H. Cleere ed. , *Approaches to the Archaeological Heritage*, Cambridge, Cambridge University Press, 1984 pp. 21-36.

年,考古学家在冈山发掘时,就组织了一万多人次参观发掘现场,由考古学家向大家介绍考古发掘的基本要领和该遗迹的历史文化意义。参观发掘现场被称为"遗址解释会"。1992—1994 年,考古学家发掘了青森地区绳文时代的三内丸山遗址。这项工作在电视和报刊上做了广泛的报道,有几千名公众参观了发掘现场。考古学家鼓励人们前来参观,并志愿向公众做介绍和解释。考古学家虽然并不认为他们有足够的政治力量来左右政府对该遗址做出加以保护的决定,但是他们希望公众认可该遗址的重要性。于是,尽管考古学家并没有组织公众来发起遗址保护运动,他们仅仅向民众宣传这个遗址的意义,但是居住在附近的居民马上自发组织起来向新闻界写请愿信,并向当地政府部门进行游说,呼吁资助遗址保护。他们的努力取得了成功,两个星期之后,当地政府宣布将对遗址进行保护。①

尽管各国在文化遗产的管理中,都有立法与行政措施。但不可忽视的是,文化遗产保护最有力的遵循者和监督者正是公众,有时他们发挥的作用尤胜于政府的法令。1962 年,日本为建造铁路,打算拆迁奈良的平城宫遗址,知识界人士和普通公民一致发起抗议,声势浩大,迫使政府勒令铁路公司绕道而行。② 印度有些工厂污染严重,对附近的古迹造成损伤,也是由普通公众示威上告。③ 在我国定海古城区保护的抗争中,也是由普通百姓状告当地政府,体现了公众在文物保护中的觉悟。当然,在引导、教育与激发民众对文化遗产的认识和感情的同时,也需要提高他们的经济生活水平。但是,文物市场升温和考古工作展开所带来的负面影响也不容忽视。比如,北京大学在甘肃发掘一处新石器时代遗址

---

① J. Habu and C. Fawcett:"Jomon Archaeology and the Representation of Japanese Origins", *Antiquity*, 1999,73:587-93.

② K. Okamura:"Conflict between Preservation and Development in Japan: the Challenges for Rescue Archaeologists", in F. P. McManamon and A. Hatton eds., *Cultural Resource Management in Contemporary Society: Perspectives on Managing and Presenting the Past*, New York and London: Routledge, 2000, 55-65.

③ B. K. Thaper:"India", in H. Cleere ed., *Approaches to the Archaeological Heritage*, Cambridge:Cambridge University Press, 1984, 63-72.

时，雇用和培训当地村民如何通过分辨不同的土色来确认考古遗址。在接受考古技术训练成为技术工人之后，这些村民继而对考古遗址进行盗掘。数以千计的彩陶罐被劫掠，并用卡车运出境外，导致国外彩陶价格暴跌。① 因此，民众的素质教育是一个漫长的过程，这不但和民众的文化素质有关，也和他们的生活水平密切相关。虽然这种教育和提高无法即刻生效，但是它影响深远。高素质的公民是文化遗产保护最根本的基石，培养这样的公民也是公共考古学最为艰巨的任务。

小 结

公共考古学主要是在欧美流行起来的一种考古学理念，而且在长期的实践中取得了显著的成效，其结果是在这些国家培养了对考古资源具有较高觉悟、鉴赏力和保护意识很强的公众，极大提升了这些国家保护文化遗产的能力。近年来，我国社会各界对考古学与公众的关系问题也给予了热切的关注。2002 年在杭州召开的"全国十大考古新发现颁证与学术研讨会"以及 2003 年在北京召开的"新世纪中国考古学传播学术研讨会"都以"考古学与公众"作为核心的讨论内容，并提出尽快在中国建立公共考古学的必要性。

2014 年，中国考古学会公共考古专业指导委员会成立大会在四川成都召开，同时举行了公共考古论坛。公共考古专业委员会的成立反映了学界的这样一个共识，即考古学不是象牙塔里的学问，公众也有关注考古和历史的愿望和权利。考古工作者应该将考古工作的成果和信息反哺社会。公共考古是专业的一种诉求，是考古工作者的职责。在这个趋势下，目前考古界已经从博物馆展览、网站、记录片、动漫、志愿者和公益讲座等方面做出了有益的尝试。就目前而言，中国公共考古

---

① Dashu Qin, "The Effects of the Antiquities Market on Archaeological Development in China", in N. Merriman ed., *Public Archaeology*, London, Routlege, 2004, 292-299.

学的旨趣仍局限于向公众普及专业知识。在美国,普及工作只是公共考古学的一部分,因为 Public 的含义并非仅指公众,而是指涵盖了政府、立法、考古界、博物馆、媒体和一切社会机构在内,努力为未来而保存过去的一项公共事业。

公共考古学在中国仍处于草创阶段,这是一个系统工程,需要政府和社会公众的支持和参与,其发展前景在很大程度上也有赖于考古学家在向公众普及考古知识方面的作为。将公众参与纳入考古研究的一个环节,把考古学从学者的象牙塔里解放出来,把考古教育与公众文化素质联系起来,提高全民文化遗产保护意识,是中国公共考古学任重而道远的艰巨目标。

附录一　学术资源

一、工具书及图录

《20世纪中国学术大典·考古学、博物馆学》,李学勤主编、吕文郁副主编,福州:福建教育出版社,2006年。

《北京文物精粹大系·金银器卷》,《北京文物精粹大系》编委会、北京市文物局编,北京:北京出版社,2004年。

《北京文物精粹大系·陶瓷卷》(上),《北京文物精粹大系》编委会、北京市文物局编,北京:北京出版社,2004年。

《大足石刻研究》,刘长久、胡文和、李永翘编著,成都:四川省社会科学院出版社,1985年。

《古代美术经典图录·青铜卷》,刘宁编,沈阳:辽宁美术出版社,2001年。

《考古学:关键概念》,科林·伦福儒、保罗·巴恩著,陈胜前译,中国人民大学出版社,2012年。

《古代玉器:礼器篇》(精),滕海生、吁桂英编著,南昌:江西美术出版社,2008年。

《凌家滩玉器》,安徽省文物考古研究所编,北京:文物出版社,2000年。

《南阳古玉撷英》,南阳市文物考古研究所编,北京:文物出版社,2005年。

《南阳汉代画像石》,南阳汉代画像石编辑委员会编,北京:文物出版社,1985年。

《古代玉器:佩戴器篇》(精)(上、下),熊玉莲、丰继平著,南昌:江西美术出版社,2008年。

《清代民窑瓷器》,铁源主编,北京:中华工商联合出版社,1999年。

《外销瓷器价值考成》(上、下),大成编著,北京:华龄出版社,2007年。

《故宫博物院藏文物珍品大系:五彩·斗彩》,王莉英编,上海:上海科学技术出版社,1999年。

《西藏艺术考古》,柴焕波著,中国藏学出版社、河北教育出版社,2002年。

《古代玉器:仪仗器丧葬器等编》(精),滕海生、吁桂英著,南昌:江西美术出版社,2008年。

《中国出土玉器全集》(1—15册),古方主编,北京:科学出版社,2005年。

《中国瓷器收藏鉴赏全集》(全彩版),《中国艺术品收藏鉴赏全集》编委会,上海:上海古籍出版社,2007年。

《中国大百科全书·考古学》,中国大百科全书总编辑委员会《考古学》编辑委员会,中国大百科全书出版社,北京·上海,1986年。

《中国的古代文物》,尚博青编,上海:上海人民出版社,1975年。

《中国佛像艺术》,中国佛教文化研究所编,北京:中国世界语出版社,1998年。

《中国古代服饰研究》,沈从文著,香港:商务印书馆香港分馆,1981年。

《中国古代货币通考》(上、中、下册),王献唐著,济南:齐鲁书社,1979年。

《中国古代建筑》,罗哲文主编,上海:上海古籍出版社,2001年。

《中国古代建筑史》,刘敦桢主编,北京:中国建筑工业出版社,1984年。

《中国古代漆器》,王世襄编著,北京:文物出版社,1987年。

《中国古代铜鼓》,中国古代铜鼓研究会编,北京:文物出版社,1988年。

《中国古代瓦当图典》,赵力光著,北京:文物出版社,1998年。

《中国古代冶铁技术的发明和发展》,杨宽著,上海:上海人民出版社,1956年。

《中国古钱币》,唐石父主编,上海:上海古籍出版社,2001年。

《中国古玉断代与辨伪:古玉动物与神异兽卷》(上、下),周南泉著,北京:蓝天出版社,2007年。

《中国画像石全集》(8册),本书编辑委员会编,山东美术出版社、河南美术出版社,2000年。

《中国建筑艺术全集》(24册),本书编辑委员会编,北京:中国建筑工业出版社,1999—2003年。

《中国考古学大辞典》,王巍总主编,上海:上海辞书出版社,2014年。

《中国考古学·两周卷》,中国社会科学院考古研究所编著,北京:中国社会科学出版社,2004年。

《中国考古学年鉴》,中国考古学会编,北京:文物出版社。自1984年开始出版,每年一册。

《中国考古学·秦汉卷》,中国社会科学院考古研究所编著,北京:中国社会科学出版社,2010年。

《中国考古学文献目录(1900—1949)》,北京大学考古系资料室编,北京:文物出版社,1991年。

《中国考古学文献目录(1949—1966)》,中国社会科学院考古研究所图书资料室编,北京:文物出版社,1978年。

《中国考古学文献目录(1971—1982)》,中国社会科学院考古研究所资料信息中心编,北京:文物出版社,1998年。

《中国考古学文献目录(1983—1990)》,中国社会科学院考古研究所资料信息中心编,北京:文物出版社,2001年。

《中国考古学·夏商卷》,中国社会科学院考古研究所编著,北京:中国社会科学出版社,2003年。

《中国考古学·新石器时代卷》,中国社会科学院考古研究所编著,北京:中国社会科学出版社,2010年。

《中国考古学研究的世纪回顾:旧石器时代考古卷》,吕遵谔主编,北京:科学出版社,2004年。

《中国历代服饰》,中国戏曲学校中国服饰研究组编著,上海:学林出版社,1984年。

《中国历代货币大系》(先秦货币)，汪庆正主编，马承源审校，上海：上海人民出版社，1988年。
《中国历代器物图册》，高丰、程晓平编绘，上海：上海人民美术出版社，1990年。
《中国青铜器图录》，李建伟、牛瑞红编著，北京：中国商业出版社，2000年。
《中国石窟雕塑全集》(10册)，中国石窟雕塑全集编辑委员会编，重庆：重庆出版社，2000—2001年。
《中国陶瓷全集》(15册)，上海：上海人民美术出版社，1999—2000年。
《中国文物大辞典》，中国文物学会专家委员会编，北京：中央编译出版社，2008年。
《中国文物地图集·北京分册》，北京：科学出版社，2008年。
《中国文物地图集·福建分册》，福州：福建地图出版社，2008年。
《中国文物地图集·广东分册》，广州：广东省地图出版社，1989年。
《中国文物地图集·河南分册》，北京：中国地图出版社，1991年。
《中国文物地图集·湖北分册》(上、下册)，西安：西安地图出版社，2002年。
《中国文物地图集·湖南分册》，长沙：湖南地图出版社，1997年。
《中国文物地图集·吉林分册》，北京：中国地图出版社，1993年。
《中国文物地图集·江苏分册》(上、下册)，北京：中国地图出版社，2008年。
《中国文物地图集·内蒙古分册》，西安：西安地图出版社，2004年。
《中国文物地图集·青海分册》，北京：中国地图出版社，1996年。
《中国文物地图集·山东分册》(上、下册)，北京：中国地图出版社，2007年。
《中国文物地图集·山西分册》(上、中、下册)，北京：中国地图出版社，2006年。
《中国文物地图集·陕西分册》(上、下册)，西安：西安地图出版社，1998年。

《中国文物地图集·天津分册》,北京:中国大百科全书出版社,
　　2002 年。
《中国文物地图集·云南分册》,昆明:云南科技出版社,2001 年。
《中国文物地图集·浙江分册》,北京:文物出版社,2008 年。
《中国文物地图集·重庆分册》(上、下册),北京:文物出版社,
　　2010 年。
《中国文物地图集·宁夏分册》,北京:文物出版社,2010 年。
《中国文物地图集·四川分册》(上、中、下册),北京:文物出版社,
　　2009 年。
《中国舞蹈文物图典》,刘恩伯编著,上海:上海音乐出版社,2002 年。
《中国艺术品收藏鉴赏图录:陶瓷贰》,姜颂鹏著,苏州:古吴轩出版社,
　　2006 年。
《中国艺术品收藏鉴赏图录:陶瓷壹》,姜颂鹏著,苏州:古吴轩出版社,
　　2006 年。
《中国艺术品收藏鉴赏图录:玉器》,姜颂鹏著,苏州:古吴轩出版社,
　　2006 年。
《中国玉器全集》,中国玉器全集编辑委员会编,石家庄:河北美术出版
　　社,1993 年。
《中国玉器图案集》,范溟编绘,上海:上海书店出版社,1992 年。
《中华文物详鉴:金铜佛像》(上、下册),张力著,上海:上海人民美术出
　　版社,2004 年。
《周原出土青铜器》(全 10 册),曹玮主编,成都:巴蜀书社,2006 年。
《中国考古学大辞典》,王巍总主编,上海:上海辞书出版社,2014 年。
《中国文物年鉴》,国家文物局编,北京:科学出版社,2005 年。
《中国文物大辞典》,中国文物学会专家委员会编,北京:中央编译出版
　　社,2008 年。
British and Irish Archaeological Bibliography, Council for British Archaeology, since 1695.
Encyclopedia of Anthropology, H. J. Birx eds, California, Sage, 2006.

Encyclopedia of Archaeology, D. M. Pearsall eds. , Amsterdam, Elsevier, 2007.

Encyclopedia of Archaeology: *History and Discoveries*, T. Murray eds. , California, Santa Barbara, ABC-CLIO, 2001.

Encyclopedia of Historical Archaeology, C. E. Orser eds. , London, Routledge, 2002.

Encyclopedia of Prehistory, D. Lambert eds, New York, Facts on File, 2002.

The Cambridge Encyclopedia of Archaeology, A. Sherratt eds. , New York, Crown Publishers, 1980.

Encyclopedia of Global Archaeology. Claire Smith, ed. New York, Springer, 2014.

二、目录索引

1. 综合目录索引（国家）

《考古研究所编辑出版书刊目录索引及概要》,考古杂志社编,成都:四川大学出版社,2001年。

《文物三五〇期总目索引(1950.1—1985.7)》,文物编辑委员会编,北京:文物出版社,1986年。

《文物五百期总目索引(1950.1—1998.1)》,文物编辑部编,北京:文物出版社,1998年。

2. 综合目录索引（地方）

《河南文博考古文献叙录(1913—1985)》,河南省博物馆编,中原文物特刊,1987年。

《河南文博考古文献叙录(1986—1995)》,河南博物院编,郑州:中州古籍出版社,1997年。

《湖北文物考古文献目录(1949—1983)》,雷鸣编,湖北省志文物志编辑室出版,1985 年。

《湖南考古文献目录(1950—1983)》,吴铭生主编,长沙市文物工作队出版,1984 年。

《洛阳历史考古文献目录(1900—1990)》,张剑编著,郑州:中州古籍出版社,1992 年。

《山东省文物考古文献目录(1901—1985)》,山东大学历史系考古教研室杨爱国编著,1987 年,油印本。

《陕西考古学文献目录(1901—1979)》,楼宇栋编,陕西省考古研究所,1980 年;

《陕西考古学文献目录(1980—1983)》,桑绍华、禚振西编,陕西省考古学会、陕西省考古研究所,1984 年。

《陕西考古学文献目录(1984—1986)》,雷玉英编,陕西省考古研究所,1988 年。

《陕西考古学文献目录(1987—1991)》,王学理、雷玉英编,陕西省考古研究所,1994 年。

《台湾及港澳考古论文目录》,厦门大学历史系考古教研室,1979 年。

《文物书目(1972—1981)》,文物出版社,1982 年。

《西北五省(区)考古学文献目录(1900—1986)》,楼宇栋、谢端琚、赵生琛、赵信编著,西宁:青海人民出版社,1989 年。涵盖陕西、甘肃、宁夏、青海、新疆。

《浙江地方史论文资料索引(1949—1981)》,杭州大学历史系资料室编,1982 年。全书内容分四编,考古学资料在第二编"古代的浙江"栏目内。

《中国北方八省市考古论著汇编》,吉林省社会科学院历史研究所主编,《东北史研究》编辑部出版,1986 年。

3. 旧石器时代考古

《〈人类学学报〉文献索引(1982—2001)》,《人类学学报》20 卷增刊,2001 年。

4. 新石器时代考古

《长江下游新石器文化考古报告、论文索引》,南京博物院编,1977年。

《河南新石器时代田野考古文献举要(1923—1996)》,河南省文物考古研究所编,郑州:中州古籍出版社,1997年。

《中国史前考古学书目》,安志敏著,北京:燕京大学出版社,1951年。

《中国新石器时代考古文献目录》,缪雅娟、郭引强、刘忠伏编,北京:科学出版社,1993年。

《中国原始社会遗址地名表》,中国科学院考古研究所图书资料室编,1976年。

5. 青铜时代考古

《甲骨学与商史论著目录》,濮茅左编,上海:上海古籍出版社,1991年。

《金石书录目》,容媛编著,1920年。

《金文人名汇编》,吴镇烽编,北京:中华书局,1987年。

《金文世族谱》(线装),吴其昌著,上海商务印书馆,1936年。

《金文著录简目》,孙稚雏编,北京:中华书局,1981年。

《历代著录吉金目录》(上、下册),福开森编,扬州:广陵古籍刻印社,1990年。

《青铜器论文索引》,孙稚雏编著,北京:中华书局,1986年。

《五十年甲骨学论著目》,胡厚宣编,北京:中华书局,1952年。

《新出金文分域简目》,中国社会科学院考古研究所编,北京:中华书局,1983年影印本。

《殷墟甲骨文引论》,马如森著,长春:东北师范大学出版社,1993年。

6. 玉器研究

《玉器起源探索——兴隆洼文化玉器研究及图录》,中国社会科学院考古研究所、香港中文大学中国考古艺术研究中心编,香港:香港中文大学出版社,2007年。
《中国古玉研究文献指南》,赵朝洪主编,北京:科学出版社,2004年。

三、考古文物辞典

《汉英考古分类词汇》,康昱编,哈尔滨:黑龙江科学技术出版社,1992年。
《汉英文物考古词汇》,王殿明、杨绮华编译,北京:紫禁城出版社,2005年。
《简明钱币词典》,孙仲汇、施新彪、周祥等编著,上海:上海古籍出版社,1991年。
《简明陶瓷词典》,汪庆正主编,上海:上海辞书出版社,1989年。
《英汉、汉英文化考古词典》,吉林大学词典编写组编,北京:外文出版社,1998年。
《中国考古词汇》(汉英对照),张星联编、赵书汉校订,北京:外文出版社,1983年。
A Dictionary of Archaeology, I. Shaw and R. Jameson, Oxford: Blackwell, 1999.

四、学术期刊

1. 中国主要定期刊物

《北方文物》,黑龙江省文物局主办,季刊,原《黑龙江文物丛刊》。
《北京文博》,北京市文物局主办,季刊。
《边疆考古研究》,吉林大学边疆考古中心编辑的系列学术丛书,半年刊。
《博物馆研究》,吉林省博物馆主办,季刊。
《草原文物》,内蒙古自治区文化厅及内蒙古考古博物馆学会主办,半年刊。

《第四纪研究》,中国科学院地质与地球物理研究所主办,双月刊。

《东方考古》,山东大学东方考古研究中心,年刊。

《东南文化》,南京博物院主办,双月刊。

《敦煌研究》,敦煌研究院主办,双月刊。

《福建文博》,福建省博物馆,福建省文博编辑组主办,季刊。

《古脊椎动物学报》,中国科学院古脊椎动物与古人类研究所编,季刊。原《古脊椎动物与古人类》,1982年与《人类学学报》分别成为两本独立刊物。

《古建园林技术》,北京市第二房屋修建公司主办,季刊。

《故宫博物院院刊》,故宫博物院主办,双月刊。

《故宫文物月刊》(台湾),台北故宫博物院出版。

《故宫学术季刊》,台北故宫博物院编辑出版,原《故宫季刊》。

《广东文博》,广州市文物处主办,季刊。

《广西文物》,广西壮族自治区文化厅、考古学会、博物馆学会主办,季刊。

《广州文博》,广州市文物博物馆学会主办,年刊。

《海岱考古》,山东省文物考古研究所主办,年刊。

《湖南省博物馆馆刊》,湖南省博物馆编,年刊。

《华夏考古》,河南省文物考古研究所、河南省文物考古学会主办,季刊。

《化石》,中国科学院古脊椎动物与古人类研究所编,季刊,科普性杂志。

《江汉考古》,湖北省文物考古研究所主办,双月刊。

《考古》,中国社会科学院考古研究所主办,月刊。

《考古学报》,中国社会科学院考古研究所主办,季刊。

《考古学研究》,北京大学考古文博学院主办,年刊。

《考古与文物》,陕西省考古研究所主办,双月刊。

《辽海文物学刊》,辽宁省博物馆辽宁省文物考古研究所主办,半年刊。

《辽海文物学刊》,辽宁省考古研究所主办,半年刊,1984年创刊,1998年停刊。
《陇右文博》,甘肃省博物馆主办,半年刊。
《南方民族考古》,四川大学博物馆编,年刊。
《南方文物》,江西省文化厅主管,江西省博物馆、江西省考古研究所主办,季刊。
《农业考古》,江西省社科院、中国农业博物馆主办,双月刊。
《青海文物》,青海省文化厅主管,青海省文物考古研究所主办,半年刊。
《人类学学报》,中国科学院古脊椎动物与古人类研究所编,季刊。
《陕西历史博物馆馆刊》,陕西历史博物馆主办,年刊。
《上海博物馆集刊》,上海博物馆编,年刊。
《上海文博论丛》,上海市文物管理委员会主办,季刊。
《沈阳故宫博物院院刊》,沈阳故宫博物院主办,半年刊。
《史前研究》,半坡博物馆主办,1983年创刊,1988年停刊,现为年刊。
《收藏》,陕西省文史研究馆主办,月刊。
《收藏家》,收藏家杂志社编辑出版,北京市文物局主管,月刊。
《四川文物》,四川省文物局主办,双月刊。
《苏州文博论丛》,苏州博物馆主办,年刊。
《台湾人类学刊》,台北"中研院"民族学研究所主办,半年刊。
《陶瓷研究》,江西陶瓷研究所、江西陶瓷科技情报站主办,双月刊。
《文博》,陕西省文物局、秦始皇陵兵马俑博物馆、西安碑林博物馆主办,双月刊。
《文博宣教》,陕西省博物馆学会宣教专业委员会,秦始皇兵马俑博物馆主办,半年刊。
《文物》,国家文物局主办,月刊。
《文物保护与考古科学》,上海市文物管理委员会主管,上海博物馆主办,季刊。
《文物春秋》,河北省文物局主办,双月刊。

《文物工作》，国家文物局主办，月刊。
《文物鉴定与鉴赏》，时代出版传媒股份有限公司主办，季刊。
《文物世界》，山西省文物局主办，双月刊，原《文物季刊》。
《文物天地》，中国文物报社主办，月刊。
《无锡文博》，无锡市博物馆、无锡市文物公司主办，季刊。
《武汉文博》，武汉市文物管理处研究室主办，停刊。
《新疆文物》，新疆维吾尔自治区文物局主办，季刊。
《寻根》，大象出版社，双月刊。
《遗产与保护研究》，北京卓众出版有限公司主办，双月刊。
《云南文物》，云南省博物馆主办，半年刊。
《浙江文物》，浙江省文化厅主管，浙江省文物局主办，双月刊。
《中国博物馆》，中国博物馆学会主办，季刊。
《中国博物馆文化产业研究》，中国博物馆协会文创产品专业委员会主办，年刊。
《中国历史文物》，中国国家博物馆主办，双月刊，原《中国历史博物馆馆刊》。
《中国钱币》，中国人民银行主管，中国钱币博物馆、中国钱币学会主办，季刊。
《中国文化遗产》，国家文物局主管，中国文物报社主办，双月刊。
《中国文化遗产》，中国文物报社主办，月刊。
《中国文物报》，中国文物报社主办，每逢周三、五出版。
《中国文物科学研究》，国家文物局主管，中国文物学会、中国文物研究所主办，季刊。
《中国文物科学研究》，中国文物学会；中国文化遗产研究院主办，季刊。
《中原文物》，河南博物院主办，双月刊。
《紫禁城》，故宫博物院主办，月刊。

2. 中国主要不定期刊物

《崇明文博》,崇明县文化广播电视管理局主管,崇明县博物馆编辑出版。

《广东省博物馆集刊》,广东省博物馆编。

《湖南考古辑刊》,湖南省社会科学院主办,《求索》杂志社出版。

《考古人类学刊》,台湾大学文学院考古人类学系主办。

《考古学集刊》,中国社会科学院考古研究所编。

《龙骨坡史前文化志》,龙骨坡巫山古人类研究所主办。

《南京博物院集刊》,南京博物院编。

《水下考古通讯》,中国历史博物馆考古部水下考古学研究室主办。

《文物研究》,安徽省文物考古研究所主办。

《文物资料丛刊》,文物编辑委员会编。

《中国社会科学院古代文明研究中心通讯》,中国社会科学院古代文明研究中心编。

3. 英美主要考古学期刊

American Anthropologist. (缩写: *Am. Anthropol.*) Anthropological Society of Washington, since 1888, quarterly.

American Antiquity. (缩写: *Am. Antiq.*) Society for American Archaeology, since 1878, quarterly.

American Journal of Archaeology. (缩写: *Am. J. Archaeol.*) Archaeological Institute of America, since 1897, bimonthly, 1897-1899, quarterly since 1900.

Annual Review of Anthropology. (缩写: *Annu. Rev. Anthropol.*) Annual Reviews Inc., since 1972.

Antiquity. Antiquity Trust of UK, since 1927, quarterly.

Archaeometry. Laboratory of Archaeology and Art History, Oxford University, quarterly.

Arctic Anthropology. （缩写: *Arctic Anthropol.*） University of Wisconsin Press, since 1962, semiannually.

Asian Perspectives. Far-Eastern Prehistory Association, since 1957, semi-annually.

British Archaeology. Council for British Archaeology, monthly.

Cambridge Archaeological Journal. （缩写: *Cambridge Archaeol. J.*） McDonald Institute for Archaeological Research, Cambridge University Press, since 1991, Semiannual.

China Archaeology and Art Digest. Art Text (HK) Ltd., since 1996, quarterly.

Current Anthropology. （缩写: *Current Anthropol.*） Wenner-Gren Foundation for Anthropological Research, since 1960, bimonthly.

Early China. Society for the Study of Early China (Berkeley, California), since 1975, annually.

Journal of Anthropological Archaeology. （缩写: *J. Anthropol. Archaeol.*） New York, Academic Press, since 1982, quarterly.

Journal of Archaeological Method and Theory. （缩写: *J. Archaeol. Method Theory*） Plenum and Springer, since 1994, quarterly.

Journal of Archaeological Research. （缩写: *J. Archaeol. Res.*） Plenum and Springer, since 1993, quarterly.

Journal of Archaeological Science. （缩写: *J. Archaeol. Sci.*） Society for Archaeological Sciences, since 1974, monthly.

Journal of Field Archaeology. （缩写: *J. Field Archaeol.*） Association for Field Archaeology, Boston University, since 1974, quarterly.

Journal of Human Evolution. （缩写: *J. Hum. Evol.*） Elsevier Ltd., since 1972, monthly.

Journal of World Prehistory. （缩写: *J. World Prehist.*） New York, Ple-

num Press, since 1987, quarterly.
Lithic Technology. G. H. Odell ed., University of Tulsa, since 1971, bi-yearly.
Man. London, Royal Anthropological Institute of Great Britain and Ireland, since 1901-1994, monthly, 1901-1965, quarterly, 1966-1994.
Oxford Journal of Archaeology. (缩写：*Oxford J. Archaeol.*) Oxford, B. Blackwell, since 1982, three times yearly.
World Archaeology. (缩写：*World Archaeol.*) London, Routledge & K. Paul, since 1969, three times yearly, 1969-2003, quarterly since 2004.
Vegetation History and Archaeobotany. (缩写：*Veget. Hist. Archaeobot.*) Berlin, Springer, since 1992, quarterly.

五、丛 书

下列丛书和刊物多为各考古文博单位不定期出版的论文集，内容涉及考古学、艺术史、文物研究、文化遗产保护和博物馆学研究等各个方面。

《东方博物》，浙江省博物馆编。
《东南考古研究》，厦门大学人文学院历史系考古教研室、香港中文大学中国考古艺术研究中心编。
《古代文明》，北京大学中国考古学研究中心、北京大学震旦古代文明研究中心编丛书。
《湖南考古》，湖南省文物考古研究所、湖南省考古学会合编。
《考古学文化论集》，中国考古学会编丛书。
《考古学研究》，北京大学考古文博学院丛书。

《岭南考古研究》,中山大学岭南考古研究中心编。
《四川大学考古学研究丛书》,四川大学历史旅游学院编。
《文化遗产研究集刊》,复旦大学文物与博物馆学系编辑的系列文博考古学术丛书。

附录二 关键词

一、术　语

孢粉学（Palynology or Pollen Analysis）又称为孢粉分析,通过对植物花粉的分析,帮助进行相对断代和重建古环境与气候变迁,以及了解农业经济的起源和发展。

部落（Tribe）一般指比游群或原始群稍大的社会群体,但是人口很少超过几千人。与游群不同,部落大多是定居的农人,同时也包括了游牧群体,有些部落倾向于通过联姻融合到更大的社会中去。由于部落的形态差异太大,所以学界常用"分节社会"来指称习用的部落概念。分节社会（segmentary society）是指以血缘世系或共同价值观凝聚在一起的平等社会。没有中枢或中心的调节和指挥,管理上自治,经济上自给自足。

层位（Stratification）表现有上下叠压堆积序列的复合地层。

地层学（Stratigraphy）源自地质学原理,用来分析一处遗址垂直剖面上依次叠压的一系列层位。由于没有扰动的地层具有下部地层比上部地层古老的规律,因此可以用来确定不同地层中文化遗存年代的相对早晚,并建立考古学文化的年代序列。

动物考古学（Zooarchaeology or Archaeozoology）通过对考古遗址中出土的动物遗骸进行鉴定和分析,以复原人类食谱和了解堆积时代环境的考古学分支。

分子人类学（Molecular Anthropology）人类学的一个分支,从分子水平上的物理化学、生物化学和遗传学的角度来研究人类在时空上的变化规律,以了解人类和灵长类的亲缘关系、人类进化、各人种和民族之间的亲缘关系等。

浮选法(Flotation) 一种通过水来筛选发掘土壤的办法,目的是分选和获取各种微小生态遗存与文化遗物。

工业(Industry) 这一术语仅限于某种人工制品的范畴,例如打制石器工业或陶器工业,并常指由同一批人群或社群生产的产品,表现为重复出现的特定类型。

公共考古学(Public Archaeology) 是指政府出于公众利益对考古学进行管理,向公众宣传考古学为未来而保存过去的意义,鼓励公众积极参与考古活动与文化遗产保护,其内容包括抢救性考古、文化遗产保护和考古学知识的普及与教育等。

环境考古学(Environment Archaeology) 一种多学科的研究领域,即考古学与自然科学相结合,用以复原人类对动物和植物的利用、农业经济的起源和发展,以及了解古代社会是如何适应环境变迁、如何操纵周边环境而发展起来的。

金石学(Studies of Bronze and Stones) 我国古代文物研究的一门学科,主要关注青铜器和碑刻铭文,其基本方法偏重著录与考证,主要为达到正经补史的目的。

旧石器时代(the Paleolithic Period) 指人类在地球上出现到一万年前这段时间,这一时期的工具技术以打制石器为特点,生存方式和经济特点主要是狩猎采集,社会结构基本上是以家庭为单位的游群。在美洲被称为"古印第安期"(the Paleo-Indian Period)。

聚落考古学(Settlement Archaeology) 通过从个别遗址到整个区域的人类居址形态来研究古代人类活动的空间分布、人地关系、文化关系,以及社会结构的变迁。

绝对年代(Absolute Chronology) 根据测年技术如放射性碳方法或根据固定的年历来确定的年代,以直接的年龄长短来表述。

考古学(Archaeology) 通过物质遗存来研究人类过去的一门学科。

类型(Type) 用共同特征来定义的器物种类。

历史考古学(Historical Archaeology) 研究有文献记载的社会的考古领域,一般与历史学关系密切。

埋藏学(Taphonomy) 研究从有机体死亡后到其被发现的过程中,人类活动和其他自然动力对其保存状态的改造过程。

民族考古学(Ethnoarchaeology) 是指一种用民族学观察来帮助考古学家解读考古发现的研究方法,它特别关注人类行为方式与物质材料废弃过程之间的关系,以了解物质文化能够保存和不能保存下来的原因,以便对考古材料做出更为客观的解释。

酋邦(Chiefdom) 比部落更为复杂的一种社会结构,虽然血缘关系仍然是维系社会的一种重要机制,但是它已经是一种等级分化的社会。不同的家族或血缘世系根据其威望的高低,以及与酋长关系的密切程度来规定等级。酋邦一般拥有永久性的祭祀或礼仪中心,以神权统治为特点,并显示有手工业专门化的特点。

人工制品(Artifact) 人类制作、使用或改造的任何可移动物品,如石器、骨器、装饰品、陶器或金属容器和武器。

三期论(Three Age System) 利用不同材质的工具先后发展的次序来建立相对断代的方法,每个阶段分别以主要使用石器、铜器和铁器为特点。这一方法的确立被认为是科学考古学诞生的标志。

生态物(Ecofact) 指遗址中遗留的非人工制品,但与人类活动相关的证据,包括有机和无机的物质遗存,如孢粉、植物种子、动物骨骼和土壤等。

石核(Stone Core) 用来生产石片的母体,也能以此来制作重型工具如手斧。

石片(Stone Flake) 从一件石核上剥离的石制品,它们或是废料,或被选用来制作工具。

石叶(Blade) 通常从精心修整的柱状或锥状石核上剥离的两缘平行的长薄石片,一般是指长度在宽度两倍以上的石片,常常截断后用来制作复合工具的刀刃或箭镞。

实验考古学(Experimental Archaeology) 通过严格控制条件和操作来对

古代器物和生活如石器、骨器、陶器、青铜器、房屋乃至金字塔和农业生产进行实验复制，以了解这些器物、建筑和生产方式所采用的工艺、方法、能量投入甚至其功效，以便对考古材料做出科学的阐释。

史前考古学（Prehistoric Archaeology）指对文字出现之前那段人类历史进行的考古学研究。

树轮年代学（Dendrochronology）用树木生长年轮来计算绝对年代长度的一种方法。

放射性碳断代法（Radiocarbon Dating）一种绝对测年的方法，利用有机物内放射性同位素 ^{14}C 的衰变速率来确定年代。

体质人类学（Physical Anthropology）人类学的一个分支，研究人类的生物学或体质特征以及人类的起源与进化。

文物学（Study of Cultural Relics）文物研究的一门综合性学科，它的主要任务是调查、研究、保护和宣传文物。

相对年代（Relative Chronology）根据时代相对早晚所确定的年代序列，比如根据地层学、古生物学以及器物类型学的早晚次序排列所建立的年代学。相对年代并不标示某种器物或遗址的绝对年龄。

新石器时代（the Neolithic Period）旧大陆史前期较晚的一个阶段，以农业经济的出现和发展为特点，普遍采用磨光石器和陶器，定居村落的出现使得社会规模变大，社会形态出现了以血缘关系为纽带的部落和氏族。在美洲被称为"伍德兰期"（the Woodland Period）。

形成过程（Formation Process）它研究人类和自然动力对考古遗址的影响。文化形成过程是指人类活动的有意或偶然破坏，自然形成过程是指影响考古材料埋藏及保存的自然或环境状况。这些过程既影响遗存的埋藏方式，又影响到其埋藏后的情况。如果要从考古材料来复原人类的行为方式，分辨这些影响考古材料分布的因素是必不可少的步骤。

形制（Style）器物生产和装饰品制作所体现的相同风格。

遗迹（Feature）指不可移动的人类活动迹象，如火塘、窖穴、房基、柱洞、建筑物等。

遗址（Site） 发现有人工制品、遗迹、建筑、有机物及环境遗物等人类活动遗存的场所。一个遗址可以是一处临时营地，也可以是一片墓地、一座村庄、一处采石场和一处城址等。

铀系法（Uranium Series Dating） 一种根据铀同位素放射性衰变进行测年的方法。它对早于 5 万年、处于 ^{14}C 测年范围之外的时段特别合适。

游群（Band） 指小规模的狩猎采集社会，一般 5—50 人。他们常作季节性的移动和聚散，以利用不同的野生食物资源，血缘关系在其社会结构中起着重要的作用。

植硅石（Phytolith） 植物细胞内产生的极小硅质颗粒或蛋白石，在植物分解或燃烧后仍能留存，由于不同植物的植硅石形状有别，因此能够像孢粉那样判断不同的植物种类。它们常见于土壤、灰烬层和陶器中，甚至会留存在石器和动物牙齿上。

植物考古学（Archaeobotany） 根据考古遗址中发现的各种植物遗存来复原古代生态环境和经济形态的考古学分支。

中石器时代（the Mesolithic Period） 约一万年前起始的旧大陆史前文化阶段，是旧石器时代向以农业经济出现为标志的新石器时代过渡的阶段，而且在世界各地延续长短不一。在美洲，这一阶段被称为"古代期"（the Archaic Period）。

组合（Assemblage） 特定时空中经常出现的一组共生的人工制品，代表同一批古代人群活动的遗存。

二、概　念

传播论（Diffusionism） 19 与 20 世纪考古学界流行的一种阐释理论，重视文化的外部关系，用外来因素解释文化现象产生的原因。极端传播论认为制陶、建筑到金属冶炼等所有文明因素都是从单一的世界中心传播开去的。

分类（Classification） 根据共同特征将器物或现象归组或分入一种分类框架之中。

共生（Association） 指一件器物与其他考古遗存一起共存的关系和现象。

归纳法（Induction） 由一系列特定观察总结出一般规律,从而得到普遍性结论的一种推理方法。

假设-演绎法（Hypothetico-deductive Explanation） 源于自然科学的一种推理方法,用于阐释现象背后潜在的动因和探究事件发生的因果关系。它需要提出各种可能性的假设,通过逻辑推理得出结论,并通过考古学的证据来加以验证。

均变论（Uniformitarianism） 认为岩石的沉积是基于一种目前仍在陆地、海洋、河流、湖泊持续进行的过程。换言之,过去在地球上发生的地质状况在本质上是和现在相似的。

考古学文化（Archaeological Culture） 分布于共同地区、具有共同特征的一批遗存,这种有着特定组合关系的遗存被称为"考古学文化",并被认为反映了特定时空中一批人群的行为活动。

类型学（Typology） 以共同特征为基础,按照类型将器物进行系统编组的方法,一般用来进行相对年代排序的分期或确定文化关系的分区。

文化传统（Cultural Tradition） 指一种文化历时的延续性。

文化历史学方法（Culture Historical Approach） 运用传统历史学来进行考古学阐释的一种方法。即强调对特殊事件的描述,采用分类详述的归纳法,以建立人类文化的编年史。

文化人类学（Cultural Anthropology） 人类学的分支,研究人类的非生物学的社会特征,如社会、语言、技术等。它有两个主要领域,民族志学和民族学,在欧洲它等同于社会人类学。

文化生态学（Cultural Ecology） 研究社会文化与其生态环境之间的互动关系,将文化变迁视为人地关系制约下的适应过程。

系统论（System Theory） 一种考古学的动态研究方法，将研究对象看成是由可供分析的不同子系统组成。其中，古代社会和文化被看成是一系列相互关联而又彼此独立的组成部分，即相当于系统中的因子。这些组成部分和子系统可以是人口密度、聚落形态、粮食生产、技术、贸易和宗教信仰等，它们之间的协调互动保证了社会和文化的正常运转，而其中某个子系统的变化又会引发整个系统的变迁。

能动性（Agency） 考古学中的能动性研究是要努力从考古遗存来解释人类的能动作用，并且系统地追溯它在过去社会中的意义。个人既是社会规范的遵循者，又是文化现象主动的创造者。社会文化演变在某种程度上可以被看作是个人作用的合力，能动性研究就是要探究哪些个人或团体层次的能动作用在社会文化演变中发挥了作用。

相关背景（Context） 通过对考古遗存共生关系、埋藏土质和原始出处的测量和评估，确立它的时空位置。它主要评估考古遗存是如何进入这个位置的：既要了解它们原来如何被制作和使用，也要了解它们如何被废弃，以及它们在废弃之后又发生了什么。

研究设计（Research Design） 在有明确问题导向的考古研究中，根据科学方法安排研究路径，从调查、发掘、采样一直到室内分析，引导整个研究过程向预期目标前进的一种系统计划。

灾变论（Catastrophe Theory） 用突发事件来解释自然和文化变迁的理论。

中程理论（Middle Range Theory） 由美国考古学家路易斯·宾福德提出的一种理论体系，他将这种理论比作材料解读的罗塞达碑，通过采用民族考古学和实验考古学等方法，试图在残缺不全的考古遗存与现代民族考古学观察和实验方法之间建立一座桥梁，以了解考古遗存所反映的人类活动和行为。

三、流　派

过程考古学（Processual Archaeology）运用生态学原理和唯物论观点来重建文化系统的互动，并对文化演变做出科学阐释。

后过程考古学（Postprocessual Archaeology）意在探究考古材料中古代人类的思想观念，以及意识形态对文化演变的影响。其中包括了一批不同的学术流派，如象征考古学、结构考古学、认知考古学、性别考古学、马克思主义考古学等。

结构主义方法（Structuralist Approach）一种考古学阐释理论，强调信仰和象征的概念是主导人类行为的主要因素，并强调这些行为后面是以各种形式表现出来的思维结构。因此，研究的适当目的是要揭示思想的结构，并研究它们对那些创造考古遗存的人类思维活动的影响。

进化考古学（Evolutionary Archaeology）19 世纪用进化论来研究和解释考古材料的方法，将人类技术、工具和文化看作是直线累进的过程。20 世纪下半叶，它是指这样一种学派，即将文化演变看作是由类似于生物进化的一种过程所造就的。

历史特殊论（Historical Particularism）由博厄斯及其弟子所倡导的人类学研究方法，漠视通则研究，认为所有文化是其自身历史发展过程的特殊产物。

马克思主义考古学（Marxist Archaeology）以马克思和恩格斯的理论为主要依据，以唯物论立场考察社会变迁。认为社会发展是生产力（技术）和生产关系（社会结构）之间的矛盾相互作用的结果，并强调从社会冲突和阶级矛盾来解释社会文化演变。新马克思主义流派则强调意识形态的重要作用。

认知考古学（Cognitive Archaeology）通过物质遗存研究古代社会的思维方式。一部分是了解 5 万年前原始人类智力的演化过程，另一部分是研究智人出现以后人类世界观的发展。

新考古学（New Archaeology）20世纪60年代兴起的一种新方法,认为考古学不应该停留在材料的描述和编年上,考古学的理论与方法之间应该建立起明确的科学体系,像自然科学一样对研究的问题提出假设,并通过考古研究来予以严格检验,并为社会文化演变做出通则性阐释。新考古学基本与过程考古学相当。

推荐阅读文献

1. 概论与简史

保罗·巴恩:《当代学术入门——考古学》,沈阳:辽宁大学出版社,1998 年。

保罗·巴恩主编:《剑桥插图考古史》,济南:山东画报出版社,2000 年。

保罗·巴恩主编:《考古的故事——世界 100 次考古大发现》,济南:山东画报出版社,2002 年。

保罗·巴恩著,覃方明译:《考古学的过去与未来》,上海:译林出版社,2013 年。

保罗·麦克金德里克:《会说话的希腊石头》,杭州:浙江人民出版社,2000 年。

布郎丛书公司编著:《古代文明》,济南:山东画报出版社,2003 年。

陈淳:《当代考古学》,上海:上海社会科学院出版社,2004 年。

陈淳:《中国猿人》,上海:上海科技教育出版社,1998 年。

陈克伦、叶倩:《窑火唤彩:中国古代瓷器制作技术》,北京:文物出版社,2017 年。

陈梦家:《海外中国铜器图录》(全二册),上海:中华书局,2017 年。

陈星灿:《中国史前考古学史研究》,北京:生活·读书·新知三联书店,1997 年。

陈旭:《夏商考古》,北京:文物出版社,2001 年。

冯恩学主编:《田野考古学》(修订本),长春:吉林大学出版社,2018 年。

冯时:《中国天文考古学》,北京:中国社会科学出版社,2010 年。

高崇文:《古礼足征:礼制文化的考古学研究》,上海:上海古籍出版社,2017年。

戈登·柴尔德:《考古学导论》,上海:上海三联书店,2008年。

戈登·柴尔德:《历史的重建——考古材料的阐释》,上海:上海三联书店,2008年。

格林·丹尼尔:《考古学一百五十年》,北京:文物出版社,1987年。

龚良主编:《中国考古大发现》(上下册),济南:山东画报出版社,1999年。

巩启明:《仰韶文化》,北京:文物出版社,2002年。

哈里特·克劳福德:《神秘的苏美尔人》,杭州:浙江人民出版社,2000年。

贾兰坡:《中国大陆上的远古居民》,天津:天津人民出版社,1978年。

贾兰坡、黄慰文:《周口店发掘记》,天津:天津科学技术出版社,1984年。

蒋英炬:《汉代画像石与画像砖》,北京:文物出版社,2003年。

科林·伦福儒、保罗·巴恩:《考古学——理论、方法与实践》(中文第二版),上海:上海古籍出版社,2015年。

科林·伦福儒、保罗·巴恩著,陈淳译:《考古学——理论、方法与实践》(第六版),上海:上海古籍出版社,2015年。

李济:《考古杂谈》,石家庄:河北教育出版社,1998年。

李文儒主编:《中国十年百大考古新发现1990—1999》(上下册),北京:文物出版社,2002年。

李英华:《旧石器技术:理论与实践》,社会科学文献出版社,2017年。

理查德·利基:《人类的起源》,上海:上海科学技术出版社,1997年。

林梅村:《西域考古与艺术》,北京:北京大学出版社,2017年。

刘国忠:《古代帛书》,北京:文物出版社,2004年。

刘莉、陈星灿:《中国考古学:旧石器时代晚期到早期青铜时代》,北京:生活·读书·新知三联书店,2017年。

刘振东:《冥界的秩序:中国古代墓葬制度概论》,北京:文物出版社,2015年。

卢连成:《殷墟发掘记》,成都:四川教育出版社,1996年。

罗杰·克里布:《游牧考古学:在伊朗和土耳其的田野调查》,郑州:郑州大学出版,2015年。

罗宗真:《魏晋南北朝考古》,北京:文物出版社,2007年。

马鸿藻:《考古器物绘图》,北京:北京大学出版社,2008年。

梅芙·肯尼迪:《考古的历史》,广州:希望出版社,2004年。

诺曼·哈蒙德:《寻找玛雅文明》,杭州:浙江人民出版社,2000年。

齐东方:《隋唐考古》,北京:文物出版社,2002年。

乔纳森·马克基诺耶:《走近古印度城》,杭州:浙江人民出版社,2000年。

秦大树:《宋元明考古》,北京:文物出版社,2004年。

苏秉琦:《中国文明起源新探》,北京:生活·读书·新知三联书店,1999年。

宿白主编:《中华人民共和国重大考古发现1949—1999》,北京:文物出版社,1999年。

孙机:《中国古代物质文化》,北京:中华书局,2014年。

孙庆伟:《鼏宅禹迹:夏代信史的考古学重建》,北京:生活·读书·新知三联书店,2018年。

孙庆伟:《追迹三代》,上海:上海古籍出版社,2015年。

王学理:《秦文化》,北京:文物出版社,2001年。

王幼平:《旧石器时代考古》,北京:文物出版社,2000年。

王宇信、徐义华:《商周甲骨文》,北京:文物出版社,2006年。

卫聚贤:《中国考古学史》,北京:团结出版社,2005年(民国珍藏本丛刊)。

温迪·安西莫、罗伯特·夏尔:《发现我们的过去——简明考古学导论》,上海:上海社会科学院出版社,2007年。

文物出版社编:《新中国考古五十年》,北京:文物出版社,1999年。

巫鸿著,施杰译:《黄泉下的美术——宏观中国古代墓葬》,北京:生活·读书·新知三联书店,2016年。

吴新智、黄慰文、祁国琴编著：《中国古人类遗址》，上海：上海科技教育出版社，1999年。

武仙竹：《微痕考古研究》，北京：科学出版社，2017年。

辛爱罡、张征雁、赵策：《穿越时空——二十世纪中国重大考古发现》，成都：四川教育出版社，1996年。

徐光冀、汤池、秦大树、郑岩：《中国出土壁画全集》，北京：科学出版社，2012年。

徐坚：《名山：作为思想史的早期中国博物馆史》，北京：科学出版社，2016年。

徐苹芳：《徐苹芳文集：丝绸之路考古论集》，上海：上海古籍出版社，2017年。

许宏：《大都无城：中国古都的动态解读》，北京：生活·读书·新知三联书店，2016年。

许宏：《何以中国——公元前2000年的中原图景》，北京：生活·读书·新知三联书店，2014年。

许宏：《先秦城邑考古》（上下册），北京：金城出版社、西苑出版社，2017年。

许宏：《最早的中国》，北京：科学出版社，2009年。

许虹、范大鹏主编：《最新中国考古大发现》，济南：山东画报出版社，2002年。

扬之水：《中国古代金银首饰》，北京：故宫出版社，2014年。

杨建华：《外国考古学史》，长春：吉林大学出版社，1999年。

杨权喜：《楚文化》，北京：文物出版社，2001年。

俞伟超：《考古学是什么》，北京：中国社会科学出版社，1996年。

张光直：《古代中国考古学》，沈阳：辽宁教育出版社，2002年。

张光直：《考古学》，沈阳：辽宁教育出版社，2002年。

张光直：《中国青铜时代》，北京：生活·读书·新知三联书店，2013年。

张江凯、魏峻：《新石器时代考古》，北京：文物出版社，2004年。

张明华：《古代玉器》，北京：文物出版社，2006年。

张绪球:《屈家岭文化》,北京:文物出版社,2004年。

张学海:《龙山文化》,北京:文物出版社,2006年。

张增祺:《滇文化》,北京:文物出版社,2001年。

张之恒主编:《中国考古学通论》,南京:南京大学出版社,2009年。

赵超:《古代石刻》,北京:文物出版社,2001年。

赵丛苍、郭妍利:《两周考古》,北京:文物出版社,2004年。

赵化成、高崇文等著:《秦汉考古》,北京:文物出版社,2002年。

中国大百科全书编委会:《中国大百科全书考古卷》,北京:中国大百科全书出版社,1986年。

中国历史博物馆:《中国通史陈列》,北京:朝华出版社,1998年。

中国社会科学院考古研究所编著:《20世纪中国考古大发现》,成都:四川大学出版社,2000年。

朱启新编:《考古人手记》(第一、第二、第三辑),北京:生活·读书·新知三联书店,2002年。

Andrefsky, W. Jr.: *Lithics, Macroscopic Approaches to Analysis*, Cambridge, Cambridge University Press, 2000.

Bordes, F.: *The Old Stone Age*, New York, McGraw-Hill Book Company, 1968.

C. W. 策拉姆著,张芸、孟薇译:《神祇、陵墓与学者》,北京:生活·读书·新知三联书店,2012年

Campbell, B. G., Loy, J. D. and Cruz-Uribe, K.: *Humankind Emerging*, Pearson Education, Inc. 9th ed., 2006.

Cole, S.: *The Neolithic Revolution*, London, British Museum (Natural History), 1970.

Daniel, G.: *The Origin and Growth of Archaeology*, Harmondsworth and Baltimore, Penguin Books, 1967.

Deetz, J.: *Invitation to Archaeology*, New York, The Natural History Press, 1967.

Diane L. France 著,张全超、王春雷译,张群译审:《人类骨骼遗骸现场

鉴定手册》，北京：科学出版社，2017 年。

Fagan, B. M.: *In the Beginning, An Introduction to Archaeology*, Boston, Little, Brown and Company, 1981.

Feinman, G. M. and Price, T. D, eds.: *Archaeology at the Millennium: A Sourcebook*, New York, Kluwer and Plenum, 2001.

Grayson, D. K.: *The Establishment of Human Antiquity*, New York, Academic Press, 1983.

Greene, K.: *Archaeology, an Introduction*, London, Routledge, 2002.

Price, T. D. and Freinman, G. M.: *Images of the Past*, Mountain View, Mayfield Publishing Company, 1993.

Stiebing, W. H.: *Uncovering the Past: A History of Archaeology*, Oxford, Oxford University Press, 1993.

Thomas, D. H.: *Archaeology*, Belmont, Wadsworth Publishing Company, 1998.

Trigger, B. G.: A *History of Archaeological Thought*, Cambridge, Cambridge University Press, 2006.

2. 理论与方法

陈淳：《考古学的理论与研究》，上海：上海人民出版社，2014 年。

陈淳编著：《考古学理论》（修订版），上海：复旦大学出版社，2015 年。

陈胜前：《思考考古》，北京：生活·读书·新知三联书店，2018 年。

陈胜前：《学习考古》，北京：生活·读书·新知三联书店，2018 年。

陈铁梅，陈建立：《简明考古统计学》，北京：科学出版社，2013 年。

方辉：《海岱地区青铜时代考古》，济南：山东大学出版社，2007 年。

方辉主编：《聚落与环境考古学理论与实践》，济南：山东大学出版社，2007 年。

何弩：《怎探古人何所思——精神文化考古理论与实践探索》，北京：科学出版社，2015 年。

河南省文物考古研究院编：《动物考古》，北京：文物出版社，2014 年。

黄建秋:《史前考古学方法与实践》,北京:生活·读书·新知三联书店,2014年。

肯·达柯:《理论考古学》,长沙:岳麓书社,2005年。

刘凤君:《考古中的雕塑艺术》,济南:山东画报出版社,2009年。

栾丰实:《考古学概论》,北京:高等教育出版社,2015年。

栾丰实、方辉、靳桂云:《考古学——理论·方法·技术》,北京:文物出版社,2002年。

马世长:《中国佛教石窟考古文集》,北京:商务印书馆,2014年。

马修·约翰逊:《考古学理论导论》,长沙:岳麓书社,2005年。

聂跃平、杨林等:《遥感原理与方法及其在大遗址保护中的应用》,北京:科学出版社,2012年。

秦臻:《田野、实践与方法——美术考古与大足学研究》,重庆:重庆大学出版社,2016年。

秦臻主编:《理论、方法与实践——美术考古与大足学研究》,重庆:重庆大学出版社,2014年。

苏秉琦:《中国文明起源新探》,北京:生活·读书·新知三联书店,1999年。

王子慧、孔义龙、张霞主编:《真实与方法——中国音乐考古学成果导读》,北京:文化艺术出版社,2016年。

夏鼐:《考古学论文集》(上下册),石家庄:河北教育出版社,2001年。

夏正楷编著:《环境考古学:理论与实践》,北京:北京大学出版社,2012年。

严文明:《走向21世纪的考古学》,西安:三秦出版社,1997年。

袁靖:《中国科技考古导论》,上海:复旦大学出版社,2018年。

张光直:《考古人类学随笔》,北京:生活·读书·新知三联书店,1999年。

张光直:《美术、神话与祭祀》,沈阳:辽宁教育出版社,2002年。

张有瑜、刘可禹、罗修泉:《自生伊利石年代学研究——理论、方法与实践》,北京:科学出版社,2016年。

中国考古学学会:《中国考古学年鉴 2016》,北京:中国社会科学出版社,2018 年。

中国历史博物馆考古部编:《当代国外考古学理论与方法》,西安:三秦出版社,1991 年。

中国社会科学院考古研究所编:《考古学的历史·理论·实践》,郑州:中州古籍出版社,1996 年。

中国文化遗产研究院编:《文物保护工程与规划专辑:体系与方法》,北京:文物出版社,2013 年。

Catling, C., *Practical Archaeology: A Step-by-Step Guide to Uncovering the Past*, Leicester, Lorenz Books, 2009.

Caver, M., *Archaeological Investigation*, London, Routledge, 2009.

Colin Renfrew and Paul Bahn eds. *The Cambridge World Prehistory*, Cambridge, Cambridge University Press, 2012.

Drewett. P. L., *Field Archaeology: An Introduction* (2nd ed.), London, Routledge, 2011.

Fagan, B.: *People of the Earth, An Introduction to World Prehistory* (13th ed.), New York, Pearson Education, 2009.

Fagan. B. M.: *The Adventure of Archaeology*, Washington, D.C., National Geographic Society, 1985.

Haywood, J., *The new Atlas of World History.* London, Thames and Hudson, Princeton, Princeton University Press, 2011.

Johnson, M.: *Archaeological Theory*, Oxford, Blackwell, 1999.

Malina, J. and Vasicek, Z.: *Archaeology Yesterday and Today*, Cambridge, Cambridge University Press, 1990.

Scarre, C. eds., *The Human Past* (2nd ed.), London and New York, Thames and Hudson, 2009.

Taylor, W. W.: *A Study of Archaeology*, Carbondale, Southern Illinois University Press, 1967.

Trigger, B. G.: *Gordon Childe: Revolution in Archaeology*, London,

Thames and Hudson, 1980.

Trigger, B. G.: *Time and Tradition*, Edinburgh, Edinburgh University Press, 1978.

Willey, G. R. and Sabloff, J. A.: *A History of American Archaeology*, New York, Freeman, 3rd ed., 1993.

3. 技术与测年

本书编委会:《文物考古调查勘探与发掘保护技术手册》,合肥:安徽文化音像出版社,2004年。

蔡大伟主编:《分子考古学导论》,北京:科学出版社,2008年。

冯向前、闫灵通、李丽:《新型交叉学科:核考古》,北京:科学普及出版社,2015年。

高星、沈辰主编:《石器微痕分析的考古学实验研究》,北京:科学出版社,2008年。

刘长江、靳桂云、孔昭宸编著:《植物考古:种子和果实研究》,北京:科学出版社,2008年。

王小庆:《石器使用痕迹显微观察的研究》,北京:文物出版社,2008年。

吴隽:《陶瓷科技考古》,北京:高等教育出版社,2012年。

袁靖:《中国动物考古学》,北京:文物出版社,2015年。

张立:《城市遥感考古》,上海:华东师范大学出版社,2007年。

赵志军:《植物考古学:理论、方法和实践》,北京:科学出版社,2010年。

中国社会科学院考古研究所:《科技考古的方法与应用》,北京:文物出版社,2012年。

中国社会科学院考古研究所编:《考古工作手册》,北京:文物出版社,1982年。

朱泓主编:《体质人类学》,北京:高等教育出版社,2004年。

Aitken, M. J.: *Science-based Dating in Archaeology*, London, Longman, 1990.

Barker, P.: *Techniques of Archaeological Excavation*, New York, Universe Books, 1982.

Biers, W. R. : *Art,Artifacts and Chronology in Classical Archaeology*, London, Routledge, 1993.

Blau, S. and Ubelaker, D. H. , *Handbook of Forensic Archaeology and Anthropology*, Walnut Creek, Left Coast Press, 2008.

Brothwell, D. R. and Higgs, E. S. eds. : *Science in Archaeology*, New York, Thames and Hudson, 1969.

Clark, A. : *Seeing Beneath the Soil: Prospecting Methods in Archaeology*, London, Routledge, 2nd ed. ,1996.

English Heritage, *Geographical Survey in Archaeological Field Evaluation* (2nd ed.), London, English Heritage,2008.

Hester, T. N. , Shafer, H. J. and Feder, K. L. , *Field Methods in Archaeology* (7th ed.), Walnut Creek, Left Coast Press,2008.

Hester, T. N. Shafer, H. J. and Feder, K. L. : *Field Methods in Archaeology*, California, Mayfield, 7th ed. 1977.

Joukowsky, M. : *A complete Manual of Field Archaeology*, New Jersey, Englewood Cliffs, 1980.

Lock, G. and Stancic, Z. eds. : *Archaeology and Geographical Information Systems: A European Perspective*, London, Taylor and Frances, 1995.

Manning, S. W. and Bruse, M. J. eds. , *Tree-Rings. Kings and Old World Chronology and Environment*, Oxford and Oakville, Oxbow, 2009.

Mays, S. , *The Archaeology of Human Bones* (2nd ed.), London, Routledge, 2010.

Mclntosh, J. : *The Practical Archaeologist*, New York, Thames and Hudson, 2nd ed. ,1999.

Michels, J. W. : *Dating Methods in Archaeology*, New York, Academic Press, 1973.

Oswin, J. , *A Field Guide to Geophysics in Archaeology*, New York, Springer, 2009.

Parkes, P. A.: *Current Scientific Techniques in Archaeology*, London, Croom Helm, 1986.

Pinhasi, R. and Stock, J. T. eds., *Human Bioarcheology and the Transition to Agriculture*, Chichester and Malden, MA, Wiley-Blackwell, 2011.

Roberts, C. A. and Manchester, K., *The Archaeology of Disease* (3rd ed.), Stroud, The History Press, Ithaca, Cornell University Press, 2010.

Roberts, C. A., *Human Remains in Archaeology: A Handbook*, York, Council for British Archaeology, 2009.

Roskams, S.: *Excavation, Cambridge Manual in Archaeology*, Cambridge, Cambridge University Press, 2001.

Speer, J. H., *Fundamentals of Tree-Ring Research*, Tuscon, University of Arizona Press, 2010.

Stringer, C. and Andrews, P., *The Complete World of Human Evolution* (2nd ed.), London and New York, Thames and Hudson, 2011.

Taylor, R. E. and Aitken, M. J. eds.: *Chronological Dating in Archaeology*, New York, Plenum, 1997.

Tite, M. S.: *Methods of Physical Examination in Archaeology*, New York, Seminar Press, 1972.

White, T. and Black, M. and Folkens, P., *Human Osteology* (3rd ed.), New York, Academic Press, 2011.

Whittaker, J. C.: *Flintknapping, Making and Understanding Stone Tools*, Austin, University of Texas Press, 1994.

4. 研究与探索

白云翔:《先秦两汉铁器的考古学研究》,北京:科学出版社,2005年。

陈淳:《文明与早期国家探源》,上海:上海书店出版社,2007年。

陈胜前:《史前的现代化:中国农业起源过程的文化生态考察》,北京:科学出版社,2013年。

段勇:《当代中国博物馆》,上海:译林出版社,2017年。

复旦大学文史研究院:《图像与仪式:中国古代宗教史与艺术史的融合》,北京:中华书局,2017 年。

高蒙河:《铜器与中国文化》,上海:汉语大词典出版社,2003 年。

戈登·柴尔德:《历史发生了什么》,上海:上海二联书店,2008 年。

戈登·柴尔德:《欧洲文明的曙光》,上海:上海三联书店,2008 年。

戈登·柴尔德:《人类创造了自身》,上海:上海三联书店,2008 年。

戈登·威利著,谢银玲、曹小燕、黄家豪等译,陈淳审校:《聚落与历史重建:秘鲁维鲁河谷的史前聚落形态》,上海:上海古籍出版社,2018 年。

胡素馨主编:《寺院财富与世俗供养》,上海:上海书画出版社,2003 年。

杰西卡·罗森著,邓菲、黄洋、吴晓筠等译:《祖先与永恒:杰西卡·罗森中国考古艺术文集》,北京:生活·读书·新知三联书店,2011 年。

莱斯利·怀特:《文化的科学——人类与文明研究》,济南:山东人民出版社,1988。

李伯森主编:《中国殡葬史》(全八卷),北京:社会科学文献出版社,2017 年。

李峰著,徐峰译,汤惠生校:《西周的灭亡:中国早期国家的地理和政治危机》,上海:上海古籍出版社,2007 年。

李济:《安阳》,上海:上海人民出版社,2007 年。

李济:《中国文明的开始》,南京:江苏教育出版社,2005 年。

李文杰:《中国古代制陶工艺研究》,北京:科学出版社,1996 年。

林嘉琳、孙岩主编:《性别研究与中国考古学》,北京:科学出版社,2006 年。

刘兴林:《先秦两汉农业与乡村聚落的考古学研究》,北京:文物出版社,2017 年。

路易斯·宾福德:《追寻人类的过去:解释考古材料》,上海:上海三联书店,2009 年。

罗森:《中国古代的艺术与文化》,北京:北京大学出版社,2002 年。

罗泰著,吴长青、张莉、彭鹏等译,王艺等审校:《宗子维城:从考古材料的角度看公元前1000至前250年的中国社会》,上海:上海古籍出版社,2017。

马承源主编:《中国青铜器》,上海:上海古籍出版社,1988年。

倪润安:《光宅中原:拓跋至北魏的墓葬文化与社会演进》,上海:上海古籍出版社,2017年。

汪小洋:《中国墓室壁画史论》,北京:科学出版社,2018年。

王立新:《先秦考古探微》,北京:科学出版社,2017年。

王仁湘:《中国史前考古论集续集》,北京:文物出版社,2017年。

王毅、邓聪主编:《金沙玉工Ⅰ:金沙遗址出土玉石璋研究》,成都:四川人民出版社,2017年。

闻人军:《考工司南:中国古代科技名物论集》,上海:上海古籍出版社,2017年。

吴小平:《汉代青铜容器的考古学研究》,长沙:岳麓书社,2005年。

希安·琼斯著,陈淳、沈辛成译:《族属的考古:构建古今的身份》,上海:上海古籍出版社,2017年。

夏鼐:《考古学论文集》(上下册),石家庄:河北教育出版社,2001年。

杨泓、孙机:《寻常的精致》,沈阳:辽宁教育出版社,1996年。

杨建华:《两河流域:从农业村落走向城邦国家》,北京:科学出版社,2014年。

杨建华、邵会秋、潘玲:《欧亚草原东部的金属之路:丝绸之路与匈奴联盟的孕育过程》,上海:上海古籍出版社,2017年。

伊恩·霍德:《阅读过去》,北京:北京大学出版社,2020年。

于薇:《圣物制造与中古中国佛教舍利供养》,北京:文物出版社,2018年。

袁广阔、秦小丽:《早商城市文明的形成与发展》,北京:科学出版社,2017年。

张光直著,郭净译:《美术、神话与祭祀》,北京:生活·读书·新知三联书店,2013年。

张森水:《中国旧石器文化》,天津:天津科学技术出版社,1987年。

郑建明:《夏商原始瓷略论稿》,北京:文物出版社,2015年。

郑岩:《看见美好:文物与人物》,北京:人民美术出版社,2017年。

中国社会科学院考古研究所、香港中文大学中国考古艺术研究中心:《玉器起源探索:兴隆洼文化玉器研究及图录》,香港中文大学,2007年。

Adams, R. McC.: *The Evolution of Urban Society*, Chicago, Aldine, 1966.

Adams, W. Y. and Adams, E. W.: *Archaeological Typology and Practical Reality*, Cambridge, Cambridge University Press, 1991.

Alex Gibson and Ann Woods, *Prehistoric Pottery for the Archaeologist*, Leicester, Leicester University Press, 1990.

Andrew Fairbairn, Sue O'Connor and Ben Marwick, *New Directions in Archaeological Science*, Canberra, Anue Press, 2009.

Andrew Jones, *Archaeological Theory and Scientific Practice*, Cambridge, Cambridge University Press, 2002.

Andrew Jones, *Memory and Material Culture*, Cambridge, Cambridge University Press, 2007.

Andrew T. Chamberlain, *Demography in Archaeology*, Cambridge, Cambridge University Press, 2006.

Bell, J. A.: *Reconstructing Prehistory: Scientific Method in Archaeology*, Philadelphia, Temple University Press, 1994.

Benjamin W. Roberts and Marc Vander Linden, *Investigating Archaeological Cultures: Material Culture, Variability, and Transmission.* New York, Springer, 2011.

Billman, B. and Feinman, G. M. eds.: *Settlement Pattern Studies in the Americas: Fifty Years since Viru*, Washington, D. C., Smithsonian Institution Press, 1999.

Binford, L. R.: *An Archaeological Perspective*, New York, Academic Press, 1972.

Binford, L. R.: *Debating Archaeology*, San Diego, Academic Press, 1989.

Binford, L. R.: *Working at Archaeology*, New York, Academic Press, 1983.

Binford, S. R. and Binford, L. R.: *New Perspectives in Archaeology*, Chicago, Aldine, 1986.

Bonford, L. R.: *In Pursuit of the Past*, New York, Thames and Hudson, 1983.

Bordes, F.: *The Old Stone Age*, World University Library, New York, McGraw-Hill Book Company, 1968.

Boserup, E.: *The Condition of Agricultural Growth*, London, Allen and Unwin, 1965.

Brian K. Roberts, *Landscapes of Settlement: Prehistory to the Present*, London, Routledge, 1996.

Brothwll, D.: *Food in Antiquity: A Survey of the Diet of Early Peoples*, Baltimore, MD, John Hopkins University Press, 1997.

Butzer, K. W.: *Archaeology as Human Ecology*, Cambridge, Cambridge University Press, 1982.

C. Wesley Cowan and Patty Jo Watson, eds., *The Origins of Agriculture: An International Perspective*, Tuscaloosa, The University of Alabama Press, 2006.

Carolyn D. Dillian and Carolyn L. White, eds., *Trade and Exchange: Archaeological Studies from History and Prehistory*, New York, Springer, 2010.

Carolyn L. White, ed., *The Materiality of Individuality: Archaeological Studies of Individual Lives*, New York, Springer, 2009.

Chang, K. C. ed., *Settlement Archaeology*, Palo Alto: National Press, 1968.

Childe, V. G.: *Man Makes Himself*, London, Watts, 1936.

Christy G. Turner and Jacqueline A. Turner, *Man Corn: Cannibalism and*

Violence in the Prehistoric American Southwest, Salt Lake, University of Utah Press, 1999.

Cohen, M. N.: The Food Crisis in Prehistory, New Haven, Yale University Press, 1977.

Cole, S.: The Neolithic Revolution, London, British Museum (Natural History), 1970.

Coles, J.: Archaeology by Experiment, New York, Charles Scribner's Sons, 1973.

Colin Renfrew and Chris Scarre, eds., Cognition and Material Culture: the Archaeology of Symbolic Storage, Cambridge, Cambridge University Press, 1998.

Constance Milbrath and Cynthia Lightfoot, Art and Human Development, New York, Psychology Press, 2010.

Cotterell, B. and Kamminga, J.: Mechanics of Pre-industrial Technology, Cambridge, Cambridge University Press, 1990.

Crumbley, C. L., van Deventer, A. E. and Fletcher, J. J. eds.: New Direction in Anthropology and Environment, Walnut Creek, Altamira Press, 2001.

Daniel G. Bates and Judith Tucker, Human Ecology: Contemporary Research and Practice, London, Routledge, 2010.

Davis, S. J. M.: The Archaeology of Animals, New Haven, Yale University Press, 1987.

Debenath, A. and Dibble, H. L.: Paleolithic Typology, Philadelphia, University of Pennsylvania, 1994.

Dena F. Dincauze, Environmental Archaeology: Principles and Practice, Cambridge, Cambridge University Press, 2000.

Dickson, D. B.: The Dawn of Belief, Tucson, The University of Arizona Press, 1990.

Dimbleby, G.: Plants and Archaeology, London, Paladin, 1978.

Earle, T. : *How Chiefs Come to Power, the Political Economy in Prehistory*, Stanford, Stanford University Press, 1997.

Edward O. Price, *Animal Domestication and Behavior*, Wallingford, UK, CABI Publishing, 2002.

Ellis, L. ed. : *Archaeological Method and Theory: An Encyclopedia*, New York, Garland Publishing, 2000.

Evans, J. and O'Connor, T. : *Environmental Archaeology*, Stroud, Sutton Publishing, 1999.

Ewen, C. R. : *Artifacts*, Walnut Creek, Altamira Press, 2003.

Forbes, R. J. : *Studies in Ancient Technology*, Leiden, E. J. Brill Academic Publishers, series, since 1955.

Gideon Shelach, *Leadership Strategies, Economic Activity, and Interregional Interaction: Social Complexity in Northeast China*, New York, Kluwer Academic Publishers, 2002.

Gilbert, R. L. and Mielke, J. H. : *The Analysis of Prehistoric Diets*, New York, Academic Press, 1985.

Harris, D. R. and Hillman, G. C. eds. : *Foraging and Farming: The Evolution of Plant Exploitation*, London, Unwin Hyman, 1989.

Harris, D. R. ed. : *The Origins and Spread of Agriculture and Pastoralism in Eurasia*, London, UCL Press, 1996.

Hodder, I. : *Reading the Past*, Cambridge, Cambridge University Press, 2nd ed. ,1991.

Hodder, I. ed. : *Symbolic and Structural Archaeology*, Cambridge, Cambridge University Press, 1982.

Hodges, H. : *Artifacts: An Introduction to Early Materials and Technology*, London, John Baker, 1964.

Hodges, H. : *Technology in the Ancient World*, Harmondsworth and Baltimore, Penguin Books, 1971.

Ian Hodder, *Theory and Practice in Archaeology*, London, Routledge, 1995.

Ian Kuijt, ed., *Life in Neolithic Farming Communities Social Organization, Identity, and Differentiation*, New York, Kluwer Academic Publishers, 2002.

James, P. and Thorp, N.: *Ancient Inventions*, New York, Ballantine Books, 1995.

Jean-Pierre Bocquet-Appel and Ofer Bar-Yosef, *The Neolithic Demographic Transition and Its Consequences*, New York, Springer, 2008.

John Casti and Anders Karlqvist, eds., *Art and Complexity*, Amsterdam, Elsevier Science B. V., 2003.

John G. Evans, *Environmental Archaeology and the Social Order*, London, Routledge, 2003.

Julian Thomas, *Interpretive Archaeology: A Reader*, London, Leicester University Press, 2000.

Keeley, L. H.: *Experimental Determination of Stone Tool Uses*, Chicago, University of Chicago Press, 1980.

Kristian Kristiansen and Michael Rowlands, *Social Transformations in Archaeology*, London, Routledge, 1998.

Lori D. Hager ed., *Women in Human Evolution*, London, Routledge, 1997.

Ludomir R. Lozny, ed., *Comparative Archaeologies: A Sociological View of the Science of the Past*, New York, Springer, 2011.

Lyman, R. L.: *Vertebrate Taphonomy*, Cambridge, Cambridge University Press, 1994.

MacGregor, A.: *Bone, Antler, Ivory, and Horn Technology*, London, Croom Helm, 1985.

Mark Q. Sutton and E. N. Anderson, *Cultural Ecology*, 2nd ed., Plymouth, AltaMira Press, 2010.

Markus Reindel and Günther A. Wagner, *New Technologies for Archaeology: Multidisciplinary Investigations in Palpa and Nasca, Peru*, New York, Springer, 2009.

Marta Camps and Parth Chauhan, *Sourcebook of Paleolithic Transitions: Methods, Theories, and Interpretations*, New York, Springer, 2009.

Mary E. Malainey, *A Consumer's Guide to Archaeological Science: Analytical Techniques*, New York, Springer, 2011.

Matthew Johnson, *Ideas of Landscape*, Oxford, Blackwell Publishing, 2007.

McGuire, R. H.: *A Marxist Archaeology*, San Diego, Academic Press, 1992.

Melinda A. Zeder, Daniel G. Bradeley, Eve Emshwiller and Bruce D. Smith, eds., *Documenting Domestication: New Genetic and Archeological Paradigms*, Berkeley, University of California Press, 2006.

Michael Aston, *Interpreting the Landscape: Landscape Archaeology and Local History*, London, Routledge, 1985.

Michael Shanks, *Experiencing the Past*, London, Routledge, 1992.

Miller, H. M. L.: *Archaeological Approaches to Technology*, Burlington, MA, Academic Press. 2007.

Mithen, S.: *The Prehistory of the Mind*, London, Thames and Hudson Ltd, 1996.

Nobuo Masataka, ed., *The Origins of Language: Unraveling Evolutionary Forces*, New York, Springer, 2008.

Oakley, K. P.: *Man the Tool-Maker*, Chicago, The University of Chicago Press, 1968.

O'Shar, J.: *Mortuary Variation, An Archaeological Investigation*, New York, Academic Press, 1984.

Pearsall, D. M.: *Paleoethnobotany: A Handbook of Procedure*, New York, Academic Press, 1989.

Pedro Paulo Funari, Andre's Zarankin and Emily Stovel, eds., *Global Archaeological Theory, Contextual Voices and Contemporary Thoughts*, New York, Kluwer Academic/Plenum Publishers, 2005.

Peter A. Allison and David J. Bottjer, eds., *Taphonomy: Process and Bi-*

as Through Time, New York, Springer, 2011.

Peter J. Ucko, ed., *Theory in Archaeology*, London, Routledge, 1995.

Price, T. D. and Gebauer, A. B. eds.: *Last Hunters, First Farmers*, Santa Fe, School of American Research Press, 1995.

Rawson, J. ed.: *Mysteries of Ancient China*, London, The Trustees of the British Museum, 1996.

Renfrew, C.: *Approaches to Social Archaeology*, Edinburgh, Edinburgh University Press, 1984.

Renfrew, C. and Zubrow, E. B. W. eds.: *The Ancient Mind: Elements of Cognitive Archaeology*, Cambridge, Cambridge University Press, 1994.

Rice, P. M.: *Pottery Analysis: A Sourcebook*, Chicago, University of Chicago Press, 1987.

Richard Blanton and Lane Fargher, *Collective Action in the Formation of Pre-Modern States*, New York, Springer, 2003.

Roberts, C. and Manchester, K.: *The Archaeology of Disease*, New York, Ithaca, Cornell University Press, 3rd ed. 2005.

Roger Cribb, *Nomads in Archaeology*, Cambridge, Cambridge University Press, 1991.

Rye, O. S.: *Pottery Technology: Principles and Reconstruction*, Washington D. C., Taraxacum, 1981, 89-90.

Saburo Sugiyama, *Human Sacrifice, Militarism, and Rulership*, Cambridge, Cambridge University Press, 2005.

Schick, K. D. and Toth, N.: *Making Silent Stones Speak*, New York, Simon & Schuster, 1993.

Schiffer, M.: *Formation Processes of the Archaeological Record*, Salt Lake City, University of Utah Press, 1987.

Shanks, M. and Tilley, C.: *Social Theory and Archaeology*, Oxford, Polity Press, 1988.

Shepard, A. O.: *Ceramics for the Archaeologist*, Washington, D. C., Carnegie Institute, 1985.

Smith, B. D.: *The Emergence of Agriculture*, New York, Scientific American Press, 1995.

Smith, P. P. E. L.: *Food Production and Its Consequences*, California, Cummings Publishing Company, 1976.

South, S. A.: *Method and Theory in Historical Archaeology*, New York, Academic Press, 1977.

Stephen Weiner, *Microarchaeology: Beyond the Visible Archaeological Record*, Cambridge, Cambridge University Press, 2010.

Steward, J. H.: *Theory of Cultural Ecology*, Urbana, University of Illinois Press, 1955.

T. Douglas Price and Gary M. Feinman, *Pathways to Power: New Perspectives on the Emergence of Social Inequality*, Comparative Archaeologies.

Terry L. Hunt, Carl P. Lipo and Sarah L. Sterling, *Posing Questions for a Scientific Archaeology*: *Scientific Archaeology for the Third Millennium*, *1529-4439*, Greenwood Publishing Group, 2001.

Timothy Insoll, *Archaeology, Ritual, Religion*, London, Routledge, 2004.

Torrence, R. ed.: *Time, Energy and Stone Tools*, Cambridge, Cambridge University Press, 1989.

Trigger, B. G.: *Sociocultural Evolution—New Perspectives on the Past*, Oxford, Blackwell Publishers, 1998.

Trigger, B. G.: *Understanding Early Civilization*, Cambridge, Cambridge University Press, 2003.

Ubelaker, D. H.: *Human Skeletal Remains*: *Excavation, Analysis, Interpretation*, Washington, D. C., Taraxacum, 2nd ed., 1989.

Ucko, P. J., Tringham, R. and Dimbleby, G. W. eds.: *Man, Settlement and Urbanism*, London, Duckworth, 1972.

Whallon, R. and Brown, J. A. eds.: *Essays on Archaeological Typology*, Evanston III, Center for American Archaeology Press, 1982.

White, L. A.: *The Evolution of Culture*, New York, McGraw-Hill Book Company, 1959.

William Andrefsky, Jr., ed., *Lithic Technology: Measures of Production, Use, and Curation*, Cambridge, Cambridge University Press, 2008.

William M. Kelso, *Earth Patterns: Essays in Landscape Archaeology*, University of Virginia Press, 1990.

Zohary, D. and Hopf, M.: *Domestication of Plants in the Old World: The Origin and Spread of Cultivated Plants in West Asia, Europe and the Nile Valley*, Oxford, Clarendon Press, 3rd ed. 1999.

5. 各国与地域考古

《人物周刊——公众考古启示录》,南方人物周刊,2018年第2期。

北京大学赛克勒考古与艺术博物馆、北京大学公众考古与艺术中心编:《鸣鹤清赏》,北京:荣宝斋出版社,2010年。

北京大学中国考古学研究中心、北京大学公众考古与艺术中心编:《跟北大考古人一起"穿越"》,北京:北京大学出版社,2013年。

北京联合大学文化遗产保护协会编:《文化遗产与公众考古》,2015年。

陈雍:《考古杂俎》,天津:天津人民出版社,2016年。

单士元:《故宫营造》,北京:中华书局,2015年。

贵州省文物考古研究所编著:《土司,考古与公众:海龙囤公众考古的实践与思考》,北京:科学出版社,2014年。

河北省文物研究所编著:《穿越千年 走近考古——河北省公众考古的三次实践》,北京:科学出版社,2012年。

李子一绘著:《考古入坑指南》,上海:上海古籍出版社,2017年。

刘莉、陈星灿:《中国考古学:旧石器时代晚期到早期青铜时代》,北京:生活·读书·新知三联书店,2017年。

刘炜、段国强主编:《国宝:金银珐琅器》,济南:山东美术出版社,2012年。

刘振东:《冥界的秩序——中国古代墓葬制度概论》,北京:文物出版社,2015年。

山西省考古研究所编:《走近考古 步入宋金——一次公众考古活动的探索与实践》,北京:科学出版社,2009年。

上海市文物保护研究中心、上海大学文学院:《公众参与文化遗产保护研讨会论文集》,上海:上海大学出版社,2016年。

四川省文物考古研究院编:《三星堆进校园——一项公众考古新纪录的诞生过程》,北京:科学出版社,2011年。

滕磊:《国保札记:面向公众的文化遗产研究随笔》,北京:科学出版社,2012年。

王巍:《追迹:考古学人访谈录》,上海:上海古籍出版社,2015年。

王云霞主编:《公众参与文化遗产保护的法律机制——第三届中法文化遗产国际研讨会论文集》,北京:文物出版社,2014年。

萧寒主编,绿妖撰稿,严明摄影:《我在故宫修文物》,桂林:广西师范大学出版社,2017年。

徐旭生著,罗宏才注释:《徐旭生陕西考古日记》,西安:陕西师范大学出版社,2017年。

叶文宪:《趣味考古(修订本)》,济南:山东人民出版社,2014年。

于蕾、吕逸涛主编:《国家宝藏》,中信出版集团,2018年。

岳南:《中国考古探秘纪实丛书》,北京:商务印书馆,2012年。

张弛:《明月出天山——新疆天山走廊的考古与历史》,北京:商务印书馆,2018年。

郑嘉励:《考古的另一面》,桂林:广西师范大学出版社,2016年。

郑嘉励:《考古四记:田野中的历史人生》,成都:四川人民出版社,2017年。

Bacus, E. A.: *Archaeology in Southeast Asia*, London, Routledge, 2000.

Barnes, G. L. : *The Rise of Civilization in East Asia: the Archaeology of China, Korea and Japan*, London, Thames and Hudson, 1999.

Bruhns, K. O. : *Ancient South America*, Cambridge, Cambridge University Press, 1994.

C. McGimsey, *Public Archaeology*, New York, Seminar Press, 1972.

Colledge, S. and Conolly, J. eds. : *The Origins and Spread of Domestic Plants in Southwest Asia and Europe*, Walnut Creek, California, Left Coast Press, 2007.

Connah, G. : *Forgotten Africa: An Introduction to Its Archaeology*, London, Routledge, 2004.

Flannery, K. V. eds. : *Guilá Naquitz: Archaic Foraging and Early Agriculture in Oaxaca, Mexico*, Orlando, Academic Press, 1986.

Gamble, C. : *The Palaeolithic Societies of Europe*, Cambridge, Cambridge University Press, 1999.

Golden, C. W. and Borgstede, G. eds. : *Continuities and Changes in Maya Archaeology: Perspectives at the Millennium*, London, Routledge, 2004.

Graham-Campbell, J. : *The Archaeology of Medieval Europe*, Aarhus, Aarhus University Press, 2007.

Harding, A. F: *European Societies in the Bronze Age*, Cambridge, Cambridge University Press, 2000.

Hendon, J. A. and Joyce, R. A. : *Mesoamerican Archaeology: Theory and Practice*, Malden, Blackwell, 2004.

J. M. Cronyn, *The Elements of Archaeological Conservation*, London, Routledge, 1990.

Kobayashi, T. : *Jomon Reflections: Forager Life and Culture in the Prehistoric Japanese Archipelago*, Oxford, Oxbow Books, 2004.

Kristiansen, K. : *Europe before History*, Cambridge, Cambridge University Press, 1998.

Lilley, I. eds.: *Archaeology of Oceania: Australia and the Pacific Islands*, Malden, Blackwell, 2006.

Malcolm A. Cooper, A. Firth, J. Carman, D. Wheatley, *Managing Archaeology*, London, Routledge, 1995.

Moore, A. M. T., Hillman, G. C. and Legge, A. J. eds.: *Village on the Euphrates: from Foraging to Farming at Abu Hureyra*, Oxford, Oxford University Press, 2000.

Nelson, S. M.: *The Archaeology of Korea*, Cambridge, Cambridge University Press, 1993.

Neusius, S. W. and Gross, G. T.: *Seeking Our Past: An Introduction to North American Archaeology*, Oxford, Oxford University Press, 2007.

Nick Merriman, ed., *Public Archaeology*, London, Routledge, 2004.

Pauketat, T. R.: *Ancient Cahokia and the Mississippians*, Cambridge, Cambridge University Press, 2004.

Pearson, R. J. eds.: *Windows on the Japanese Past: Studies in Archaeology and Prehistory*, Center for Japanese Studies, Ann Arbor, University of Michigan, 1986.

Ray, H. P. and Sinopoli, C. M.: *Archaeology as History in Early South Asia*, New Delhi, India Council of Historical Research: Aryan Books International, 2004.

Stark, M. T. eds.: *An Archaeology of Asia*, Oxford, Blackwell, 2005.

Whittle, A. W. R.: *Europe in the Neolithic: the Creation of New Worlds*, Cambridge, Cambridge University Press, 1996.

6. 公共考古学

文社选编:《古玩·文物·遗产》,北京:燕山出版社,2001年。

中国文物报主编:《文物三字经》,沈阳:辽宁教育出版社,1999年。

Atwood, R.: *Stealing History: Tomb Raider, Smugglers, and the*

Looting of the Ancient World, New York, St. Martin's Press, 2004.

Bender, S. J. and Smith, G. S. eds.：*Teaching Archaeology in the* 21th *Century*, Washington, D. C., Society for American Archaeology, 2000.

Brian Fagan, *The First North Americans*, London and New York, Thames and Hudson, 2011.

Christopher B. Donnan, *Moche Tombs at Dos Cabezas*, Los Angeles, Cotsen Institute of Archaeology at UCLA, 2007.

Christopher Snyder, *The World of King Arthur*, London and New York, Thames and Hudson, 2011.

Claire Smith, ed., *Encyclopedia of Global Archaeology*, New York, Springer, 2014.

Cleere, H. eds.：*Approaches to the Archaeological Heritage*, Cambridge, Cambridge University Press, 1984.

Craig Morris and Adriana Von Hagen, *The Incas*, London and New York, Thames and Hudson, 2012.

Green, E. L. eds.：*Ethics and Values in Archaeology*, New York, Free Press, 1984.

Hodder, I.：*Symbols in Action*, Cambridge, Cambridge University Press, 1982.

J. P. Mallory, *The Origins of the Irish*, London and New York, Thames and Hudson, 2013.

Jean Manco, *Ancestral Journeys: The Peopling of Europe from the first Venturers to the Vikings*, London and New York, Thames and Hudson, 2013.

Jeremy McInerney, *Greece in the Ancient World*, London and New York, Thames and Hudson, 2018.

Margaret Maitland, *Pharaoh: King of Egypt*, London, British Museum Press, 2012.

McBryde, I. eds.: *Who Owns the Past?* Oxford, Oxford University Press, 1985.

McGimsey, C. R. III.: *Public Archaeology*, New York, Seminar Press, 1972.

McManamon, F. P. and Hatton, A. eds.: *Cultural Resource Management in Contemporary Society: Perspectives on Managing and Presenting the Past*, London, Routledge, 2000.

Merriman, N. eds.: *Public Archaeology*, London, Routledge, 2004.

Meskell, L.: *Archaeologies of Social Life: Age, Sex, Class etc. in Ancient Egypt*, Oxford, Blackwell, 1999.

Michael D. Coe and Rex Koontz, *Mexico: From the Olmecs to the Aztecs*, London and New York, Thames and Hudson, 2008.

Michael D. Coe, *The Maya*, London and New York, Thames and Hudson, 2011.

Pearce, S. M.: *Archaeological Curatorship*, Washington, D. C., Smithsonian Institution Press, 1990.

Renfrew, C.: *Loot, Legitimacy and Ownership*, London, Duckworth, 2000.

Richard F. Townsend, *The Aztecs*, London and New York, Thames and Hudson, 2010.

Richard Hall, *The World of the Vikings*, London and New York, Thames and Hudson, 2013.

Richard, A. Diehl, *The Olmecs*, London and New York, Thames and Hudson, 2006.

Stephen Bourke, *The Middle East*, London and New York, Thames and Hudson, 2008.

Stephen Plog and Amy Elizabeth Grey, *Ancient Peoples of the American Southwest*, London and New York, Thames & Hudson, 2008.

Susan Bergh, *Wari: Lords of the Ancient Andes*, London and New York, Thames and Hudson, 2012.

Vitelli, K. D. eds. : *Archaeological Ethics*, Walnut Creek, Altamira Press, 1996.

William Matthew Flinders Petrie, *The Royal Tombs of the Earl*, London, Cambridge University Press, 2013.

Zahi Hawass and Sandro Vannini, *The Lost Tombs of Thebes: Life in Paradise*, London and New York, Thames and Hudson, 2009.

修订版后记

自《考古学研究入门》出版到2019年已经十年。在编辑陈甜女士嘱我修订此书时,我感到有点意外。当年陈恒教授策划"历史学研究入门丛书"并安排我负责编写这本教材时,我只是把它当作一项写作任务来对待。没有想到它在十年里会重印四次,还要修订再版。就目前国内的教材建设而言,在此期间也出版了不少通论或概论性考古教材。而我承担的国家社科重大项目"外国考古学研究译丛"也翻译出版了风靡国际学界的考古学教材、由英国著名考古学家科林·伦福儒和保罗·巴恩编写的《考古学——理论、方法与实践》英文第六版。因此,这本小书能够在考古学教材选项丰富的竞争条件下生存到今天,应该还是仰仗读者的青睐和销量的支持。

在写这本教材之前不久,我已经写过一本《当代考古学》的教材。这两本书的风格和体例比较接近。这种风格和体例有别于国内其他的考古学传统教材,这就是从这门学科的发展历史、基本概念、理论方法和具体实践出发,而非以考古学时代、出土人工制品和文化特征的描述来介绍考古学基础知识。而这正是中国考古学亟需更新和改进的陈旧考古学范式。

本书在2011年荣获上海市教委评选的上海普通高校优秀教材二等奖,并被一些高校作为考古文博专业研究生入学考试的参考读物。随着中外学术交流的扩大和深入,以及大量国外学术成果的翻译和介绍,今天年轻学子们的视野与十年前相比已经大不相同。他们对国外考古学发展的现状已经有了相当的了解,对国际考古学流行的术语、概念和流派也不再陌生。整个考古学界也逐渐改变传统的理念,开始重视考古学理论的重要作用,而在十几年前理论还是一个小众的话题,而且被视为脱离基本材料的空谈。在最近十几年里,我国学界见证了生机勃勃的发展。环境考古、聚落考古和科技考古开始成为田野实践和室内分析的常规性操作,许多学术成果也频频见诸国际权威刊物,受到国际学界的重视。学者们的视野已经超越以前被奉为圭臬的考古学文化及区系类型范畴,去关注诸如人地关系、生态适应、生计方式、食谱、社会结构、宗教信仰等问题,并重视这门学科的三大战略性课题:人类起源、农业起源和文明与国家起源的探索。这些国际流行的学术问题也越来越多地被选为硕士和博士研究生撰写学位论文的题目。研究生们思想活跃,对国外的学术前沿充满了兴趣和向往,并思考如何用中国的材料来探索这些问题,并能得出可以与国际水平比肩的成果。

在目前我国考古学科转变和发展迅速的过程中,也凸显了明显的不足。国际学界在理论与问题、方法与技术及发掘与材料三个方面是平衡和同步发展的。但是,我国这三个方面的发展步伐却彼此脱节,表现为基本材料的发掘和积累缺乏问题导向,分析方法和科技手段的应用缺乏理论思考和研究设计。结果,科技分析和考古学文化的类型学分析还是两张皮,彼此无法契合、相互印证。于是,材料积累和信息提炼仍然难以达到历史重建的要求。从根本上说,我国考古学还未走出文化历史考古学的范式,理论思考的自觉性尚未形成。与此同时,各种新方法和新技术却在大量涌入。这和我国现代化进程中诸多观念、制度和经济发展彼此脱节相似。我们离透物见人的历史重建还有很长的路要走。

本书的修订基本保持原貌,对文字做了勘误,补充了一些新的内容,比如氧同位素、低水平食物生产、居住面分析、圭拉那魁兹的个案分析以及美国考古学会的九条伦理标准。学术资源和推荐阅读文献也做了增补,收入了过去十年里出版的一些重要的中外文著作,以及以前没有收入的一些国外重要文献。在修订过程中,郝雪琳、奚洋和王榕煊帮助收集、整理和更新了学术资源和推荐阅读文献。就读于美国新墨西哥大学的张萌提供了大量国外文献,并帮助找到了美国考古学会的九条伦理标准,郭璐莎帮助将其翻译成中文。原书写作中曾得到过陈恒教授的关照和多方指点,陈洪波帮助复印一些国外教材并收集国内相关的学术资源,潘艳和殷敏分别从加拿大和英国替我收集英美的考古学术资源。对于他(她)们的帮助,在此一并表示诚挚的谢意。

陈　淳

2019 年 6 月